KB233531

2% 명품 자녀교육법

2% 명품 자녀교육법

초판 1쇄 2012년 1월 10일 발행

지 은 이 | 박지웅
펴 낸 곳 | 해누리
펴 낸 이 | 이동진

편집주간 | 조종순
마 케 팅 | 김진용

등록 | 1998년 9월 9일 (제16-1732호)

주소 | 서울시 마포구 성산1동 239-1 성진빌딩
전화 | (02)335-0414   팩스 | (02)335-0416
E-mail | sunnyworld@henuri.com

ⓒ박지웅, 2012

ISBN 978-89-6226-025-0 (03370)

명품 자녀교육법

박지웅 지음

해누리

아이 스스로 공부하게 하는
'2% 명품 자녀교육법'

영재란 태어나는 것이 아니라 주변 환경에 의해 만들어지는 것이다. 영재가 되지 못할 정도로 나쁜 머리를 타고난 아이들은 없다. 아이들 사이에 개인차가 있기는 하지만, 아이들 각자가 나름대로 무한한 잠재적 가능성을 가지고 태어난다. 다만 그것이 너무 독특한 방식으로 표현되기 때문에 잘 감지되지 못할 뿐이다.

아이의 가능성이 제대로 실현되려면 무엇보다도 아이가 자신의 능력을 스스로 믿을 수 있어야 한다. 또한 그 능력을 사용하는 것이 '재미있다'는 사실을 편하게 느낄 수 있어야 한다. 그래서 공부의 재미에 자연스럽게 빠질 수 있어여 한다. 바로 이것이 아이의 잠재력이 가장 크게 발휘되는 경로이다.

그런데 유감스럽게도 대부분의 아이들은 어른들의 조급증 때문에 자신들이 얼마나 대단한 사람인가를 알지 못한다. 또한 자신의 잠재력을 발휘하는 것이 얼마나 신나는 일인가를 경험하지 못한다.

어른들의 기준으로 아이의 공부를 보면 대부분의 아이들은 공부의 실패자가 된다. 아이에 대한 사랑이, '더 잘하기를 바라는 기대'로 나타나고, 그 높은 기대가 아이 성적에 대한 불만족으로 연결되기 때문이다. 그리고 그 불만족은 아이에게 무리한 공부 요구로 나타나서, 아이들은 공부가 '재미없고 하기 싫은 것'이라 생각하게 된다.

부모가 '이러 이러한 방식으로 남보다 똑똑한 아이를 키워야겠다'는 생각을 가진다고 해서 아이가 영재가 되는 것은 아니다. 만약 그랬다면 우리 주변에서 정말 많은 영재를 볼 수 있었을 것이다.

벼가 자라지 않는다고 해서 벼를 잡아 당겨 빨리 자라게 할 수 없는 것처럼, 아이의 지적 성취가 느리다고 해서, '잘하고 있는 다른 아이들'의 기준에 우리 아이를 무리하게 맞추려고 해서는 안 된다. 오직 벼의 관점에서 벼에 필요한 것을 채워주며 성장을 기다릴 때, 벼가 좋은 결실을 맺듯이, 아이의 성장도 아이의 관점에서 부모가 아이를 이해하고 기다려 줄 수 있어야 가능하다. 이런 기다림이 있어야만 아이는 자신의 지적 가능성을 충분히 실현하여 '부모가 바라는 영재'가 될 수 있다.

아이들을 가르치는 것이 매우 단순해 보여도 가르침을 받은 아이들은 매우 복잡한 존재이다. 그렇기 때문에 교과 전문 강사에게 탁월한 수업을 받는다고 해서 아이 성적이 쑥쑥 오르지는 않는다. 아이들을 잘 가르치기 위해서는 아이들이 공부에 집중할 수 있도록 학습 동기를 적절하게 부여해야 하고, 적절한 성취감을 느껴 공부에 재미를 느낄 수 있도록 학습 목표와 학습량, 공부 시간을 적절하게 조절해야 한다.

이때 아이에게 필요한 사람은 탁월한 강사가 아니라 아이의 학업 전반을 잘 관리해 주며, 지적으로 아이를 적절하게 자극하여, 아이가 스스로 공부하도록 이끌어 줄 수 있는 사람이다.

지적 능력이 매우 중요한 지식사회에서 공부만큼 아이에게 중요한 것은 없다. 그러나 대부분의 부모가 부적절한 간섭으로 아이들의 공부를 망치고 있을 뿐만 아니라 과다한 공부 스트레스로 아이 자체도 망가뜨리고 있다. 바로 이러한 부모들에게 현실적인 도움을 주는 것이 이 책의 목적이다. 즉, "아이를 덜 힘들게 하면서도 필요한 공부는 꼭 하게 해서 학교 성적을 올리고, 더 나아가 아이에게 공부의 재미를 느끼게 함으로써 '스스로 공부하는 아이로' 로 만드는 비법"을 이 책은 제시하고 있다.

　아무쪼록 우리 아이들이 공부 스트레스에서 벗어나, 스스로 공부함으로써 지적으로 열정적인 삶을 살아가는 지식사회의 주역이 되길 바란다. 아울러 잘못된 사교육의 풍토가 변화되기를 희망하며 교육학도의 진지한 성찰을 이 책에 담는다. 마지막으로 '부족한 저자에게 많은 사랑을 베푸셨던, 저자가 진심으로 존경하고 사랑하는 두 분 아버지'께 이 책을 헌정합니다.

박지웅

Contents

머리말 • 4

🍎 PART 01

★ 부모라면 영재로 키우는 자녀교육법을 배워라
★ 똑똑한 아이도 둔재로 키우는 부모가 있다

명품교육의 시크릿, 이기적인 뇌 • 14

부모라면 영재로 키우는 자녀교육법을 배워라
- 영재는 머리를 쓰고, 둔재는 몸을 쓴다 • 18
- 이해가 안 되면 무조건 외우는가? • 21
- 공부를 잘하고 싶다면 공부의 주도권을 잡아라 • 25
- 공부하기 싫을 땐 공부하지 마라 • 32

똑똑한 아이도 둔재로 키우는 부모가 있다
- 자식 이기는 부모 없다 • 35
- 영재는 결코 부모의 노력으로 만들어질 수 없다 • 41
- 공부를 너무 많이 해서 공부 못하는 아이들 • 43
- 부모의 지나친 기대는 아이의 자신감을 꺾는다 • 46
- 학원의 단순 반복 교육은 아이를 둔재로 만들 뿐이다 • 50
- 논술과 면접은 사고력이다 • 54

PART 02

★ 머리를 움직이는 명품 학습 방법
★ 자기 스스로 공부하는 영재

이기적인 뇌를 움직이는 명품 격려, 1분 칭찬 • 58

머리를 움직이는 명품 학습 방법

- 마음을 움직여서 머리를 쓰는 진짜 공부 • 62

- 머리는 공부의 엔진이고, 마음은 공부의 에너지다 • 65

- 머리를 움직이는 4가지 공부 마음 • 69

  분명하고 확실한 자기 목표 • 무엇이든 할 수 있다는 자신감
  절대 지지 않겠다는 승부욕 • 공부를 즐기려는 마음

자기 스스로 공부하는 영재

- 아이의 잠재력을 믿어준 '스티븐 코비 부부' • 81

- 아직도 아이에게 '공부하라'고 말하는가? • 85

- 부모의 공부가 아니었기 때문에 열심히 했던 나의 공부 • 90

- '부모 공부' 버려야만 아이가 '자기 공부' 한다 • 93

- 부잣집 아이 공부시키는 방법 2가지 • 99

- 부모가 아이에게 '공부 필요'를 설득하지 못하는 이유 • 104

🍎 PART **03**

★ 잘 노는 아이가 시험에 강하다
★ 시험에 강한 아이로 만드는 명품 특별 과외

이기적인 뇌를 공부하는 뇌로 바꾸는 명품 학습법, 공부일기 • 110
잘 노는 아이가 시험에 강하다
- 공부하기 위해서 생각 있게 놀자 • 114
- 공부 고수들의 공부 비법 2가지 • 119
  공부 빨리 끝내고 놀기 • 특별한 이벤트로 공부 보상 받기

시험에 강한 아이로 만드는 명품 특별 과외
- 놀기만 하는 아이도 시험에 강한 아이로 만든다 • 126
- 공부에 집중하는 아이로 만드는 공부 매니지먼트 • 131
  공부 핵심에 집중 • 공부 성과에 집중 • 공부 성과에 대한 적절한 보상

🍎 PART **04**

★ 공부의 왕도는 질문과 대화다
★ 아이의 미래를 열어주는 질문

공부하는 뇌가 활성화되는 명품 과외, 공부매니지먼트 • 144
공부의 왕도는 질문과 대화다
- 명품 교육의 핵심은 질문과 대화다 • 148

- 질문과 대화에는 뭔가 특별한 것이 있다 • 151
- 모르는 것을 물어보면 시험이 보인다 • 156
  무조건 물어보면 쉽게 알 수 있다 • 용기 있는 자가 지적으로 강하다 • 선생님만 아는 것이 있다
- 아는 것을 말하면 고득점이 보인다 • 165
- 학생처럼 듣지 말고 선생님처럼 말해봐라 • 170

아이의 미래를 열어주는 질문
- 무엇이든 물어보는 아이가 시험에 강하다 • 175
- 질문 하나가 인생을 바꾼다 • 179
- 아이의 사소한 질문이 학교 성적의 열쇠다 • 184
- 그 부모에 그 자식? vs 그 부모에 딴 자식? • 189

🍎 PART 05

★ 지식은 삶의 경험이다
★ 노는 공부에는 은밀한 매력이 있다

공부가 가장 쉬워지는 명품 교육터, 삶의 들판 • 194
지식은 삶의 경험이다
- 교과서는 다양한 지식의 축소판이다 • 198
- 산지식에 대한 편견 • 202
- 아이의 삶과 교과서가 만나다 • 206
- 2% 부족한 단순한 경험 • 211

노는 공부에는 은밀한 매력이 있다

- 노는 공부가 열심히 하는 공부보다 더 강하다 • 215

  노는 공부로 이루어낸 인생역전 • 남들이 모르는 노는 공부의 매력

- 부모의 조급함은 아이의 초라한 미래를 그릴 뿐이다 • 224

  히딩크 리더십의 노는 공부법 • 생각하면서 노는 진짜 공부법

🍎 PART 06

★ 공부의 기본은 어려서부터 잡아라
★ 높게 날 수 있는 새가 멀리 본다

'아이의 공부를 빛나게 만들, 정직한 부모의 명품 유산', 노블 캐릭터 • 234

공부의 기본은 어려서부터 잡아라

- 지적으로 오만하고 열정적인 아이로 키워라 • 238
- 아이 적성 살려서 공부 열정 키워주는 교육 • 244
- 공부 못해도 싸가지 있는 아이가 희망 있다 • 248
- 주변 관계를 활용해서 '부모에 대한 감사'를 배우게 하라 • 259

높게 날 수 있는 새가 멀리 본다

- 영어는 인생의 전략 과목이다 • 264
- 일상생활에서 영어를 생활화하자 • 267
- 수학적 사고가 명문대 입학의 디딤돌이다 • 277

세계 위인들의 자녀 교육 명언 • 289

이 책을 마치며 • 292

PART 01

부모라면 영재로 키우는
자녀교육법을 배워라

★

똑똑한 아이도
둔재로 키우는 부모가 있다

2% 명품 자녀교육

명품교육의 시크릿, 이기적인 뇌

하나를 가르치면 열을 아는 아이들도 있다는데, 왜 우리 아이는 열을 가르쳐야 겨우 하나를 아는 걸까? 아이를 가르쳐 본 엄마라면, 누구나 한번 쯤 고민해 보았을 것이다. 이런 저런 학원과 과외에 돈을 쏟아 붓고 있건만, 왜 내 아이의 성적만 오르지 않는 걸까? 사교육에 적지 않은 돈을 쓰고 있는데 아이 성적이 마음에 들지 않는 엄마라면, 혼자 마음속으로 해 보았을 질문임에 틀림없다.

그 이유는, 사람의 뇌가 이기적이기 때문이다. 즉, '자기가 기억하고 싶은 관심 있는 정보' 만을 뇌는 기억한다. 신생아를 텅 빈 컴퓨터로 본 글렌 도만의 주장과 달리, 아이의 뇌는 컴퓨터가 아니다. 컴퓨터는 입력하면 입력하는 대로 모든 것을 기억한다. 그러나 아이의 뇌는 그렇지 않다. 아이의 뇌는 머리로 들어온 수많은 정보를 선택적으로 기억한다. 즉, 게임과 만화 등 자기가 좋아하는 것에 대해서는 특별히 누가 가르쳐주지 않아도 많은 것을 기억하고 있지만, 선생님에게 배운 내용 등 정작 알아야 될 것들은 금방 까먹는다. '자기에게 흥미 있는 정보' 와 '자기가 아닌 다른 사람이 흥미를 갖는 정보, 그래서 자신에게도 흥미를 갖도록 강요되는 정보' 를 차별하는 것이다.

물론 엄마 말을 잘 듣고 그래서 선생님께 배운 내용을 잘 기억하는 기특한 아이들도 있다. 이 아이들은 배운 것을 모두 스펀지처럼 흡수하여 정말 잘난 아이, 엄친아(엄마 친구 아들) 또는 엄친딸(엄마 친구 딸)이 된다. 그러나 이런 아이들은 소수이고, 대부분의 아이들의 머리는 배운 것들을 번번이 튕겨낸다. 몇 번이나 가르쳐야 그때에야 비로소 기억한다. 그래도 이 정도면 다행일지도 모른다. 그렇게 가르쳐도 언제 배웠느냐는 듯 하나도 기억하지 못하는 답답한 아이들도 있기 때문이다.

무엇이 머리에 들어온 정보를 차별하는가? 아이의 마음이다. 사실 뇌 자체만 따로 떼어놓고 생각해보면, 뇌는 이기적이지 않다. 뇌는 다만 자기 주인인 마음에 철저하게 복종할 뿐이다. 뇌의 이런 충성된 모습이 다른 사람들의 눈에 이기적으로 보일 뿐이다. 아이의 뇌는 아이의 마음을 잘 알뿐만 아니라 그 마음이 원하는 방향으로 최선을 다한다. 결코 아이의 마음을 배신하여 어른들, 특히 엄마를 따르지 않는다. 여기에 바로 평범한 아이들이 엄친아(엄마 친구 아들)를 절대로 따라잡지 못하는 이유가 있다.

부모의 강요에 의해 억지로 공부하는 아이들……. 겉으로 볼 땐 열심히 하는 것처럼 보이지만, 그래서 설령 지금은 잘 못해도 앞으로는 잘 할 것이라는 희망을 부모에게 심어주지만, 유감스럽게도 그 공부의 결과는 대부분 실망스럽게 된다. 물론 현재 많은 시간을 공부하고 있기 때문에 당장의 성적은 좋을지도 모른다. 그러나 억지로 한 만큼 아이 안에서는 공부를 싫어하는 마음이 점점 더 커져서 마침내 이 마음이 아이의 이기적인 뇌를 사로잡게 되면, 공부에 대한 아이의 집중력은 현저하게 떨어지게 된다. 일단 이렇게 되면 아이가 공부 자체를 끔찍하게 싫어하게 되어서, 설령 아이가 부모의 뜻을 잘 받드는 착한 아이라고 해도, '공부를 재미 없는 것, 그래서 하기 싫은 것'으로 인식한 이기적인 뇌의 강력한 저항은, 아이의 눈물 나는 노력마저도 종종 수포로 만든다.

아이들의 이기적인 뇌가 처음부터 공부를 싫어하는 것은 아니다. 처음에는 엄마가 시키는 대로 열심히 공부한다. 그래서 자기 딴에는 열심히 공부한 결과를 엄마에게 보여준다. 그런데 이때 엄마가 보이는 반응이 찬물을 끼얹는다. '잘 했다. 수고했다' 는 칭찬은 고사하고, '점수가 그게 뭐냐' 며 핀잔을 주거나 앞으로 더 잘해야 한다며 훈계를 한다. 이런 반응을 한두 번 아이가 경험하게 되면, 아이의 이기적인 뇌는 자동적으로 공부를 싫어하게 된다. 나름대로 열심히 해서 뭔가를 기대했는데, 그 결과에 대해 엄마가 보인 반응이 아이를 매우 우울하게 만들기 때문이다. 물론 엄마의 까칠한 반응에는 타당한 이유가 있다. '너는 노력하면 더 잘할 수 있어, 이따위 성적에 만족하면 안돼' 라는 애정 어린 격려가 담겨 있다. 그러나 엄마의 이런 마음을 이해하기에 아이는 너무 어리고, 그래서 상처 받는다.

무엇보다 아이 수준에 맞지 않는 어려운 공부를 장시간 시키는 것이 더 큰 문제이다. 흔히 아이들이 어려운 내용을 배우고 있으면 부모들은 대부분 만족스러워한다. 그러나 어려운 내용을 아이들이 배우면, 당연히 그 시간들이 힘들고, 그 시간들이 힘든 만큼 아이들의 이기적인 뇌는 공부를 힘들고 괴로운 것으로 인식하게 된다. 또한 부모들의 욕심 때문에 초등학교 저학년들에게 너무 오랜 시간 공부를 시키는 것도 문제이다. 그렇게 되면, 아이들의 집중력은 현저하게 떨어지게 되고, 그 상황에서 늘어지는 공부 시간은 이기적인 뇌에게 공부를 지겹고 힘든 것으로 인식하게 만들기 때문이다.

아이들의 이기적인 뇌는 신나고 즐거운 것을 좋아한다. 힘들고 어려운 것은 싫어하고 싫어하는 것은 집중하지 못하며, 집중하지 못하니까 몇 번 배워도 기억하지 못하는 것이다. 명품교육의 시크릿이 여기에 있다. 아이들의 이기적인 뇌가 배운 것을 잘 기억할 수 있도록, 공부를 신나고 즐거운 것으로 만드는 것이다. 먼저 아이들이 공부에 집중할 수 있도록 매일매일 적당한 학습량을 정하여, 그 분량을 마쳤을 때, 마음껏 놀게 하는 것이다. 그러면, 아이들은 주어진 공부를 끝내고 신나게 놀 생각으로, 놀라운 집중력을 발휘하여 이때 진짜로 공부하고, 이때 한 공부를 아이들의 이기적인 뇌는 재미있고 신나는 놀이로 기억한다. 이런 공부가 매일 반복되면, 아이들의 이기적인 뇌는 공부를 지겨운 의무가 아니라 즐거운 놀이로 인식하게 되어서, 공부하는 것을 좋아하고 즐기는 공부하는 뇌가 된다.

이때 중요한 것은 '아이들이 조금만 노력하면 달성할 수 있도록 공부량을 절대로 많이 잡아서는 안된다는 것' 과 '공부를 끝내고 아이가 놀며 즐거워하는 시간들에 인색해서는 안된다' 는 것이다. 무엇보다 아이의 작은 성취를 좀더 어려운 성취로 나아가는 단계로만 보고, 아이가 그것을 마치자마자 좀더 높은 수준으로 바로 이끌려고 해서는 안된다. 아무리 작은 성취라고 해도 힘들게 노력하여 달성한 것이라면, 아이가 자신이 성취한 것을 느끼며 누릴 수 있도록 '어떤 식으로든 아이의 노력을 인정해주는 시간' 을 충분히 가져야 한다. 그래야 아이들이 자신의 공부에 대해 충분한 보상을 받게 되는데, '공부에 대한 보상을 제대로 받는 것' 이 공부 잘하는 아이들의 이기적인 뇌를 공부 못하는 아이들의 이기적인 뇌와 다르게 만드는 명품교육의 시크릿이기 때문이다.

부모라면 영재로 키우는
자녀교육법을 배워라

 **영재는 머리를 쓰고, 둔재는 몸을 쓴다**

영재와 둔재의 차이는 어디에 있을까? 그것은 간단하다. 영재는 머리 쓰기를 좋아해서 모든 일에 머리를 쓰지만, 둔재는 머리 쓰는 것을 싫어해서 모든 일에 몸을 쓰려 한다. 심지어 공부마저도 몸으로 때우려 한다. 이 작은 차이가 어떤 아이는 영재로, 또 어떤 아이는 둔재로 만든다.

공부는 몸이 아닌 머리로 해야 한다. 몸이 학교 수업에서 학원 수업과 과외, 숙제로 쉬지 못한다 해도 머리를 사용하지 않으면 공부한 것이 아니다. 아무리 많은 것을 보고 들었다 해도 머리가 기억하지 못하면 성적이 오르지 않기 때문이다. 반대로 몸이 움직이는 중에도 공부는 가능하다. 비록 눈은 책을 보고 있지 않고, 귀는 선생님의 설명을 듣고 있지 않더라도 머리는 '방금 전에 배웠던 것과 읽었던 것'을 떠올리며 정리할 수 있다. 이렇게 한 공부는 '머리로 한 공부' 이기 때문에 성적에 훨씬 도움이 된다.

　초등학교와 중학교 때 공부 잘하는 아이는 많은 시간을 공부에 투자한 아이가 아니다. 왜냐하면 초등학교·중학교의 교육목표는 적은 공부량을 충실하게 이해하는 것이기 때문이다. 아직 교과 지식에 미숙한 아이들이 학교에서 배워야 하는 내용은 고등학교 때 배워야 할 내용의 대략적 이해에 불과하고, 고등학교 때부터 본격적으로 교과 지식을 배우기 때문이다. 즉 중학교 공부량은 고등학교에 비해서 적고, 초등학교 공부량은 중학교 공부량에 비해서 적다. 그렇기 때문에 '그 적은 양을 충실하게 이해하며 기억한 아이들' 이 초등학교 때와 중학교 때 공부를 잘한다.

　그런데 '이 적은 양을 제대로 이해하는 것' 이 쉽지 않다. 왜냐하면 공부에 투자한 시간만큼 그 효과를 보는 것은 아니기 때문이다. 즉 학원 수업 또는 과외 수업을 많이 받는다고 해서 가능한 것은 아니다. 사실 아이들이 공부를 잘하기 위해서 필요한 시간은 그렇게 많지 않다. '학교 수업시간' 과 '그날 배운 것을 복습하는 시간', '시험공부시간' 만 잘 활용해도 좋은 성적을 얻을 수 있다. 그럼에도 불구하고 많은 초등학생들이 공부를 못하는 이유는 간단하다. 겉으로 보기에 공부하는 시간은 많지만 제대로 공부하는 시간은 적기 때문이다. 여기서 제대로 공부하는 시간이란 '수업 또는 책을 집중해서 듣거나 읽는 동안 혹은 그 후에, 그 내용을 자기 것으로 만드는 때'를 의미한다.

사람들은 수업을 많이 듣고 책을 많이 읽으면 공부를 많이 했다고 착각한다. 그러나 한 번의 수업을 집중해서 듣는 것이 100번의 수업을 건성으로 듣는 것보다 훨씬 효과적이다. 또한 한 권의 책을 제대로 읽는 것이 몇 권의 책을 여러 번 읽는 것보다 낫다. 왜냐하면 많이 듣고 많이 보는 것은 공부를 위한 워밍업에 불과하지, 그것 자체가 공부가 되지 않기 때문이다. 진짜 공부는 몸으로 공부한 후 '그 내용을 머리로 정리할 때'에 일어난다. 그렇기 때문에 아무리 많은 것을 보고 듣는다 해도 그 내용을 머릿속에서 정리하지 않는다면 공부가 될 수 없으며, 의미 없는 시간 낭비일 뿐이다.

물론 몸으로 하는 공부는 머리로 하는 공부의 기초가 된다. 몸으로 보고 들어야 생각할 수 있고, 그래야 기억할 수 있기 때문이다. 즉 먼저 몸으로 공부해야 그것을 이용해서 머리로 공부할 수 있기 때문에, '몸으로 공부하는 것'이 반드시 필요하다. 그러나 머리를 쓰지 않고 몸으로만 공부한다면 아무리 열심히 공부해도 잘하기 어렵다. 공부는 머리의 능력을 키우는 것인데, 그렇게 몸으로만 공부한다면 머리의 능력을 향상시킬 수 없다.

아무리 머리가 좋은 아이도 공부할 때 머리를 쓰지 않는다면 둔재가 될 수밖에 없다. 머리를 쓰지 못하고 몸만 쓰는 것은 '어떤 영재도 둔재로 만드는 방법'이기 때문이다. 그러므로 영재처럼 공부를 잘하고 싶다면 공부할 때 반드시 머리를 써야 한다. 그렇게 하지 않는다면 공부를 아무리 열심히 해도 둔재가 될 수밖에 없고, 그 결과 공부 못하는 아이로 전락할 수밖에 없다.

2% 이해가 안 되면 무조건 외우는가?

학교 공부의 목적은 '아이들의 사고력을 키우는 것' 이지만 시험에서 사고력을 직접 평가하기란 매우 어렵다. 그래서 사고력보다는 '교과서 내용을 얼마나 많이 기억하고 있는가' 에 의해 시험 성적이 결정된다. 이런 이유로 공부 때문에 사고력이 발달된 것도 아니고, 교과서 내용을 제대로 이해한 것이 아니어도, 그 내용을 잘 기억하기만 한다면 누구나 좋은 성적을 얻을 수 있다.

이와 같이 시험을 잘 보기 위해서는 기억이 매우 중요하다. 그렇기 때문에 '외우는 것' 은 공부의 왕도로 종종 애용된다. 시험을 앞 둔 아이들은 시험에 나올만한 것들을 무작정 외우고, 선생님들도 아이들이 잘 이해하지 못할 때에는 '무조건 외우라' 고 말한다. 심지어 수학 공부에서조차도 '잘 외우는 것이 수학 공부 비법이다' 라고 종종 조언한다. 그러나 무조건 외우기만 해서는 잘 기억할 수 없다. 물론 열심히 외우면 단기간에 일정량은 외울 수 있지만 그렇게 외워진 것은 곧 잊혀지기 마련이다. 우리의 머리는 무작정 외운 것을 모두 기억하지 못할 뿐만 아니라 외울 수 있는 양도 제한되어 있다.

　우리의 기억에는 두 가지가 있다. 하나는 쉽게 기억되지만 금방 사라지는 ‘단기 기억’ 이고, 다른 하나는 기억되기는 쉽지 않지만 잘 잊혀지지 않는 ‘장기기억’ 이다. 단기기억은 지금 우리 의식 속에 있는 것으로 우리가 새로운 것을 생각하면 우리 의식 속에서 사라지는, 짧지만 살아있는 ‘진행형 기억’ 이다. 즉 지금 우리 머리를 스쳐 지나가는 모든 것이 단기기억이다. 이러한 단기기억은 우리 머리에 잠깐 머물다가 그 중 극히 일부만 장기기억으로 넘어가고, 그 나머지 단기기억은 모두 사라진다.

　단기기억의 용량은 매우 적은데 계속해서 많은 정보가 단기기억에 쏟아지기 때문에 미처 장기기억으로 넘어가지 못한 단기기억은 사라질 수밖에 없다. 즉 ‘늦게 형성된 단기 기억들’ 이 ‘일찍 형성된 단기기억들’ 을 밀어내기 때문에 가장 최근에 형성된 단기기억만 남고, 장기 기억으로 전환되지 못한 나머지는 잊혀지게 된다. 특별한 조취를 취하지 않는 한 단기기억은 장기기억으로 전화된지 못하기 때문에 ‘새 단기기억에게 자기 자리를 빼앗긴 옛 단기기억들은 밀려날 수밖에 없다.

　공부는 교과서 내용을 단기기억을 거쳐 장기기억에 저장하면서 사고력을 키우는 것이다. 그런데 무조건 외우는 것은 단기기억에 많은 양의 정보를 쏟아 붓는 것에 불과하다. 밑 빠진 독에 물 붓는 것처럼 겉으로는 많은 양의 정보를 외우는 것처럼 보여도, 사실은 새로운 정보를 억지로 머리에 밀어 넣으면서 예전에 들어왔던 정보를 머리에서 밀어내는 낭비에 불과하다. 그렇기 때문에 공부할 때 무조건 외우는 것은 미친 짓이다. 아무리 많은 양의 정보를 단기기억에 집어넣는다 해도, 그것이 장기기억으로 전환되어 오래 기억하지 못한다면 소용 없기 때문이다.

물론 어떤 것을 무조건 반복적으로 외우면 반복된 내용은 장기기억으로 들어간다. 반복은 단기기억을 장기기억으로 만드는 방법 중의 하나이다. 그러나 반복만으로는 많은 내용을 장기기억에 저장시킬 수 없다. 반복이 기억의 주요 방법이지만, 반복만으로 무엇을 기억하기 위해서는 많은 시간 반복해야 하는데 시간은 항상 제한되어 있기 때문이다.

단기 기억이 장기 기억으로 효과적으로 전환되기 위해서는 이해와 정리라는 '기억처리과정' 이 필요하다. 우리 머리는 하나의 사고체계로 형성되어 있기 때문에 그 안에서 다양한 의미들이 복합적으로 연결되어 있다. 그러므로 우리는 자신에게 의미 있는 것은 잘 기억하고, 의미가 없는 것은 잘 기억하지 못한다. 그런데 이해는 '단기기억에서 어떤 의미를 찾는 역할' 을 한다. 따라서 무엇이든 이해하면 한두 번의 반복으로도 쉽게 기억할 수 있다. 그러나 이해하지 못하면 아무리 노력해도 기억하기 어렵다. '우리가 쉬운 내용을 잘 기억함에 비해서 어려운 내용은 쉽게 잊어버리는 이유' 가 여기에 있다. 쉬운 내용은 쉽기 때문에 잘 이해한다. 그래서 잘 기억된다. 이에 비해 어려운 내용은 어렵기 때문에 잘 이해하지 못한다. 그래서 외우려고 노력해도 잘 기억하지 못한다. 이해하지 못했기 때문이다. 그러므로 기억하고 싶다면 기억하려고 하기 전에 이해하려고 노력해라. 그러면 잘 기억될 것이다.

기억하기 위해서 그 내용의 의미를 파악하는 것이 '이해' 라고 한다면, '정리' 는 기억하려는 것에 의미를 부여하는 것이다. 아래의 예를 살펴보자.

수박, 공책, 무우, 참외, 고등어, 감자, 낙지, 지우개, 오징어, 양파, 연필, 사과를 대형 마트에서 사오라는 부탁을 받았다고 하자. 만약 이것을 순서대로 외운다면, 무척 외우기 어렵다. 그러나 이것을 '수박, 참외, 사과' 를 과일로, '무우, 감자, 양파' 를 농산물로, '공책, 지우개, 연필' 을 학용품으로, '고등어, 낙지, 오징어' 을 수산물로 의미를 부여하여 외운다면 훨씬 쉽다.

이렇듯 정리는 기억하려고 하는 것에 의미를 부여함으로서 우리의 기억을 돕는다.

공부가 기억에 관한 것이라면 많이 기억해야 하고, 기억하기 위해서 노력해야 한다. 그러나 많이 기억하는 것보다 더 중요한 것은 효과적으로 기억하는 것이다. 그런데 둔재들은 많이 기억하려고만 했지, 효과적으로 기억하지 못한다. 외우려고만 했지, 어떻게 해야 기억을 잘하는지 알지 못한다. 그래서 무조건 외우고 열심히 노력하지만 그 성과는 보잘 것 없다. '이해가 안 되면 무조건 외운다'는 둔재의 방법 으로는 결코 공부를 잘할 수 없다.

 공부를 잘하고 싶다면 공부의 주도권을 잡아라

누구나 공부가 안될 때가 있다. 이것은 공부밖에 모르는 공부벌레 도 마찬가지이다. 공부를 좋아해서 공부밖에 모르는 사람도 공부가 하기 싫을 때가 있다. 그때는 아무리 공부를 하려고 노력해도 머리만 아플 뿐, 공부한 내용들이 머리에 잘 들어오지 않는다. 이럴 땐 머리 를 좀 쉬어 줄 필요가 있다. 안 되는 공부를 그냥 붙들고 있다고 해서 공부가 잘 되는 것도 아니고, 대부분의 경우 힘들기만 하기 때문이다.

공부의 성과는 대부분 마음 상태에 의해서 결정된다. 마음이 공부 한 내용을 받아들릴 준비가 되어 있다면 우리는 공부한 내용들을 스 펀지처럼 빨아들인다. 시험 보기 몇 시간 전의 상태가 바로 그때이다. 이땐 누가 시키지 않아도 최고의 집중력을 발휘한다. 책을 보는 것마 다 잘 이해할 뿐만 아니라 빠르게 기억한다. 만약 우리 아이들이 항상 이런 마음 상태로 공부할 수 있다면 아이들 공부는 걱정할 필요가 없다. 그러나 유감스럽게도 대부분의 아이들이 시험을 코앞에 두고서야만 이런 집중력을 발휘한다.

평소에는 집중력을 발휘하지 못하는 아이들이 시험 때만 되면 놀라운 집중력을 발휘하는 이유는 어디에 있을까? 그것은 시험 볼 때 아이들의 마음 상태가 변하기 때문이다. 평소에 아이들이 갖는 마음은 '공부 안 하고 놀고 싶다'는 것인 반면, 시험을 코앞에 둔 상태에서의 마음은 '공부해야 한다'로 변한다. 그 이유는 곧 보게 될 시험이 자기에게 정말 중요하고 지금 공부하는 시간들이 시험 결과에 큰 영향을 준다고 믿기 때문이다. 즉 지금 당장 공부해야 할 필요성을 마음이 느끼기 때문에 머리가 그 마음에 반응하여 최고의 집중력을 발휘하는 것이다.

우리의 몸이 마음의 통제를 받듯이, 우리의 머리도 마음의 통제를 받는다. 즉 머리는 마음이 원하는 만큼만 공부에 집중한다. 그래서 마음이 심란하면 공부가 잘 안 되고, 공부 의지가 확고하면 마음이 잡혀 공부도 잘된다.

그래서 공부 고수들은 효율적으로 공부할 수 있도록 공부하기 전에 마음을 먼저 잡는다. 그러나 항상 마음이 잡히는 것은 아니어서 가끔 집중력이 약해질 때도 있다. 그럴 경우에는 잠깐 쉬면서 머리를 식힌 후에 다시 마음을 잡고 집중해서 공부한다.

우리는 기계가 아니기 때문에 마음 상태가 일정하지 않다. 어떤 때는 공부에 집중할 수 있고, 어떤 때는 아무리 노력해도 공부에 집중할 수 없다. 그렇기 때문에 마음 상태에 따라서 어떤 때는 쉬고, 어떤 때는 공부해야 한다.

그런데 자기 마음 상태를 잘 파악할 수 있는 사람은 부모도, 선생님도 아닌 자기 자신이다. 그렇기 때문에 공부를 잘하고 싶다면 공부의 주도권을 자기가 잡아야 한다. 그렇게 해야만 자기 컨디션이 좋을 때 공부하고, 그렇지 않을 때에는 쉬거나 놀 수 있어서 자기 시간을 효율적으로 활용하여 공부 성과를 극대화시킬 수 있다. 그렇지 않고 부모가 공부의 주도권을 잡게 되면, 자기 컨디션과 상관없게 공부하거나 쉬게 되고, 그렇게 되면 공부의 능률이 많이 떨어지기 때문이다.

부모가 아닌 아이 스스로가 공부의 주도권을 잡으면 그 아이의 공부 미래는 밝다. 부모가 옆에서 아이에게 필요한 도움만 주면 아이가 스스로 열심히 공부할 테니, 이보다 더 좋은 경우는 없다. 하지만 이런 경우는 쉽게 발생하지 않는다. 그래서 부모들은 아이들의 공부에 간섭하게 된다. 그리고 이 간섭은 '아이가 공부하도록 하는 역할'을 하지만 '아이가 공부의 주도권을 잡게 하는 것'을 방해한다. 그 결과 '아이가 공부를 잘하게 되는 것'에 종종 걸림돌이 된다.

아이 입장에서 공부에 대한 부모의 관심은 공부의 필요성을 느끼게 하는 계기가 되거나 공부를 해야 한다는 부담으로 작용한다. 그래서 만약 부모가 아이의 공부에 대해 아무런 관심을 보이지 않는다면,

아이는 공부할 필요성을 느끼지 못하거나 공부를 잘해야 할 필요성을 전혀 알지 못한다. 그러므로 아이가 공부하길 바란다면 부모가 아이의 공부에 대한 관심을 보일 필요가 있다.

그러나 '지나치면 부족함만 못하다' 는 논어의 교훈이 있다. 부모의 조언과 관심이 아이의 공부에 크게 도움이 되는 것이 사실이지만, 그것이 적절한 선을 넘게 되면 아이의 공부를 방해하게 된다. 단지 관심을 갖고 조언하는 정도가 아니라 너무 깊이 개입하여 아이의 공부를 부모가 주도하게 된다면 아이가 공부의 주도권을 잡을 수 없기 때문이다.

공부하는 사람의 입장에서 부모의 간섭은 많은 경우 도움이 되지 않는다. 물론 부모가 소크라테스와 같은 탁월한 교사이거나 또는 훌륭한 멘토라면 부모가 개입한 만큼 좋은 성과를 거둘 수 있다. 그러나 현실적으로 대부분의 부모들은 잘해야 '교과에 대한 지식 정도' 를 가졌을 뿐이다. 그래서 아이들의 공부를 어떻게 하면 도와줄 수 있는 지를 잘 알지 못한다.

그러므로 공부를 잘하고 싶다면 부모에게 필요한 도움은 받고, 불필요한 간섭은 최대한 줄여야 한다. 불필요한 간섭은 쓸데없는 스트레스만 가중시켜 공부 의욕을 약화시키거나 공부에 집중하는 것을 방해한다. 또한 보통 공부는 나름대로의 계획을 가지고 하는데 그 계획을 알지 못하는 부모가 간섭하게 되면 오히려 방해만 된다.

　그렇다면 어떻게 공부의 주도권을 잡을 것인가? 공부의 주도권을 잡기 위해서는 우선 자기가 왜 공부해야 되는지를 분명히 알아야 한다. 그리고 나름대로의 공부 목적을 구체적으로 세우고 최선을 다해 열심히 해야 한다. 그래서 부모가 원하는 이상으로 공부할 수 있다면 공부의 주도권을 잡을 수 있다.

　만약 아이들이 이런 말을 들으면 '자기는 공부하고 싶은 생각이 전혀 없는데 무슨 이야기를 하는거냐' 고 생각할 수 있다. '공부 주도권을 잡기 위해서 열심히 공부하느니 그냥 이대로 부모에게 끌려 다니는 것이 낫다' 고 생각할 수 있다.

　그러나 이것은 그 아이들이 학교 다니고 있는 중이든, 학교를 졸업하고 난 후든, 자신이 결코 공부를 피할 수 없다는 사실을 아직 모르기 때문이다. 만약 자기가 원하는 대로 그 아이가 공부를 피하게 되는 소원을 이루었다고 해도, 그것이 결코 행운이 될 수 없음을 아직 깨닫지 못했기 때문이다. 또한 그 아이는 공부가 부모를 위한 것이 아니라 바로 자기 자신을 위해 하는 것이라는 사실을 학교 다닐 때는 알지 못한다. 그리고 학교 공부의 결과 어떤 대학에서 무슨 공부를 하느냐에 따라 자기 인생이 크게 변한다는 것도 알지 못한다. 그 사실들은 아이가 학교를 졸업하고 난 후에야 비로소 알 수 있기 때문이다.

　원하든 원하지 않든 아이들은 고등학교 졸업 때까지 학교 수업을 의무적으로 맡아야 한다. 우리나라 교육체제에서 이것을 피할 수 있

는 아이들은 거의 없다. 그런데 그 많은 수업을 억지로 받는다고 가정해 보자. 그러면 일단 열심히 듣지 않을 것이 분명하니 수업을 따라가지 못할 것이고, 그래서 수업 내용이 이해되지 않을 것이다.

이해되지 않는 수업 내용을 억지로 듣는 것은 엄청난 스트레스다. 그렇기 때문에 공부가 정말 싫어 공부와 담을 쌓고 살면서 '공부 못한 불이익'을 감당하며 살고 싶다면 당장 학교를 그만두고 다른 길을 찾아야 한다. 어차피 그렇게 공부해서는 공부를 못할 것이 분명하고 공부를 통해서 얻는 것도 없을 뿐만 아니라 불필요한 스트레스로 시간만 낭비할 뿐이다. 정말 공부가 싫다면 가능하면 빨리 그만두어 이러한 스트레스를 피하는 것이 낫다.

그러나 아이들이 그 정도로 공부를 싫어하게 된 것은 자신의 공부를 도와줄 탁월한 선생님을 아직 만나지 못했기 때문이다. 그들도 만약 '가르침으로 자신의 마음에 영향을 줄 탁월한 교사'를 만난다면 변할 수 있다. 공부가 할 만한 것이고, 재미있으며, 자기도 노력만 하면 충분히 잘할 수 있다는 것을 보여줄 사람을 주변에서 만나기만 한다면, 그 아이도 공부를 좋아할 수 있고, 그래서 공부를 잘할 수 있다.

요즘은 공부가 아닌 다양한 재능으로 성공하는 사람들이 많아져서 공부하기 싫어하는 아이들은 다른 것을 핑계로 공부를 등한시 하려고 한다. 그러나 설령 그렇다고 해도 이젠 지식이 우리의 모든 삶의 영역에 점점 침투하고 있는 지식사회이다. 그렇기 때문에 다른 것으로 성공한다고 해도 기본적인 지적능력은 인간다운 삶을 위해 반드시 필요하다.

아이들은 공부를 피할 수 없다. 아무리 공부하기 싫어도 고등학교를 졸업할 때까지는 최소한의 수업을 들어야 한다. 게다가 부모가 아이 공부에 관심을 갖게 될 경우에는 정말로 아이들은 공부를 피하기 어렵다. 그럼에도 불구하고 아이가 공부를 피하려고만 한다면 그 시간들만 괴로울 뿐이다. 그러므로 피하기 어려운 공부라면 정면으로 승부해서 그 시간을 즐기려고 하는 자세가 필요하다.

행복한 사람은 자기가 하고 싶은 일만 하며 사는 사람이고, 불행한 사람은 자기가 하기 싫은 일을 해야만 하는 사람이다. 지혜로운 사람은 자기가 해야 될 일을 즐길 줄 아는 사람이고, 어리석은 사람은 피하기 어려운 일을 피하지 못해 괴로워하는 사람이다. 불행과 행복은 우리가 선택할 수 없다. 그러나 '이미 주어진 일에 대한 태도' 는 우리가 선택할 수 있고, 그 태도에 의해 우리는 지혜로울 수도 있고 어리석을 수도 있으며 이에 따라 행복과 불행이 결정된다. 요즘 아이들은 하기 싫은 공부를 해야만 하는 불행한 사람이다. 그러나 진짜 교육은 공부가 피하기 어려운 것이라면 이를 즐겨야 한다는 것을 아이들에게 가르치는 것이다.

피할 수 없는 공부라면 그 공부에 대해 마음을 열고 이를 즐기려는 태도를 가져라. 피하려고 하면 공부하는 시간만 더 괴로울 뿐이고, 마음을 열고 공부 상황을 즐기려고 한다면 공부도 할 만한 것이 된다. 남들처럼 명문대를 가기 위해 죽어라 공부하고 싶지 않을 수 있다. 그러나 어차피 해야 될 공부라면 하는 동안만이라도 집중해서 열심히 공부하면 좋은 성적을 얻을 수 있고, 그 결과 좋은 대학도 갈 수 있다. 더 나아가 만약 명문대가 욕심이 난다면 조금 더 공부해서 명문대도 갈 수 있다. 사실 명문대를 가고 안 가고는 현재의 실력에 의해서가 아니라 '공부 한 번 해 보겠다는 의지'에 의해 결정된다.

2% 공부하기 싫을 땐 공부하지 마라

장기간 공부가 되지 않을 때 '슬럼프를 극복하는 것'은 그냥 공부하는 것이다. 공부하다 보면 자연스럽게 공부의 감을 찾게 되고, 그래서 정상적인 공부 컨디션을 찾을 수 있다. 그렇지 않고 공부 안 된다고 계속 공부를 안 하면 슬럼프만 더 깊어지고 길어질 뿐이다. 물론 이때는 좋아하는 과목을 편한 마음으로 재미있게 공부해야 한다. 그래야 공부에 대한 재미를 붙여 정상적인 공부 컨디션으로 돌아올 수 있기 때문이다.

그러나 공부가 안 되는 기간이 단기라면 좀 쉬는 것이 좋다. 아니면 '쉽게 달성할 수 있는 공부량'를 정하고 이를 마친 뒤 쉬도록 한다. 그리고 쉴 때 그냥 쉬는 것이 아니라 '평소에 자기가 하고 싶은 것'을 하면 더 좋다. 그래야 기분 전환을 해서 산뜻한 마음으로 다시 공부를 시작할 수 있다. 물론 오락, TV, 만화 등 어떤 것들은 중독성이 있어서 그것을 하고 나면 다시 공부를 시작하는 것이 어렵다. 그래서 그런 경우라면 공부에 방해 되지 않도록 평소에는 자제할 필요가 있다.

원래 공부는 노는 것과 공부하는 것이 분명한 아이들이 잘한다. 그것은 잘 놀 줄 아는 아이가 공부 스트레스도 잘 해소하고 놀고 난 후, 새로운 마음으로 공부에 집중할 수 있기 때문이다. 그런데 놀 줄 모르는 아이들은 '노는 것' 과 '공부하는 것' 의 경계가 모호하다. 그래서 둘 다 잘하지 못한다. 잘 놀지 못했기 때문에 더 놀고 싶은 마음을 가지고 공부하며, 제대로 공부하지 못했기 때문에 '공부해야 한다' 는 부담감을 가지고 놀기 때문이다. 그러므로 노는 것이든 공부하는 것이든 분명하게 할 필요가 있다.

공부하기 싫을 때, 억지로 공부하려고 한다면 마음만 지칠 뿐 별다른 성과가 없다. 마음이 움직이지 않으면 머리가 움직이지 않고, 머리가 움직이지 않으면 아무리 많은 시간을 투자해도 공부가 되지 않는다. 그러므로 공부하기 전에 먼저 마음을 잡아야 하고 그 마음을 잡기 위해서 마음과 적절한 타협을 해야 한다. 즉 마음이 원할 때 적절한 휴식과 오락을 제공함으로써 공부할 때 마음이 집중하도록 해야 한다.

공부의 성과는 대부분 마음 상태에 의해서 결정된다. 그렇기 때문에 마음 상태를 보면서 그 상태를 잘 관리해가면서 공부해야 한다. 그런데 그 마음 상태는 공부하는 사람만이 잘 파악할 수 있다. 즉 자기 자신만이 '쉴 때' 와 '공부할 때' 를 잘 구분하여 이에 맞게 공부하고 쉬면서 효율적으로 공부할 수 있다.

그러므로 공부를 정말 잘하고 싶다면 자기 공부는 자기가 주도해야 한다. 그래서 공부하기 싫을 때 공부하지 않을 수 있어야 한다. 그런데 공부하고 싶지 않을 때 공부하지 않을 수 있으려면 평상시에 공부를 열심히 해서 부모의 신임을 얻어야 한다. 그렇지 않다면 부모는 공부를 걱정하게 되고, 그 걱정은 반드시 간섭으로 돌아오기 때문이다. 그러나 일단 부모의 신임을 얻어서 쉬고 싶을 때 쉬고, 공부하고 싶을 때 공부할 수만 있다면, 그때부터 본격적으로 자기 공부를 시작할 수 있다. 그리고 이렇게 자기 공부를 하는 아이들만이 학교 공부도 잘할 수 있고 사회에서도 성공할 수 있다. '자기 공부' 라는 자기가 주도하는 자기 주도 학습만이 지식사회의 공부 방법이자 생존전략이기 때문이다.

# 똑똑한 아이도
둔재로 키우는 부모가 있다

 ## 자식 이기는 부모 없다

자식 이기는 부모 없다. 아무리 부모가 막강한 힘을 가지고 있다고 해도, 자식의 뜻이 확고하면 어떤 부모도 '그 자식의 뜻'을 꺾기 어렵다. 물론 자녀가 어릴 때 부모의 뜻이 확고하면 대부분의 자녀들은 자기 스스로 자신의 뜻을 꺾는다. 왜냐하면 어릴 때는 자신의 주관이 뚜렷하지 못해서 내세울 의지도 없고, 부모도 커 보이는데, 그 부모가 확고한 의지를 내세우면 그 의지는 훨씬 더 커 보이기 때문이다. 더군다나 자녀는 부모에게 의존해야 정상적인 생활이 가능하기 때문에 웬만해선 부모의 뜻을 거스르기 어렵다.

대부분의 경우 어릴 때는 아이들이 부모의 뜻에 맞서지 못한다. 그러나 아이들이 자라면서 상황이 달라진다. 자녀들도 자기 생각이 있고, 자기가 하고 싶은 것도 있어서, 어릴 때처럼 부모의 뜻을 무조건 따르지는 않는다. 물론 이 경우에도 어떤 부모들은 자신의 확고한 의지와 막강한 힘을 통해서 자녀의 뜻을 꺾으려고 한다. 그러나 요즘은 부모가 자기 뜻만 완고하게 내세우면 부모와 자녀의 사이만 나빠질 뿐, 부모의 뜻이 관철된 경우는 별로 없다. 부모들의 권위가 막강했던 옛날에는 부모가 완고하게 나오면 대부분 자녀들이 자기 뜻을 꺾었지만, 이젠 이것은 옛날이야기가 되었다.

'부모가 자식을 이길 수 없는 이유'는 간단하다. 부모와 자식의 다툼은 '뭔가를 놓고 서로 싸우는 것'이 아니고 '자녀 문제를 놓고 생각을 달리해서' 발생하기 때문이다. 즉 자녀의 일에 부모가 간섭하는 것이기 때문에 당연히 당사자인 자녀가 우월한 위치에 서게 된다. 다만 자녀가 어릴 때는 자기가 우월한 입장에 있다는 것을 깨닫지 못한다. 그때는 부모에 의존해야만 하고, 부모 말을 잘 들어야 한다고 배우기 때문이다. 그러나 아이가 자라면서 상황은 서서히 반전된다.

과거 농경 사회에서는 '부모의 뜻을 따르는 것'을 최고의 덕목으로 보았다. 그 당시에는 '부모의 뜻을 따르는 것'이 바로 삶의 지혜였다. 자녀는 부모의 직업을 이어 받았고 '부모와 비슷한 삶'을 살았다. 그렇기 때문에 부모는 자녀가 앞으로 살아야 될 삶에 대해서 잘 알고 있었다. 그래서 자녀가 부모 말만 잘 들으면 잘 살 수 있었다. 특별한 변화가 없었던 과거에는 자녀보다 먼저 살았던 부모가 삶의 전문가였다.

그러나 지금은 그때와 전혀 다르다. '자녀가 앞으로 어떤 삶을 살 것인지’ 그리고 ‘자녀에게 무엇이 좋은 지’ 등, ‘자녀에 대한 것’을 부모가 잘 모른다. 사회가 너무 빠르게 변하고 있어서, 부모도 이에 잘 적응하지 못하고 있기 때문이다. 무엇보다 부모는 ‘자녀가 무엇을 원하는지’를 잘 모르기 때문에 자녀를 위한 선택을 대신 해 줄 수 없다.

자녀는 ‘부모가 원하는 삶’이 아니라 ‘자신이 원하는 삶’을 개척해야 한다. 이것이 시대의 흐름이다. 자녀가 어릴 때는 부모가 자녀를 이겨도 될지 모르나, 자녀가 성장하면서 자녀는 자신의 삶을 살아야 한다. 자녀는 자신의 삶을 살아야 ‘자기에게 의미 있는 삶’을 살 수 있다. 그래야 자녀는 자신의 삶에 만족할 수 있고, 그 결과 행복할 수 있다.

그러므로 어릴 때는 자녀가 부모에게 져야 하나, 성인이 되면 자녀는 부모를 이겨야 한다. 그것이 자녀를 위한 것이며 부모를 위한 것이다. 그렇지 않고 자녀가 성인이 된 후에도 부모가 계속 이긴다면, 그것은 자녀의 입장에서 불행한 것이다.

또한 자녀의 불행은 부모의 불행이기도 하다. 물론 자녀가 잘못된 결정을 내리려고 하면 부모로서 이를 방치할 수 없다. 부모는 자녀가 올바른 결정을 내리도록 도와주어야 한다. 그렇지만 그것이 자녀 대신 결정해 주는 것을 의미할 수는 없다. 자기 삶에 대한 결정은 자기가 해야 되기 때문에 부모의 역할은 올바른 결정을 내리도록 도와주는 데에 그쳐야 한다.

부모가 자식을 이기기 어렵기는 공부에 있어서도 마찬가지다. 아니 공부는 그 징후가 좀 빨리 나타난다. 사실 '아이들이 어릴 때 부모 말을 잘 듣는 이유 중의 하나' 는 클 때까지는 공부를 빼면 '부모와 크게 의견 차이가 날 일' 이 별로 없기 때문이다. 부모는 자식만을 위하고 자식도 부모의 그런 마음을 알고 있으니, 특별한 경우가 아니면 다툴 일이 없다.

그런데 공부만은 부모와 자녀의 이해관계가 다르다. 물론 자녀도 가능하다면 공부를 잘하고 싶어 한다. 공부를 잘하면 부모도 좋아하고, 주변 어른들도 칭찬하고, 학교에서 인정받을 수 있고, 자기 미래도 좋을 것 같으니, '공부 잘하는 것을 싫어하는 아이' 는 없다. 그래서 공부를 잘할 수 있다면 아이도 뭐든 하고 싶을 지도 모른다. 여기까지는 부모와 자녀의 생각이 같다.

그러나 어떤 방법으로 얼마나 많이 공부를 할 것인지에 대해서는 부모와 자녀가 의견을 달리한다. 아이들도 공부를 잘하고 싶어 하지만 공부를 많이 하는 것은 싫어한다. 그 첫 번째 이유는 공부하는 것이 힘들기 때문이고, 두 번째는 공부 외에 하고 싶은 다른 것이 있기 때문이다. 그래서 아이들은 가능하면 공부를 적게 하고 싶어 한다. 이에 비해 부모들은 아이에게 가능하면 많은 공부를 시켜서 아이들이 공부에서 두각을 나타내기를 원한다.

공부에 대한 생각이 서로 다르기 때문에 공부는 부모와 자식이 처음으로 겪는 갈등이다. 그리고 아이들이 가장 먼저 부모를 이기는 일이다. 그런데 대부분의 부모들은 이 단순한 사실을 너무 늦게 깨닫고, 그래서 아이들 공부에 실패한다.

어리면 어릴수록 아이들은 부모가 시키는 대로 한다. 그래서 책을 읽게 하면 책을 읽고, 과외를 받게 하면 과외를 받으며, 혼자 공부하라고 하면 혼자 공부한다. 그러나 항상 거기까지다. 어떻게 책을 읽고 어떻게 과외 수업을 받는지는 아이가 결정한다. 그렇기 때문에 아이가 공부하고 싶지 않아 한다면 부모의 어떤 노력도 성공을 거두기 어렵다. 공부의 양은 부모가 결정할 수 있어도 정작 중요한 공부의 질은 아이가 결정하기 때문이다.

‘아이가 공부할 수 있는 여건’ 은 부모가 만들 수 있어도 정작 공부하는 것은 아이이다. 그렇기 때문에 아이가 공부하기를 거부한다면 아이는 공부를 잘할 수 없다. 물론 아이의 거부는 노골적이지 않다. 왜냐하면 아이에겐 그럴 만한 힘이 없기 때문이다. 다만 아이는 부모가 만들어 놓은 상황에서 ‘자기가 하고 싶은 것’ 을 할 뿐이다. 공부하라고 학원에 보내면 학원에는 간다. 그러나 거기서 공부하려고 노력하기보다는 조금이라도 덜 공부하고 놀려고 노력한다. 학원에 보냈더니 공부를 안 해서 과외를 시키거나 자습을 시켜도 상황은 마찬가지다. 단지 아이들이 부모의 공부 스케줄에 대항하는 방법이 달라졌을 뿐이다.

공부하는 데에는 머리를 쓰지 않은 아이들이 ‘공부하지 않고 놀 수 있는 방법’ 을 연구하는 데에는 천재적으로 머리를 잘 쓴다. 원래 아이들 머리가 좋은데다가, 공부 안하는 것에는 아이들의 이해관계가 걸려 있어서 최고의 집중력을 발휘하기 때문이다.

사실 아이들이 관심을 가지는 일은 딱 하나이다. 그것은 '공부 안 하고 노는 것' 이다. 어려서 공부를 왜 해야 되는지 모르는데 공부하는 것이 힘들기 때문이다. 이에 비해 부모들의 관심거리는 다양하다. 신경 쓸 문제가 무척 많다. 그래서 '관심사가 공부 안하는 것 하나인 아이들' 이 부모와의 머리싸움에 더 집중력을 발휘한다. 이에 비해 부모들은 '공부시키기' 외에도 신경 써야 할 문제가 많기 때문에 아이들 공부에만 집중할 수 없다. 바로 이 집중력의 차이가 '아이와 부모의 머리싸움의 승패' 를 종종 결정한다.

공부는 부모의 일이 아니라 아이의 일이다. 그러므로 부모의 관심은 나쁘게 말하면 아이의 공부에 대한 간섭이다. 또한 공부는 부모보다 아이가 더 많은 이해관계를 갖고 신경을 쓰는 문제이다. 그러므로 부모가 아이의 뜻을 거스리면서 아이에게 공부를 시킬 수 없다. 즉, 공부에서도 부모는 자식을 이길 수 없다.

그러므로 아이에게 공부를 시키기 위해서는 부모는 먼저 아이를 자기편으로 만들어야 한다. 즉 공부 문제로 아이와 갈등관계로 가면 반드시 질 것이기 때문에 아이와 한 편이 되어서 공부를 공동의 문제로 만들어야 한다. 부모가 아이를 이길 수 없다면 한편이 되는 것이 부모가 택할 수 있는 유일한 길이다. 어떻게? 부모의 입장에서 일방적으로 아이에게 공부를 강요하는 입장을 버리고, 아이의 입장에서 공부라는 문제를 아이가 대처하도록 도와주기 위해 노력하면 된다.

 영재는 결코 부모의 노력으로 만들어질 수 없다

영재는 어른들의 노력으로 만들어지지 않는다. 만약 그렇다면 우리 주변에서 많은 영재를 볼 수 있어야 한다. 누구나 부모라면 자기 아이가 영재가 되기를 원하고, 그렇게만 될 수 있다면 뭐든 했을 것이기 때문이다. 그러나 우리의 주변에는 '부모들의 노력의 결과로 영재가 된 아이들'이 아니라 '그런 노력 때문에 실패한 아이들'이 더 많다.

물론 영재는 어른들의 노력이 없으면 만들어질 수 없다. 부모가 충분한 지원을 하지 않는데 아이 스스로의 힘으로 영재가 될 수는 없다. 아이가 영재가 되려면 아이가 영재로 자라기에 필요한 다양한 지원들이 아이에게 주어져야 한다. 그 지원들을 활용하면서 아이가 영재로 성장하는 것이다.

그러나 어른들의 노력만으로는 아이가 영재가 될 수 없다. 그것은 아이의 선택이 더 중요하기 때문이다. 아이가 자기 머리를 쓰는 것을 좋아해서 공부에 관심을 가질 때, 비로소 어른들의 도움이 빛을 발할 수 있다. 이와 반대로 아이가 공부하는 것을 싫어한다면 부모가 아무리 노력해도 아이는 영재가 될 수 없다.

흔히 부모들은 영재에게 주어지는 외부의 자극만 보고 그런 여건만 주어지면 자기 아이도 영재가 될 것이라 생각한다. 그러나 오직 '그런 자극을 받아들여서 자신의 것으로 만들 수 있는 마음의 준비가 된 아이들'만 영재가 된다. 즉 자기에게 주어진 자극들을 적극적으로 받아들여, 자신의 생각의 재료로 활용할 때만 아이들은 영재가 된다. 그렇지 않고 아이가 자기에게 주어지는 지적 자극들을 거부한다면 그 아이는 영재는 커녕 평범한 지적 능력도 갖추기 어렵다.

'자기를 영재로 만들고 싶어 하는 부모의 바람'을 아이들이 거부하는 이유는 간단하다. 그것은 부모가 아이를 영재로 만들기 위해서 아이에게 제공하는 지적 자극이 너무 어렵고 또한 많기 때문이다. 즉 '아이가 충분히 소화해서 자기 것으로 만들 수 있는 것 이상으로 어렵고 많은 지적 자극'이 아이에게 주어지기 때문에 아이가 그것을 소화하지 못하고 토해내는 것이다.

부모가 '이러 이러한 방식으로 남보다 똑똑한 아이를 키워야겠다'는 생각으로 노력해서 아이가 영재가 되는 것은 아니다. 만약 그랬다면 우리나라는 영재 공화국이 되었을 것이다. 외형적으로 보면 아이가 부모가 원하는 대로 자라주는 것 같지만, 사실 아이는 아이 나름대로의 독특한 성장 방식과 속도가 있다. 그래서 오직 어른들이 아이에게 맞게 지적인 자극과 기회를 제공할 때만 아이는 자신의 가능성을 최대한 실현하게 된다. 그렇지 않고 아이에게 맞지 않는 속도와 방법을 제시하면 아이는 이에 적응하지 못하고 그 부적응이 아이를 지적으로 실패하게 만드는 것이다. 왜냐하면 공부는 머리로 하는 것이고 그렇기 때문에 공부에 대한 아이의 마인드가 무엇보다 중요한데, '어른들의 방식에 대한 부적응' 은 아이의 공부 마인드를 엉망으로 만들기 때문이다.

아이가 혼자 힘으로 영재가 되는 것은 아니지만 영재는 스스로의 의지에 의해 영재가 된다. 아이가 공부하는 것을 좋아해서 이에 빠져들 수 있어야 아이는 영재가 될 수 있다. 즉 영재는 자발적으로 되는 것이지 부모의 강요나 억지에 의해 될 수 없다. 영재의 자발성을 부모의 노력만으로 따라잡을 수 없기 때문이다.

2% 공부를 너무 많이 해서 공부 못하는 아이들

아이들이 공부를 잘하지 못하는 이유는 공부를 너무 많이 하기 때문이다. 요즘 아이들은 학교 수업에 학원 수업, 과외까지 받는다. 하지만 그렇게 많은 시간을 투자한 만큼 성적이 잘 나오지 않는다. 왜 그럴까? 그것은 아이들이 많은 공부에 지쳐 있기 때문이다. 사람은 기계가 아니기 때문에 적정 수준 이상의 공부를 하게 되면 지치게 되고, 공부 능률도 급속하게 저하된다. 그런데 부모는 아이가 많은 시간 공부해야 공부를 잘하리라 믿기 때문에 공부를 많이 시킨다.

많은 시간 공부해야 되는 아이들. 그들은 힘들다. 그러나 자기 힘으로 부모의 뜻을 거부할 수 없다. 그래서 부모가 이끄는 방향으로 따라간다. 그러나 거기까지이다. 따라가기만 할 뿐, 따라가면서 열심히 하지 않는다. 자기들이 공부하고 싶어서 학원 수업을 듣는 것도 아니고, 과외를 받는 것도 아니니 '이런 아이들이 열심히 수업 받고 공부 잘하기를 기대하는 것'은 처음부터 무리다.

자기가 좋아하는 것도 많이 하게 되면 지치고 싫어질 수 있다. 그런데 별로 좋아하지 않는 것을 장시간 하게 되면 누구나 그것을 끔찍하게 싫어하게 된다. 아이들도 마찬가지이다. 공부에 흥미 없는 아이라면 학교 수업만 듣는 것도 벅차다. 그런데 그 아이가 학교 수업 끝나고 학원과 과외로 그 나머지 시간을 보낸다고 하자. 그 아이는 어떻게 될 것인가? 공부를 정말 싫어하게 될 것이다. 그래서 공부는 시간 때우기로 일관하고 틈만 나면 놀려고 할 것이다.

이것이 바로 부모의 욕심 때문에 사교육에 시달리는 아이들의 모습이다. 물론 그 중 어떤 아이들은 나름대로 잘 적응하여 공부를 할지도 모른다. 그러나 대다수의 아이들은 많은 공부 때문에 공부를 싫어하게 되고, 그로인해 공부를 안 하려고 한다. 그래도 이 아이들이 단순히 공부를 못하는 것에 그치면 그나마 다행이다. 어떤 아이들은 하기 싫은 공부 때문에 받은 스트레스가 너무 커서 병원 치료도 받는다.

이런 이야기를 학부모들이 들으면 그들은 '그러면 아이들 공부를 그냥 내버려 두란 말인가?'라고 반응한다. 물론 그런 이야기는 아니다. 아이에게 많이 공부시키는 것이 욕심은 아니다. 아이가 많이 공부해서 명문대를 가고, 그 결과 멋진 삶을 살아갈 수 있다면 그보다 아이에게 좋은 일은 없다.

문제는 '아이들에게 많은 공부를 시키는 것'에 있지 않다. 물론 공부란 많이 하면 많이 할수록 좋다. 그러나 아이들의 현재 상태를 무시하고 무조건 공부를 많이 시킨다면 문제가 된다. 지나친 공부는 아이들 학습 의욕을 저하시키고 부작용만 유발하기 때문이다.

모든 일에는 순서가 있다. 공부는 많이 하기 전에 제대로 해야 한다. '제대로 하지 않는 공부'는 시간 낭비에 불과할 뿐 아이의 실력에 도움이 되지 않는다. 그런데 부모들은 아이들에게 공부를 많이 시키려고 하지만 '제대로 시켜야 한다'는 것은 간과한다. 그래서 아이들은 많이 공부해도 성적이 오르지 않는다.

아니 아이들은 많이 공부하기 때문에 제대로 공부하지 못한다. 많이 공부하는 것에 끌려 다니느라 아이들에겐 제대로 공부할 여력이 없기 때문이다. 초등학교 때 아이들은 공부를 제대로 하는 법을 배워야 한다. 이 점은 중학교 때도 마찬가지이다. 제대로 공부하는 것이 공부의 기본이기 때문에 초등학교와 중학교 때 이 기본을 쌓는 것이다. 그리고 이 기본이 잡혀 있어야 고등학교 때 많이 공부할 수도 있고, 그때 많이 공부해야 명문대에 진학할 수 있다. 이와 반대로 아무리 적은 공부라도 아이가 이를 소화해내지 못한다면 그것은 무리한 공부가 된다.

그런데 이 단순한 사실을 부모들은 알지 못한다. 왜냐하면 아이에 대한 욕심이 아이의 상황을 정확하게 보는 것을 어렵게 만들기 때문이다. 그러므로 아이가 정말 공부를 잘하기를 원한다면 부모가 먼저 욕심을 버리고 아이의 상태를 냉정하게 보도록 노력해야 한다. 그럴 때 아이에게 맞는 공부를 제시할 수 있고, 부모가 그렇게 해야 아이도 공부를 즐겁고 재미있게 할 수 있기 때문이다. 부모의 비현실적인 욕심은 똑똑한 아이도 둔재로 만들 위험이 있다.

부모의 지나친 기대는 아이의 자신감을 꺾는다

부모들은 자녀에 대해 높은 기대를 갖고 있다. 그래서 아이들이 웬만큼 공부를 잘하지 않고서는 아이들의 성적에 만족하지 못한다. 아이가 반에서 1~2등 할 정도로 공부를 잘해서 다른 학부모들이 부러워할 정도가 아니라면, 아이들 성적이 늘 불만스럽다. 그리고 그 불만은 아이들에게 여러 가지 형태로 표현된다.

부모들의 높은 기대는 아이들에게는 실패를 의미한다. 아이들에게 부모는 가장 중요한 기준이기 때문에 부모가 자신의 공부 결과에 만족하면 아이는 공부에 성공한 것이고, 부모가 만족하지 못하면 아이는 실패한 것이다. 그래서 부모가 높은 기대를 가지게 되면 아이는 공부의 실패자가 된다.

어린 나이에 경험하는 거듭된 실패. 그 실패는 아이에게 어떤 영향을 줄까? 흔히 실패는 사람을 성숙하게 하고, 그 다음 성공의 기반이 된다고 하지만 이것은 성공한 어른들의 이야기이다. 즉 '실패를 좋은 경험으로 활용할 줄 아는 사람'에게만 실패는 좋은 것이 된다.

그러나 '실패의 경험을 다룰 줄 모르는 미숙한 사람들'에게 거듭된 실패는 쓰라린 좌절이 될 뿐이다. 나에겐 농구에 대한 쓰린 기억이 있다. 그 기억은 학창 시절에 내가 드리블을 잘하지 못했다는 사실에서 시작된다. 농구의 기본은 드리블(농구공을 바닥에 치면서 공을 옮기는 것)인데 그 드리블을 잘하지 못했으니, 나에겐 농구가 매우 어려운 운동이었다. 그래서 나는 친구들끼리 했던 농구 시합에 끼어들지 못했다. 나의 실수로 나의 편에 부담이 될 것을 두려워했기 때문이다. 그 결과 난 농구를 잘할 수도 없었고, 잘하지 못했으니 농구를 좋아하기도 어려웠다.

오랜 시간이 지난 후, 운동의 필요성을 느껴서 농구에 다시 관심을 가지게 되었다. 혼자 하기에 쉽고 편한 운동이라 생각되어 농구를 시작한 것이다. 혼자 농구를 하니 '못하는 것' 에 대한 부담이 없어서 마음도 편했고, 마음이 편하니 농구도 재미있었다. 그리고 그렇게 연습하다 보니 '슛' 실력도 늘었고, 드리블도 대충 할 수 있게 되었다. 그래서 지금은 농구 게임에 대한 두려움도 없어졌고 다른 사람과 하는 게임도 좋아하게 되었다.

지금 생각해 보면 농구는 옛날에 나도 잘할 수 있는 운동이었는데 그때는 잘하지 못했다. '아이들의 기대에 미치지 못하는 나의 농구 실력' 이 그들과 함께 농구하는 것을 심리적으로 방해했던 것이다. 그냥 못하면 못하는 대로 편하게 아이들과 어울렸다면 어느 정도 할 수 있었을 텐데, 그땐 자신이 없어서 그러지 못했다. 그래서 난 그때는 농구를 못했고, 그 후로도 오랫동안 농구를 할 수 없어서 난 농구를 못한다고 생각했다.

그러나 사실은 그렇지 않았다. 그때 난 단지 다른 아이들에 비해서 농구를 느리게 배웠을 뿐이다. 그 아이들은 내게 농구 잘하기를 기대했지만 난 그 기대를 만족시켜 주지 못했고, 그들과 함께 농구를 할 수 없었다. 그리고 그들의 기대에 미치지 못했던 것이 나에겐 실패였고, 그 실패가 나에게 좌절을 주었으며 농구에서 멀어지게 했다. 만약 그때 아이들이 부족한 나를 인정해주고 그들과 함께 어울리도록 적극 권장했다면 내 농구 인생도 달라졌을 것이다. 하지만 그들이 나를 그렇게 인정해주기에는 그들도 나처럼 어렸다.

이렇게 실패는 미성숙한 사람들에게 좌절을 주고 실패한 것을 싫어하게 만든다. 공부도 마찬가지다. 공부는 그 폐해가 더 심하다. 농구야 못하면 안하면 그만이지만 '농구 못하는 것' 때문에 피해 볼 일은 없다. 그러나 공부는 매우 중요하기 때문에 그 실패가 주는 좌절감과 상처는 훨씬 크다.

부모의 지나친 기대는 아이들에게 쓰라린 실패의 경험을 의미한다. 그리고 이 실패의 경험이 반복되면 아이들은 '자기는 공부에 소질이 없다' 고 자기를 비하하며 좌절한다. 그러면서 공부를 싫어하게 되고 공부를 안 하려고 한다. 사실 공부에서 자신감은 정말 중요하다. '아이들이 공부하지 않는 이유 중 하나' 는 '어차피 공부해도 자기는 안 될 것이다' 라고 생각하는 자신감의 결여 때문이다. 또한 자신감 없는 아이들은 공부를 열심히 해도 성적이 오르지 않는다. 공부를 잘하려면 적극적이면서 공격적으로 사고할 필요가 있는데 자신감이 없으면 사고가 소극적이고 방어적이 되기 때문이다.

부모의 지나친 기대는 아이의 공부 의욕을 꺾는다. 공부 의욕은 공부를 하고 싶은 마음으로 아이가 공부를 잘하기 위해서 반드시 필요하다. 그런데 공부 의욕은 주로 성취감에서 온다. 공부 목표를 세운 후, 이를 달성했을 때 누구나 뿌듯함을 느낀다. 이 뿌듯함이 성취감이다. 예를 들어 열심히 공부해서 반에서 1등을 했다고 하자. 그래서 매우 기뻤다면 바로 이 기쁜 감정이 바로 성취감이다. 이런 성취감을 몇 번 느껴보면 그때부터 아이들은 공부의 맛을 알게 되고 누가 시키지 않아도 공부를 열심히 하려고 한다.

그런데 부모의 지나친 기대는 아이가 공부에서 성취감을 느끼지 못하게 한다. 그래서 아이들에게 공부는 해도 해도 지루하고 재미없는 것일 뿐 결코 즐거운 것이 되지 못한다. 그리고 공부가 즐겁지 않기 때문에 아이들은 공부를 열심히 안하고, 열심히 안하니 다시 성취감을 느낄 수 없는 악순환이 반복된다. 이렇게 부모가 아이의 공부에 만족하지 못하면 아이도 자기 공부에서 성취감을 느끼지 못하고, 그래서 공부에 흥미를 느끼지 못하게 된다.

그러나 부모가 아이의 작은 성취에 즐거워하고 이를 기뻐한다면 아이도 자신의 공부를 통해 성취감을 느낀다. 그 성취감은 아이의 공부 의욕을 변화시켜 더 큰 성취를 만들고, 다시 그 성취는 아이에게 공부 의욕을 불어넣고… 등등. 이렇게 먼저 부모가 아이의 공부에 만족하면 그 만족이 아이에게 성취감을 주고, 그 성취감이 다시 공부 의욕을 불어넣으면서 아이가 공부를 즐기게 된다.

부모가 아이에게 아무리 높은 기대를 갖는다고 해도 그것은 지나친 것이 아니고 당연한 것이다. 그 기대는 아이에 대한 사랑에서 나왔기 때문이다. 그러나 부모의 지나친 기대는 아이에게 좋은 영향력을 주지 못하고, 오히려 아이의 공부를 방해할 뿐이다. 부모의 지나친 기대는 아이의 자신감과 공부 의욕을 꺾을 뿐, 아이를 좋은 방향으로 이끌지 못한다.

2% 학원의 단순 반복 교육은 아이를 둔재로 만들 뿐이다

오랫동안 비싼 사교육으로 수학을 배웠던 학생 A가 있었다. 그는 그 덕분에 학교 다닐 때 수학 점수가 매우 좋았다. 그런데 그는 수능 시험에서 수학 점수가 나쁘게 나와서 재수를 했다. 그는 재수하면서 더 이상 비싼 사교육을 받지 않고 혼자의 힘으로 수학 공부를 하기로 결심했다. 그가 재수할 때 사교육을 끊은 것은 사교육보다는 혼자 힘으로 수학 문제를 푸는 것이 더 낫다고 판단했고, 그의 부모도 그를 믿어 주었기 때문이다.

초등학교 6학년 2학기에 학원에서 중학교 1학년 과정을 모두 공부한 학생 B가 있었다. 그가 학원에서 풀었던 문제집을 보니, 모두 90점 이상으로 사실 100점에 가까웠다. 그래서 그의 부모는 그가 중학교에 올라가면 수학을 잘할 것이라 믿었다. 하지만 결과는 엉뚱하게 중학교 1학년 1학기 내내 수학 점수가 좋지 않았다.

‘부모들이 비싼 돈을 들여 아이들에게 사교육을 시키는 것’ 은 눈에 보이는 성과가 있기 때문이다. 어떤 부모들은 일부러 비싼 사교육을 찾기도 하는데, 비싼 만큼 효과가 있을 거라고 믿는다. 그래서 학원은 부모들이 원하는 성과를 당장 내기 위해서 노력한다. 그래야 돈을 벌 수 있기 때문이다.

학원이 아이들의 성적을 단기간에 올리기 위해 주로 사용하는 방법은 ‘반복에 의한 기억’ 이다. 아이들은 많은 반복을 통해서 문제의 형태와 문제풀이 방법을 외우고, 심지어는 답마저 외운다. 이렇게 시험에 나올만한 것들을 모두 외운 아이들은 학교 시험에 단기적으로 강할 수 있다.

그러나 장기적으로 볼 때, 이런 방식의 공부는 매우 위험하다. 모든 것을 단순 반복으로 기억하기 때문에 아이들의 사고력은 키워지지 않기 때문이다. 따라서 장기적으로 앞의 학생 A처럼 수학 성적이 좋게 나오지 않는다.

학생 B의 경우를 보면 ‘학원 효과가 지속되는 단기’ 도 매우 짧음을 알 수 있다. 학생 B는 선행학습으로 중학교 1학년 수학을 미리 공부했다. 그런데 그 효과는 학원에서 시험 볼 때만 나타났고, 정작 학교 시험 기간에는 보이지 않았다. 물론 이것은 그 학생이 불성실해서 그런 것은 아니었다. 그는 매우 착하고 성실한 학생이었다. 그럼에도 불구하고 그 학생은 중학교 1학년 1학기 때, 수학 점수가 좋지 않았다.

왜 그랬을까? 그것은 그 아이가 학원 수업을 들으면서 선생님의 설명을 기억했기 때문이다. '선생님의 설명을 잘 기억해서 성적이 좋지 않았다' 고 하면 황당하게 들릴 지도 모르지만 사실이다. 다른 과목은 몰라도 수학만은 그렇다. 선생님의 반복 설명을 통해 문제풀이 방법을 기억하면, 아이는 눈앞의 시험은 잘 볼 수 있다. 그러나 그 기억은 한두 달 지나면 사라진다. 왜냐하면 아이가 개념과 공식을 이해하고 응용해서 문제를 풀은 결과, 문제풀이 방법을 장기기억에 정리한 것이 아니라, 단순반복으로 선생님의 풀이 방법을 단기기억에 억지로 붙들어 두었기 때문이다. 그래서 그 반복이 멈추어지면 아이는 잊게 된다. 사고라는 과정을 거쳐서 그 방법이 아이의 장기기억에 각인된 것이 아니기 때문이다.

그런데 문제의 심각성은 단순히 학원에서 배운 것을 아이가 금방 잊어버린다는 데에만 있지 않다. 더 심각한 문제는 '수학을 배우면서 키워야만 하는 수학적 사고력이 학원 수업에 의해서는 개발될 수 없다' 는 데에 있다. 사고력은 매우 애매한 개념이다. 그래서 사람들은 '공부는 사고력을 키우는 것이고, 사고력을 키워야 공부를 잘할 수 있다' 는 단순한 사실을 모른다. 그러나 사고력은 수능이나 논술, 면접 등 중요한 시험에서 꼭 필요한 능력이다.

사고력을 키우는 방법은 우리가 농구 실력을 키우는 것과 비슷하다. 농구 실력은 농구를 많이 하고 열심히 하면 키워진다. 사고력도 우리가 생각을 많이 한 만큼, 그리고 깊게 한 만큼 키워진다.

수학을 잘하기 위해서는 자기 힘으로 수학 문제를 풀면서 수학의 개념과 원리, 문제에 대한 '자기 생각' 을 많이 하고, 이것을 자기 방식으로 정리해야 한다. 즉 개념과 공식, 문제들을 자신의 말로 정리할 수 있어야 한다.

그러나 학원 수업은 선생이 생각한 것이 학생에게 일방적으로 전달되는 것에 불과하다. 그래서 아이들은 그 설명을 기억함으로 단기적으로 시험은 잘 볼 수 있다. 그러나 기억에 의존해서만 수학을 공부했기 때문에 수학적 사고력을 키우는 데에 실패하고, 장기적으로는 수학 성적이 오히려 떨어진다.

명문대 입학은 1~2년 노력해서 가능한 것이 아니다. 최소한 6년 이상의 노력이 들어가는 장기전이다. 그런데 학부모들은 당장 아이들이 공부 잘하기를 원한다. 지금 잘하는 아이들이 나중에도 잘한다고 믿기 때문이다. 물론 그 생각이 맞다. 그러나 눈앞의 성적만 좇다 보면 공부의 기초를 쌓는데 소홀하게 되고, 그러다 보면 나중에 큰 낭패를 볼 수 있다. 눈앞의 시험만 준비하느라 정작 중요한 실력을 키우는 것을 소홀히 할 위험이 많다.

당장 아이의 성적이 좋지 않으면 부모는 불안해 한다. 그리고 학원은 학부모들의 불안을 이용해서 돈을 벌기 위해, 아이의 성적을 단기적으로 올리는 데만 힘을 쓴다. 그것이 돈이 되기 때문이다. 그러나 돈 때문에 단기적 성과에 목매는 학원은 장기적으로 아이를 망칠 뿐이다. 단기적 성과를 내기 위해 장기적 토대를 구축하는 것을 방치했기 때문이다.

2% 논술과 면접은 사고력이다

대학 입시에서 논술과 면접의 비중이 점점 커지고 있다. 수능만으로는 수험생의 대학 수학 능력을 제대로 평가하기 어렵기 때문이다. 그 덕분에 논술과 면접 대비 사교육도 흥행하고 있다. 논술과 면접이 합격에 주는 영향이 큰 만큼 전문가의 도움을 얻어 조금이라도 높은 점수를 얻고자 하는 수험생 학부모들의 열망도 크기 때문이다.

그러나 논술과 면접은 아무리 좋은 사교육의 도움을 받는다고 해도 단기간에 준비할 수 있는 시험이 아니다. 명강사를 만나서 집중적인 훈련을 받는다고 해도 논술과 면접에서 측정하고자 하는 사고력이 수험생에게 없다면 높은 점수를 받기 어렵다. 물론 비싼 사교육은 어떻게 하면 논술과 면접을 잘 볼 수 있는지를 수험생들에게 가르쳐 준다. 그래서 자기 실력 이상으로 논술과 면접을 잘 보게 한다. 그러나 논술과 면접에서 요구하는 사고력이 수험생에게 부족하다면 아무리 효과 있는 시험 스킬을 사교육에서 배운다고 해도 논술과 면접에서 고득점을 기대하기 어렵다.

논술과 면접에서 높은 점수를 얻기 위해서는 아이에게 생각하는 능력, 즉 사고력이 있어야 한다. 그런데 현행 사교육은 아이들의 사고력 형성을 방해한다. '단순 암기를 통한 단기적 성적 향상' 이 사교육의 목표이고, 주입식 설명으로 학원 수업이 진행되기 때문에 아이는 수업을 듣고 외울 뿐 그것을 사고하며 정리할 필요가 없기 때문이다.

또한 사교육 덕분에 늘어난 공부시간은 아이들에게서 공부하고픈 의욕을 뺏어가고, 공부 의욕을 뺏긴 아이들이 수업을 들으면서 수업 내용을 자기 것으로 만들기 위해 적극적으로 생각할 리가 없다.

사실 아이들이 배운 것을 정리하며 사고력을 키우기 위해서는 수업시간이 적당해야 한다. 현재처럼 학교 수업이 끝난 후 학원 수업을 많이 받게 되면 배웠던 것을 정리할 시간이 없다. 현재처럼 수업시간이 많으면 보고 들은 것이 많아서 생각해야 될 내용은 많아지고, 정작 그 내용을 정리하면서 생각할 시간은 없기 때문에 아이들의 사고력은 발달되지 않는다.

논술과 면접에서 요구하는 사고력은 교과서를 통해 삶을 볼 수 있는 능력이다. 즉 그것은 '학교에서 배운 지식을 가지고 다양한 현상들을 이해하며 자신의 견해를 세우고 이를 변호하는 능력' 이다. 그러므로 사고력을 키우기 위해서는 반드시 자기만의 공부시간이 필요하다. 그런데 지나친 사교육은 아이에게서 사고력을 키울 기회를 뺏어가고, 결과적으로 대학 입시 때 논술과 면접에서 좋은 점수를 얻지 못하게 한다.

또한 사고력은 논술과 면접에서만 요구되는 것은 아니다. 학교 시험과 달리 수능 시험은 고도의 사고력이 있어야 수험생이 높은 점수를 얻는다. 대학은 전문 지식을 통해 사고 능력을 극대화시키는 곳이어서 대학에서 입학생들에게 요구하는 능력도 바로 사고력이기 때문이다.

사고력이란 하루아침에 만들어 지지 않기 때문에 대학 입학 전까지 사고 능력이 없는 사람이 대학에서 공부한다고 해서 사고력이 갑자기 형성되는 것은 아니다. 그러므로 대학은 교과서 내용은 많이 알지만 생각할 줄 모르는 수험생을 불합격시킨다. 논술과 면접도 이러한 맥락에서 도입된 시험으로 볼 수 있다.

'학원 교육을 전혀 받지 않고 아이들 스스로 공부하는 것'은 현실적으로 한계가 있다. 그러나 학원이 아이 공부의 모든 문제를 해결해 줄 것이라 믿고, 이에 맹목적으로 의지한다면 단기적 결과는 좋을지 몰라도 장기적 결과는 좋을 수 없다. '단기적으로 성과를 올려 돈을 벌어야 하는 학원'에게는 아이의 장기적 미래까지 걱정해 줄 여유가 없기 때문이다.

PART 02

머리를 움직이는 명품 학습 방법

★

자기 스스로 공부하는 영재

2% 명품 자녀교육

어린 아이들은 어른들, 특히 엄마의 칭찬을 먹고 자란다. 잘 했다 잘 했다 칭찬해주면, 더 많은 칭찬을 받고자 열심히 하지만, '뭔가를 열심히 한 후 칭찬을 기대했을 때 엄마의 반응이 시큰둥하면', 곧 그것에 대한 흥미를 잃어버린다. 제대로 서지조차 못하는 갓난아이가 안간힘을 쓰며 걸으려고 하는 이유는, 바로 앞에서 엄마가 열심히 응원하기 때문이다. 그 엄마의 열렬한 관심과 격려에 신이 나서, 아직 균형 감각이 부족해서 넘어질 위험이 많음에도 불구하고, 무모하게 걸으려고 하는 것이 엄마에게 인정받고 싶어 하는 아이들의 마음이다.

문제는, '아주 어릴 땐 그 조그만 어린 것이 걷고 말하는 것이 대견하고 신기해서 조금만 노력을 해도 와와 칭찬해주는 엄마들'이, 아이가 초등학교에 입학하면 태도가 돌변한다는 것이다. 이젠 학교를 다닐 만큼 컸다고 생각하기 때문에 아이가 본격적으로 공부해서 자신의 미래를 준비하게 해야 한다고 생각하기 때문이다. 그래서 아이가 나름대로 노력해서 아무리 좋은 점수를 받아와도 그 점수가 대부분의 엄마들에게 만족스럽지 못하고, 당연히 '잘 했다. 수고했다'는 말보다는 '이 점수가 뭐냐? 다음에 더 잘 해야 돼' 라는 훈계를 아이들은 더 많이 듣게 된다. 엄마의 이런 반응을 겪게 되면, 당연히 아이의 마음은 좋지 않아 우울하고, 이 우울한 마음이 '공부는 힘들어서 싫은 것' 이라는 판단을 이기적인 뇌에 전달한다.

공부할 때 아이의 이기적인 뇌가 공부만 하는 것은 아니다. 공부라는 활동이 어떤 것인지를 무의식적으로 탐구한다. 이때 그 탐구 결과를 토대로 아이의 마음이 공부에 대해 어떤 감정을 가지게 되는데, 이 감정에 따라 '공부에 대한 아이의 태도' 와 공부 머리가 달라지게 된다. 그렇기 때문에 초등학생들의 공부는 무엇보다 재미있고 신나야 한다. 그래야 아이의 이기적인 머리에 공부가 신나는 것으로 인식되고, 그 인식이 반복적으로 일어나면 아이의 이기적인 뇌가 공부를 즐기고 잘하는 공부하는 뇌로 발달되기 때문이다. 이와 반대로 스파르타 식으로 아이를 혹독하게 가르치면, 아이의 이기적인 뇌가 공부를 힘들고 지겨운 것으로 인식하게 되고, 그 결과 공부를 싫어하기 때문에 공부에 집중하지 못하는 둔재의 뇌로 전락한다.

그러나 아이가 대단히 신나는 공부를 해서 공부를 매우 좋아하게 되었다고 해도, 그 공부에 대한 엄마의 반응이 시큰둥하거나 까칠하면, 공부에 대한 좋은 감정은 금방 사라지고, 그 대신에 나쁜 감정이 자리잡게 된다. 자기 딴에는 열심히 공부한 결과 괜찮은 점수를 받았다고 생각했는데, 그래서 자랑스럽게 학교에서 받은 점수를 엄마에게 보여 주었는데, 같은 반 누구와 비교하면서 "그것도 점수냐?" 라는 엄마의 까칠한 반응에 직면하면, 아이는 낙담하고, 그 낙담이 몇 번 반복되면, 공부는 아이에게 '이 세상에서 제일 싫어하는, 징글징글한 것' 이 되고 만다. 이와 반대로 설령 아이가 공부를 싫어해서 공부를 잘 못해도 아이의 입장에서 따뜻하게 격려해주면, 그 격려가 아이 안에 공부에 대한 좋은 감정을 심어주는데, 그 감정이 공부에 긍정적인 영향을 미쳐서 좋은 결과가 나온다. 그러면 아이의 공부에 대한 감정이 더 좋아져서 아이가 공부를 더 잘하게 되는 칭찬의 선순환이 나타나게 된다.

물론 모든 칭찬이 좋은 것은 아니다. 대표적인 예로, '너도 공부하면 잘 할 수 있어' 라며 격려하기 위해 아이의 머리를 칭찬하는 부모가 많은데, 이것은 해롭다. 스탠포드

대학 심리학과 교수인 캐롤 드웩(Carol Dewck)에 의하면, 재능이 있다고 칭찬 받은 아이들은, 노력을 칭찬 받은 아이들에 비해서 공부를 지루하게 생각했고, 그래서 열심히 하려 하지 않았다. 부모는 '머리 좋으니까 공부 열심히 해' 라는 의도로 말하지만, 아이는 '자신의 머리가 좋음을 주변 사람들에게 인정받기 위해서' 나 '자기는 머리가 좋으니까 열심히 할 필요가 없다고 생각하기 때문에' 오히려 공부하지 않는 것이다. 지금처럼 공부해서 현재의 성적이 나오는 것을 자신의 머리가 좋다는 것을 보여주는 증명으로 무의식적으로 생각하기 때문에 현재만큼의 노력에서 머물거나 아니면 더 공부하지 않는 것이다. 그래야 자신의 머리가 좋다는 인정을 부모에게서 계속 받을 수 있다고 믿기 때문이다. 만약 열심히 공부해서 성적이 잘 나오지 않는다면, '자신의 머리가 좋다' 는 좋은 이미지가 깨질 수 있다고 믿기 때문이다.

아이의 공부에 도움이 되는 칭찬은, 첫째, 아이에 대해서 하는 것이 아니라 아이의 행동에 대해서 해야 하고, 둘째, 구체적이어야 하며, 마지막으로 엄마의 진심이 담겨 있어야 한다. 왜냐하면 아이가 7살이 넘게 되면, 어른들이 칭찬할 때 그 칭찬에 담긴 진짜 의미에 대해 생각할 수 있기 때문이고, 구체적인 행동을 칭찬해줌으로 아이의 행동을 바람직한 방향으로 이끌 수 있기 때문이다. 이러한 칭찬이 바로 스펜서 존슨의 부모(The One Minute Mother)에 나오는 『1분 칭찬』이다. 아이가 바른 행동을 했을 때, 엄마는 '아이가 무엇을 잘 했는지' 를 구체적으로 이야기하고, '그것에 대해서 엄마가 어떻게 느끼는지' 를 아이에게 이야기해 준 후에, 아이가 엄마의 좋은 기분을 충분히 느낄 수 있도록 몇 초간 침묵하는 것이다. 그러면 아이는 자기가 노력한 것의 대가를 충분히 누리는 큰 기쁨을 얻게 되고, 그 기쁨이 아이를 더욱더 엄마가 칭찬했던 방향으로 노력하게 만든다.

사실 타고난 머리는 없다. 공부를 많이 하지 않아서 공부를 못할 뿐, 남다른 노력을 하면, 어떤 공부든 소화해낼 수 있는 잠재력은 어느 아이에게나 있다. 다만 그 잠재력을 실현하기 위해서 아이가 정말로 많은 노력을 해야 하는데, 그것이 쉽지 않을 뿐이다. 그러므로 아이가 공부를 열심히 했을 때 그 결과가 좋지 않더라도, 부모가 그 노력만큼은 칭찬해 주어야 한다. 그래야 아이는 자신이 노력한 것에 대한 정신적 보상을 받을 수 있는데, 이 보상이 아이에게 정말로 달콤하기 때문이다. 바로 이 달콤함이 '평범한 아이'도 엄친아로 만들 수 있는, '명품교육의 시크릿 중의 시크릿'이기 때문이다.

설령 공부한 결과가 좋지 않더라도 '아이가 낙담하지 않고 다시 힘을 내어 공부할 수 있도록' 엄마가 옆에서 그래도 아이가 잘한 점, 바로 아이의 땀과 수고를 칭찬해 주어야 한다. 그래야 아이가 공부에 대한 좋은 감정을 잃지 않아서 계속 노력할 수 있고, 그래야 아이의 이기적인 뇌가 공부할 때마다 그것의 잠재력을 최대한 발휘할 수 있기 때문이다.

머리를 움직이는 명품 학습 방법

🔴 마음을 움직여서 머리를 쓰는 진짜 공부

초등학교 6학년 때부터 중학교 1학년 수학을 미리 배운 상수. 상수는 서울대 학생에게서 수학 개인 과외를 6개월 넘게 받았다. 그리고 중학교 1학년 1학기 중간고사를 보았는데 수학 성적이 형편없었다. 그 결과 상수의 과외 선생님은 과외를 그만두었다.

상수는 다른 아이들처럼 노는 것을 좋아했고, 과외 받는 것을 끔찍하게 싫어했다. 그런 상수가 과외 수업을 열심히 들었을 리 없다. 다만 열심히 듣는 척했을 뿐이다. 왜냐하면 잘 듣는 척해야 과외 선생님이 과외를 일찍 끝내 주었기 때문이다. 만약 그가 선생님 설명을 듣지 않는 척했다면, 그는 수업 태도 불량으로 곤란을 겪었을 것이다.

자기가 원하지 않았던 과외 수업 설명이 상수 귀에 들어올 리가 없었고, 귀에 들어오지 않는 수학 설명이 이해될 리 없었다. 그 결과 수업 진도도 따라가지 못하고 수업 내용을 제대로 배우지 못했다. 그러나 상수는 수업 내용을 모두 이해한 척했다. 그렇게 해야 공부의 부담이 늘어나지 않는다고 생각했기 때문이다.

상수의 과외가 실패했던 것은 상수가 과외 수업에 자신의 마음을 닫았기 때문이다. 부모가 원하는 과외 수업을 받은 상수는 갑자기 많아진 공부량에 불만이 많았고, 그 불만을 불성실한 태도로 풀었다. 즉 내가 원해서 하는 공부가 아니라 어머니가 시켜서 하는 공부이니 대충한 것이다. 하지만 상수의 과외 선생님은 이러한 상수의 마음을 몰랐기 때문에 오랜 시간 수학을 가르쳤지만 수학시험에서 좋은 결과를 얻지 못했다.

상수의 과외 수업 방법은 '일주일에 몇 번 몇 시간' 이라는 전형적인 틀로 이루어졌는데, 이 틀이 실패의 원인이었다. 왜냐하면 상수에게 '과외 수업으로 성적을 올리겠다는 의지' 가 없는 상태에서 선생님은 시간을 기준으로 과외 수업을 했기 때문이다. 그래서 상수는 시간 때우기 전략으로 과외 수업에 대응했고, 이에 과외 선생님은 무력하게 무너졌다.

상수의 문제를 해결하기 위해서 '시간이 아닌 공부량' 을 기준으로 과외 수업을 진행했다. 즉 수업시간마다 수업량을 정해서 상수가 수업 범위 내의 문제를 제대로 풀었을 때 수업을 마쳤다. 또한 과외 횟수도 상수가 공부하는 정도에 맞추어서 유동적으로 잡았다. 상수가 정해진 공부량을 마치면 과외는 빨리 끝났고, 추가되는 과외 수업도 없었다. 그러나 상수가 정해진 범위의 문제를 제대로 풀지 못하면 과외시간은 연장되었고, 가끔 주당 과외 횟수도 연장되었다.

그랬더니 상수가 수업을 대하는 태도가 바뀌었다. 설명도 열심히 들었고, 문제도 제대로 풀려고 노력했다. ‘자기가 수업 범위의 문제를 제대로 풀어야 과외가 끝난다’ 는 사실을 받아들인 것이다. 물론 아이가 의욕적으로 문제를 풀 수 있도록 수업의 분량을 많이 잡지 않았다. 그래야 상수가 과외를 빨리 끝내기 위해서 수업에 집중하고 문제풀이에도 집중하리라고 판단했기 때문이다. 이 판단은 적중했고, 상수는 수업을 잘 따라왔다. 그 결과 1학년 2학기 수학 시험에서 높은 점수를 얻었다.

상수처럼 놀고 싶어 하는 아이에게는 과외시간을 줄이고 수업 목표를 자신의 목표로 삼게 해야 좋은 결과를 얻는다. ‘공부시간’ 을 관리하지 않고 ‘공부 성과’ 를 관리함으로서 ‘과외를 오래 하고 싶지 않다’ 는 아이의 마음을 ‘과외를 조금 하기 위해서는 집중해야 한다’ 는 마음으로 바꾸어야 한다. 이 마음의 변화가 있어야 아이가 자신의 머리를 100% 활용하는 집중력을 발휘할 수 있고, 그래야 적은 공부로도 놀라운 성과를 거둘 수 있기 때문이다.

먼저 아이의 마음을 움직여야 머리의 성능이 높아지고, 머리의 성능이 높아져야 공부가 잘 된다. 공부는 ‘공부해야 한다’ 는 마음에서 시작하여 ‘공부하고 싶다’ 는 마음에 의해 본격적인 궤도에 오르게 된

다. 공부의 성과는 집중력에 의해 결정되는데, 그 집중력에 영향을 미
치는 것이 바로 공부할 때 머리를 사용하는 정도이다. 그런데 그 정도
를 결정하는 것이 바로 공부하는 사람의 마음이기 때문이다.

2% 머리는 공부의 엔진이고, 마음은 공부의 에너지다

엔진이 좋은 차가 빨리 달릴 수 있듯이 머리가 좋으면 공부를 잘
한다. 그러나 연료라는 에너지가 없으면 차가 나가지 못하듯이, '공
부하고 싶다' 는 마음이 없으면 공부가 안 된다. 차를 공부로 '차가 간
거리' 를 공부의 성과로 보면 머리가 공부의 엔진이고, 마음은 공부의
에너지이다.

여기서 머리는 '공부할 때 생각하는 능력' 을 의미하고, 마음은 공
부 열정 또는 공부 의지를 말한다. 보통 공부 잘하는 사람들은 공부
머리나 공부 마음 둘 중의 하나는 갖추고 있다. 둘 중 하나는 갖추어
져야 공부할 수 있는 기반을 구축해 나갈 수 있기 때문이다. 물론 초
등학생에게는 둘 다 없는 경우가 많은데, 이것들 중 하나를 갖추어야
하는 시기가 바로 초등학교 때이다.

공부 머리를 갖게 되면 남보다 공부를 더 쉽게 할 수 있다. 생각하
는 능력이 탁월하니 남보다 더 잘 이해하고 더 잘 기억하기 때문이다.
그래서 다른 사람과의 경쟁에서 쉽게 우위를 점할 수 있다. 특히 초등
학교 때는 그것이 더 쉽다. 따로 공부하지 않아도 수업시간에만 집중

해서 공부하고 이를 잘 정리하기만 해도, 시험에 나올만한 것들은 모두 이해하고 기억할 수 있을 정도로 공부량이 적기 때문이다.

이에 비해 공부 마음을 갖게 되면 공부를 열심히 하게 된다. 공부 머리가 사고와 관련된 것이라면 공부 마음은 공부와 관련된 좋은 감정이다. '공부의 필요성을 알아서 공부하려는 의지' 또는 '공부의 재미를 알아서 공부를 즐기는 능력'이 바로 공부 마음이다. 그래서 공부 마음만 갖게 되면 없는 시간도 만들어서 공부하려고 하거나, 공부가 너무 재미있어서 한 번 공부를 시작하면 멈출 줄 모른다. 즉 공부 마음이 있으면 누구나 공부를 열심히 하기 때문에 공부를 잘하는 것은 시간문제이다.

그런데 공부 머리와 공부 마음은 서로 밀접하게 연결되어 있기 때문에 그 중 하나가 먼저 생기면 먼저 생긴 것이 다른 하나가 형성되는 것을 돕는다. 즉 공부 머리는 공부 마음의 형성을 돕고, 공부 마음은 공부 머리의 형성을 돕는다.

아이들이 공부를 싫어하는 이유는 공부가 어렵기 때문이다. 난해한 책을 읽으면서 고생해 본 적이 있다면 '이해되지 않는 것을 이해하려고 노력하는 것'이 얼마나 고통스러운지 잘 알 수 있다. 웬만한 참을성이 없고서는 10분을 견디기 어렵다. 이해되지 않는 것을 이해하려고 할 때 느끼는 괴로움. 바로 그 괴로움이 아이들의 공부에 치명적인 심리적 장애물이 되어서 아이들의 공부를 방해한다.

그런데 공부 머리가 있으면 이러한 장애를 경험하지 않는다. 머리가 좋아서 웬만한 것은 이해하기 때문이다. 더 나아가 설령 이해되지 않는 것이 있다 해도, 그것은 괴로움이 아니라 신선한 자극이 된다. '좋은 머리 덕분에 모든 것을 쉽게 느끼는 아이'가 평소 공부할 때 느끼는 것은 지루함인데 가끔 어려운 내용이 나타나면 그것은 그 지루함을 덜어주는 지적 즐거움이 되기 때문이다.

또한 공부 머리가 있으면 공부의 맛을 알게 되어 공부에 쉽게 빠져든다. 공부도 일종의 도박과 같아서 한 번 빠져들면 헤어나기 어렵다. 물론 머리가 좋은 사람만 빠져드는 도박이기 때문에 평범한 사람은 공부 도박에 빠질 것을 염려할 필요는 없다.

도박 또는 게임에 빠져드는 사람에게는 공통된 특징이 있다. 도박 또는 게임에 남다른 소질이 있다는 것이다. 그들은 그 소질 때문에 도박과 게임을 잘하고, 그래서 잘 이기며, 그 승리가 그들에게 짜릿한 쾌감을 준다. 그리고 그 쾌감이 그 사람을 도박과 게임에 미치게 한다.

공부도 마찬가지이다. '자기 머리로 무엇인가를 이해해 본 사람'은 공부의 맛을 알고 그 맛 때문에 다시 공부한다. 그러다 보면 자연스럽게 지적으로 남보다 더 탁월해지고, 이 탁월함이 그 사람에게 큰 성취감을 준다. 그리고 이 성취감이 공부의 맛과 함께 그 사람으로 하여금 공부를 즐기게 해 주고, 그래서 공부에 빠져들게 한다. 즉 공부 머리가 있으면 공부를 잘하게 되고, 공부를 잘하기 때문에 공부에서 즐거움을 경험한다. 즐거운 경험들이 공부하고 싶은 마음을 형성한다.

이와 비슷하게 공부 마음이 있으면 공부 머리가 생긴다. 사실 타고난 공부 머리는 없다. 공부 머리는 집중력 있는 공부를 통해서 만들어지는 것에 불과하다. 다만 그런 공부를 하는 사람이 별로 없어서 '타고난 머리가 있는 사람이 공부를 잘한다' 고 사람들이 생각할 뿐이다. 누구나 올바른 방법으로 공부를 열심히 한다면 공부 머리를 가질 수 있다. 즉 머리가 좋기 때문에 공부를 잘하는 것이 아니라 공부를 잘하기 때문에 머리가 좋은 것이다. 지능은 지능 테스트 전에 했던 학교 공부의 결과이기 때문에, 그 후에 공부를 열심히 한다면 지능은 바뀔 수 있다.

문제는 '공부 머리가 없는 상태에서 공부를 하는 것이 힘들다' 는 것이다. 그래서 그 힘든 과정을 많은 아이들이 잘 참지 못하고, 공부 잘하려고 하는 것을 중간에 포기한다. 즉 조금만 참고 꾸준히 공부하면 공부 잘하는 것은 시간 문제이지만, 아이들에게는 이 시간을 참고 견딜 인내심이 없다. 그러나 공부 마음이 있다면 그 과정을 인내할 수 있고, 그 과정을 1년 정도 잘 견딘다면 학교 성적도 오를 것이다. 이렇게 오른 학교 성적이 바로 아이에게 공부 머리가 있음을 증명해 준다.

공부 마음과 공부 머리가 성적에서 매우 중요하기 때문에 공부를 잘하기 위해서는 이 둘을 반드시 갖추어야 한다. 공부 머리가 공부의 엔진이라면, 공부 마음은 공부의 에너지이기 때문이다. 이 둘이 서로 상호보완 관계를 유지하면서 아이의 공부 실력을 높여주는 것이다. 그러므로 공부할 때 아이의 머리를 사용하게 해서 아이의 공부 머리

를 좋게 하고, 공부를 통해서 아이가 기분 좋은 경험을 하도록 해서
공부 마음을 만들어 주어야 한다.

2% 머리를 움직이는 4가지 공부 마음

분명하고 확실한 자기 목표

심한 난시가 있어서 하루에 두 시간 이상 책을 보지 못한 친구가
있었다. 다른 아이들이 책을 읽으면서 공부할 때 그는 눈이 안 좋아서
정상적으로 책을 읽기가 어려웠다.

눈이 안 좋아 책을 오래 읽지 못했던 그가 어떻게 명문대를 갈 수
있었을까? 아마도 다른 아이였다면 일반대학에 들어가기조차도 어려
웠을 것이다. 그러나 그는 공부를 잘하려는 욕심이 남달랐다. 그것은
공부를 잘해 좋은 대학에 들어가야 여자들에게 인기가 많다는 것을
알았기 때문이다. 자기 주변의 예쁜 여자들이 공부 잘하는 남자를 좋
아하는 것을 보면서, 자신도 열심히 공부해서 명문대에 들어가 예쁜
여자와 사귀는 꿈을 꾸었다. 그리고 그 꿈은 고려대 경영학과를 우수
한 성적으로 입학함으로써 이루어졌다.

그는 어떻게 공부를 했을까? 잠깐 눈을 떠서 책을 보고 난 후, 책
내용을 눈감고 외웠고, 더 나아가 책 내용을 직접 녹음해서 들었다.
이러한 공부 방법은 지금 생각해도 참 대단한 열정이었다. 이유야 어
떻든 그는 공부를 잘해야 한다는 분명한 목적이 있었고, 공부를 잘하

기 위해서 최선을 다했다. 그런 그의 노력은 좋은 성적과 명문대 입학으로 보답을 받았다. 그가 명문대 입학에 목숨을 걸었던 것은 '대학 입학 후 이성에게 인기를 끌고 싶은 개인적인 필요'가 있었기 때문이다. 그래서 그는 부모가 공부하라고 시키지 않았는데도 열심히 공부했다.

나도 그 친구와 비슷한 이유로 중학교 다닐 때부터 꼭 서울대에 입학하고 싶었다. 나에겐 초등학교 4학년 때부터 짝사랑했던 소녀가 있었다. 내성적이었던 나에게 그 소녀는 내가 가까이하기엔 매우 예쁜 여자였다. 지금 생각해 보면 난 그 소녀에 대해서 정말 많은 환상을 갖고 있었다. 단지 예쁘다는 이유 하나만으로 진짜 그녀가 아닌 '머릿속에서 내가 그린 그녀'를 혼자 좋아했던 것이다. 그 환상은 내 삶에 마술처럼 작용했고, 난 그녀를 위해 두 가지 결심을 했다. 하나는 내 성격을 고치는 것이었고, 다른 하나는 서울대를 가는 것이었다. 나는 어렸을 때 나도 모르게 쉽게 화를 내는 나쁜 버릇이 있었는데 그녀 때문에 그 버릇을 고쳤다. 그 이후 난 잘 참는 성격이 되었다.

또한 나는 서울대를 들어가야 그녀를 행복하게 해 줄 수 있는 능력을 갖게 된다고 생각했다. 그래서 일단 학교 성적을 올리기 위해 부단히 노력했다. 중학교 3학년 겨울방학 때는 누가 시키지 않았는데도 영어와 수학을 혼자 공부하며 실력을 쌓았다. 고등학교 입학해서 첫 시험 준비를 할 때는 하루 네 시간 정도밖에 자지 못했다. 그 결과 고등학교에서 꽤 공부 잘하는 아이들 편에 속했다.

이런 나에게 고등학교 1학년 겨울, 뜻하지 않는 위기가 왔다. 그것은 갑자기 눈이 나빠진 것이다. 그때 나는 오락을 무척 좋아했는데 오락도 하면서 공부를 열심히 한 것이 눈에 무리가 되었는지, 왼쪽 눈이 풀려서 후천적으로 사시가 되었다.

이것은 내 공부 인생에 크나큰 치명타가 되었다. 왼쪽 눈 때문에 조금만 공부해도 금방 피곤해졌다. 몸의 피곤함은 공부를 방해하는 최대의 적이었다. 그런데 난 항상 피곤한 상태에서 공부해야만 했다. 계속되는 피곤함은 공부의 집중력을 떨어뜨렸을 뿐만 아니라 나를 매우 지치게 했다. 그러나 난 서울대를 꼭 가야겠다는 분명한 목표가 있었기 때문에 굴복하지 않았다. 나의 이러한 노력은 서울대 합격으로 보답 받았다. 지금 생각해보면 그때는 서울대에 입학해야 한다는 목표 하나만 가지고 살았던 것 같다.

부모의 능력과 아낌없는 사랑 때문에 부족함이 없는 아이들. 부모는 '아이에게 필요한 것을 모두 채워주었기 때문에 아이는 공부만 열심히 하면 된다' 고 생각한다. 그러나 아이들은 자기들이 필요로 하는 것이 모두 채워졌기 때문에 공부하지 않는다. 필요한 것이 모두 채워졌다는 것은 더 이상 바랄 것이 없다는 말이다. 그리고 바랄 것 없는 아이들이 하고 싶은 것은 공부가 아니라 쉬면서 노는 것이다.

공부는 무엇인가를 바라는 사람들이 한다. 공부를 통해서 자기가 바라는 것을 이룰 수 있다고 믿는 사람들이 공부를 열심히 한다. 하지만 그런 목표가 없는 사람들은 공부를 열심히 하고 싶은 마음도 생기지 않을 뿐만 아니라 집중력도 안 생긴다.

아이가 어떤 이유로 공부 목표를 세우는가는 중요하지 않다. 그러나 분명한 공부 목표가 있어야만 아이가 공부를 한다. 물론 이 목표는 부모의 목표가 아닌 아이의 목표이어야 한다. 아이가 부모의 목표를 무조건 따라줄 것이라는 생각은 버려야 한다. 부모의 목표를 아이에게 전할 경우 아이는 자기 목표를 가질 수 없다. 무리하게 부모의 목표를 아이의 목표로 만들 수는 있지만, 불가능에 가까울 정도로 어려운 일이다. 아이가 분명한 공부 목표를 가지도록 도와주어야 한다. 그것이 바로 공부의 시작이기 때문이다.

무엇이든 할 수 있다는 자신감

누구나 노력하면 서울대에 입학할 수 있다. 그러나 막상 자기 자신이 그 누구나가 될 수 있다고 생각하는 사람은 그리 많지 않다. 그렇기 때문에 아무나 서울대에 입학하지 못한다. 많은 아이들이 서울대에 입학하지 못하는 진짜 이유는, 서울대 정원이 적기 때문이 아니라 '자기는 서울대 갈 정도로 공부를 잘할 수 없다' 는 자신감의 결여에 있다.

'승산 없는 싸움' 에 최선을 다 하는 사람은 별로 없다. 하지만 가끔 '승산 없는 싸움' 을 이기려고 고군분투(孤軍奮鬪)하는 사람을 볼 수 있는데, 그것은 구경꾼 입장에서 그렇게 보일 뿐이다. 정작 그 사람은 '자기가 노력하면 이길 것' 이라고 확신하기 때문에 '남들 보기에 승산 없어 보이는 싸움' 에 올인하는 것이다. 만약 자신이 노력해도 질 것이라고 생각한다면 그도 포기했을 것이다.

원래 공부는 잘하는 아이들이 더 열심히 공부하기 때문에 특별한 변수가 없는 한, 아이들의 실력 차이는 그대로 유지되거나 더 크게 차이가 난다. 공부 못하는 아이들이 특별히 노력해도 그 차이가 쉽게 좁혀지지 않는 것은 공부 잘하는 아이들이 더 열심히 공부하기 때문이다. 그래서 공부 못하는 아이들에게는 '자기가 공부를 잘할 가망성'이 거의 없어 보인다.

학교에서 아이들이 시험을 여러 번 못 보면 공부 못하는 아이로 낙인찍히고, 집에서도 공부 못한다고 구박받는다. 그 낙인과 구박은 그 아이를 실패자로 규정지으며 공부에 대한 자신감을 빼앗아간다. 그 결과 그 아이에게는 공부에 대한 쓰라린 패배의식밖에 남지 않는다.

전장에서 패배할 거라고 생각하는 군사는 죽는다. 설령 그가 살았다고 해도 그는 전투에서 아무 쓸모없는 존재이다. 마찬가지로 아이가 일단 패배의식에 젖으면 그 아이는 결코 공부를 잘할 수 없다. 왜냐하면 그 패배의식이 아이를 진짜 패배자로 만들기 때문이다.

아이가 장기간 공부를 못하게 되면 다시 공부를 잘하기 어렵다. 그 이유는 아이가 학교 공부를 잘 따라가지 못하기 때문이 아니다. 거듭되는 시험에서 패배를 경험한 아이는 자신감을 상실하게 되고, '난 결코 공부를 잘할 수 없다'고 믿는다. 그 믿음 때문에 아이는 공부를 하려 하지 않고, 공부를 한다고 해도 실력을 발휘할 수 없다. '난 할 수 없다'는 패배의식이 아이의 사고능력을 심각하게 저해하기 때문이다.

이 점은 수학시험 볼 때 분명하게 나타난다. 자신감이 없는 아이들은 아는 문제가 약간만 변형되어 출제되어도 잘 풀지 못한다. 자신감이 없기 때문에 문제를 처음 본다는 느낌이 들면 모르는 문제라고 생각하여 포기하기 때문이다. 이에 비해 수학을 잘해서 자신감 있는 아이들은 모르는 문제가 출제되어도 다양한 시도를 통해서 해결한다. '자기가 못 푸는 문제가 없다는 자신감' 이 시험 볼 때 없는 실력도 발휘하게 만든다.

아이가 몇 년 동안 공부를 못할 수도 있다. 아니 서울대 인문대를 수석으로 입학했던 장승수처럼 학창 시절 내내 공부를 못할 수도 있다. 그렇지만 공부의 자신감은 잃어버리면 안 된다. 왜냐하면 '나도 공부하면 할 수 있다' 는 자신감만 있다면 언제든지 자기가 원하는 만큼 이룰 수 있기 때문이다.

물론 자신감만으로 좋은 성적을 얻는 것은 어렵다. 그러나 자신감과 확실한 공부 목표를 가지게 된다면, 그 자신감은 자신의 공부 목표를 현실로 만들 수 있는 귀중한 토대가 된다. 자신감이 있어야 공부라는 힘든 과정이 나중에 좋은 성적을 가져다 줄 것이라 믿을 수 있고, 그 믿음이 있어야 공부를 할 수 있다.

절대 지지 않겠다는 승부욕

학교에서 공부 잘하는 아이들에게는 한 가지 특징이 있다. 그것은 '누구에게도 지지 않겠다' 는 승부 근성이다. 이런 아이들은 한번 1등 하면 다른 아이들에게 지기 싫어서 그 등수가 잘 떨어지지 않는다. 즉 이 아이들은 다른 아이들이 자기보다 더 공부 잘하는 것을 용납하지 못한다. 다른 아이가 성적이 더 좋으면 그를 따라 잡기 위해서 밤을

새서라도 공부하는 근성이 있기 때문이다.

평상시 공부하는 것을 싫어해서 고등학교 2학년 때까지 공부를 못했던 선배가 있었다. 그 선배는 고등학교 3학년이 되어서야 공부하겠다는 결심을 했다. 대학 입시를 눈앞에 두고 공부의 필요성을 느꼈던 것이다. 그의 결심은 대단한 노력으로 나타났고, 그 노력은 좋은 성적으로 이어졌다. 당시 대입학력고사에서 300점이 넘는 높은 점수를 얻은 것이다. 당시 300점이면 서울대 웬만한 과는 충분히 합격할 수 있는 점수였지만, 내신이 좋지 않아 서울대 입시는 실패했고, 후기 명문대인 성균관대에 입학했다.

물론 그가 고등학교 3학년 동안만 열심히 공부해서 그 점수를 얻은 것은 아니다. 아마도 재수를 했거나, 어쩌면 삼수를 했을지도 모른다. 그러나 그가 몇 년 더 공부했든 아니든 그것이 중요한 것은 아니다. 고등학교 2학년 때까지 제대로 공부하지 않았던 사람이라면, 고교 졸업 후 몇 년 더 공부한다 해도 대학입학시험에서 높은 점수를 얻기는 힘들다. 그러나 그는 남다른 승부 근성에 의지해서 그것을 해냈다.

그는 정말 승부 근성이 강한 사람이었다. 누군가에게 지기라도 한다면 분해서 밤에 잠을 자지 못하는 사람이 바로 그였다. 그런 그가 공부에 독기를 품고 달려들었으니, 성적이 좋지 않게 나온다면 그것이 오히려 이상한 일이었다.

공부를 잘하는 사람치고 승부 근성이 없는 사람은 별로 없다. 물론 그 승부 근성은 교묘하게 포장되어 있어서 본인도 잘 깨닫지 못할 수 있다. 그러나 학교 성적이 떨어지면 스트레스를 받거나, 학교 성적을 올리기 위해 남다른 노력을 한다면, 그것이 바로 승부 근성이다. 즉 성적에 민감하고, 더 높은 성적을 받으려고 노력하는 마음이 바로 승부 근성인 것이다.

물론 엉뚱한 영역에서 승부 근성이 지나치면 그 사람의 삶은 피곤하다. 또한 주변사람들도 그 사람 때문에 피곤해 진다. 그러나 공부처럼 인생에서 중요한 일이라면 승부 근성이 필요하다. 중요하기 때문에 근성을 가지고 잘 참으면서 열심히 노력할 필요가 있기 때문이다.

공부를 즐기려는 마음

대부분 아이들에게 공부는 '하기 싫은 일' 이다. 하기 싫은 일을 많이 하기 어렵기 때문에 아이들은 공부를 잘하지 못한다. 물론 하기 싫어도 억지로, 그것도 많은 시간 공부할 수 있다. 그러나 이런 공부는 한계가 있다. 많은 시간 공부한다고 해서 공부를 많이 하는 것은 아니다. 부모의 노력으로 아이들의 공부시간이 늘어날 수는 있지만 아이들이 공부하기 싫어하면 실제로 공부하는 시간은 매우 적다.

설령 아이가 정말 착해서 부모의 말을 잘 듣고 순종하며 공부한다고 해도, 아이가 공부를 싫어한다면 결과는 마찬가지다. 우리 머리는 '좋아하는 것에는 집중하고 싫어하는 것에는 집중하지 못하는 이상한 버릇' 을 가지고 있다. 공부를 좋아하지 않으면 아이가 공부에 집중할 수 없다. 그래서 아이가 아무리 노력해도 실제로 아이가 공부하는 시간은 별로 많지 않다.

사람은 누구나 자신이 좋아하는 것을 볼 때 집중하게 되고, 그때 많은 것을 기억한다. 예를 들면 야구를 좋아하는 사람은 야구에 대한 것은 사소한 것마저 다 기억한다. 선수 개개인의 시시콜콜한 이야기부터 시작해서 그의 최근 성적까지 말이다. 심지어 어떤 사람은 한 구단의 전력을 모두 파악하고 있을 정도이다. 그래도 이 정도는 약과이다. 모든 구단의 전력을 다 파악하고 있어서 야구해설가 뺨치는 실력을 보유하고 있는 사람도 적지 않기 때문이다.

우리는 이런 사람을 '야구광'이라 부르며 특별한 사람처럼 취급한다. 그러나 좋아하는 것에 집중하는 것은 인간의 본성이기 때문에 자기가 좋아하는 것은 대체적으로 잘한다. 농구를 좋아하는 사람은 농구를 잘하고, 볼링을 좋아하는 사람은 볼링을 잘한다. 좋아하면 많이 하고, 많이 하면서도 놀라운 집중력을 발휘하기 때문이다.

그러므로 공부를 잘하기 위해서는 먼저 공부를 좋아해야 한다. '공부를 좋아하는 마음'이 '공부에 가속도를 붙게 하는 열정이라는 에너지'를 공부에 제공하기 때문이다. 그래서 일단 공부를 좋아하게 되기만 하면 공부 잘하는 것은 시간문제이다.

공부를 좋아하기 위해서는 '아무리 노력해도 공부는 피할 수 없다는 사실을 마음으로 받아들이는 지혜'가 필요하다. 공부하기가 싫어서 공부하지 않는다고 해도 현행 교육제도 아래에서 고등학교를 졸업하려면 최소한 학교 수업은 받아야 하는데, 그 시간은 상당히 많다. 이러한 상황에서 공부를 안 하면 학교 수업을 따라가기 어렵고, 그 결과 시간이 갈수록 수업 내용이 어렵게 된다. 그리고 어려운 내용의 수업을 장시간 듣는 것은 엄청난 고역이다.

누구나 한번쯤 경험해 보았겠지만 '하기 싫은 일' 에 부딪쳐서 하지 않으려고 하면 더 힘들어지기만 할 뿐이다. 물론 '정말 하기 싫은 일' 이라면 처음부터 안 하면 된다. 그러나 하기 싫은 일을 안 하고 살 수 있을 정도로 삶이 만만하지 않다. 그래서 우리는 어쩔 수 없이 종종 '하기 싫은 일' 에 직면하게 되고, 아이들이 직면하게 되는 대표적인 하기 싫은 일이 바로 '공부' 이다.

하기 싫은 일을 하는 것은 매우 힘들다. 그래서 가능하면 하기 싫은 일은 안 하는 것이 좋다. 그러나 그 일을 꼭 해야만 한다면 즐거운 마음으로 하도록 노력해야 한다. 그렇게 하다보면 그 일이 즐거워 질 수 있다. 어차피 해야 될 공부라면 어떻게 하면 재미있게 할 수 있을까를 먼저 고민하고, 가능하면 재미있게 하려고 노력하라. 그러면 공부는 할 만한 것이 되고, 더 나아가 재미있는 것이 된다. 그것이 공부하는 사람이 가져야 할 지혜로운 마음이고, 그 마음이 공부를 잘하게 되는 비결 중 하나이다.

비록 우리가 어떤 일은 좋아하고 어떤 일은 싫어하지만 '우리가 선택하는 태도' 에는 '싫은 일도 재미있게 할 수 있는 능력' 이 있다. 우리는 환경을 선택할 수 없지만 그 환경 속에서 즐겁게 일하려는 마음을 선택할 수 있다. 그리고 그 선택은 실제로 우리에게 즐거움을 준다. 이 점은 하기 싫은 일을 즐거운 마음으로 해 보려고 노력해 본 지혜로운 사람이라면 누구나 다 경험해 본 사실이다. 물론 '즐겁게 공부하자는 마음' 만으로 공부를 재미있게 하기는 어렵다. 즐겁게 공부

하자고 마음먹는 것도 중요하지만 즐거운 방법으로 공부해야 공부가
즐거워진다.

어떤 방법이 즐거운 공부 방법일까? 사람마다 개성과 취향, 좋아
하는 과목, 공부 실력 등이 다르니, 이에 맞는 공부 방법도 모두 다르
다. 그래서 모든 사람에게 추천할 만한 방법은 없다. 또한 즐거움은
자기가 느끼는 감정이기 때문에 자신이 가장 잘 알 수 있다. 그러므로
스스로의 노력에 의해 자기에게 즐거운 공부 방법을 찾아야 한다.

공부를 즐겁게 하기 위해서는 몇 가지 방법이 있다. 첫째, 공부 내
용이 적당하게 어려워야 한다. 공부 내용이 너무 쉬우면 재미없고, 너
무 어려우면 힘들어서 하기 싫어진다. 자기 수준에 맞는 내용을 공부
해야 이해도 잘 되고, 공부하고 난 후에 무엇인가를 배웠다는 생각으
로 뿌듯하게 느껴진다. 둘째, 적절한 공부 목표를 세워야 한다. '목표
를 달성했을 때 느끼는 성취감' 이 공부를 좋아하게 만들기 때문이다.
성취감을 느끼려면 그 목표가 달성하기 너무 어려워서도 안 되고, 너
무 쉬워서도 안 된다. 공부가 너무 어려우면 목표 달성이 어렵기 때문
에 성취감을 느끼기 어렵고, 공부가 너무 쉬우면 달성해도 별다른 느
낌이 들지 않는다. 아울러 목표를 성취했을 때 자기 자신에게 보상을
하는 방법도 좋다. 그 보상에 대한 기대가 공부를 집중하게 하는 심리
적 요소가 되기 때문이다. 셋째, 각 과목마다 자기가 좋아하는 방법이
무엇인지를 다양한 시도를 통해서 알아내야 한다. 굳이 힘들고 어려
운 방법으로 공부하며 고생할 필요가 없다. 자기가 좋아하는 방법이
가장 좋은 방법이다. 물론 이 방법이 가끔은 돌아가는 것일 수도 있

다. 예를 들어 독서를 좋아한다면 교과서와 관련된 교양 도서를 읽으면 도움이 된다. 교과서 지식을 직접적으로 다루지 않지만 교양 도서는 교과서의 배경 지식을 제공함으로써 교과서를 깊이 있게 이해하는 것을 돕는다.

'열심히 하는 것'은 '좋아하는 것'을 결코 당할 수 없다. 좋아하면 열심히 할 수 있지만, 열심히 한다고 해서 좋아하는 것은 아니다. 그렇기 때문에 공부를 잘하고 싶다면 열심히 하기 전에 먼저 공부를 좋아해야 한다. 그래야 공부에 빠져들 수 있고, 그래서 공부의 고수가 될 수 있다.

공부를 사랑하라. 그러면 공부가 당신을 사랑할 것이다. 공부를 사랑하게 된다면 당신의 삶은 '공부 못한 설움' 따위는 결코 없을 뿐만 아니라, 공부의 후광을 등에 업고 평생 행복하게 살 것이다. 이와 반대로 공부가 지겹다고 계속 공부를 미워해 보라. 그러면 지식 사회의 낙오자란 불명예를 안고 평생 살지도 모른다. 공부를 좋아하고 싫어하는 것은 당신의 선택이지만, 그 결과는 당신이 결정할 수 없다.

# 자기 스스로 공부하는 영재

 ## 아이의 잠재력을 믿어준 '스티븐 코비 부부'

『성공하는 사람의 일곱 가지 습관』을 쓴 스티븐 코비. 그의 책에 보면, 코비의 아들의 어렸을 때 이야기가 나온다. 그때 코비의 아들은 학교의 부적응아였다. 그의 아들은 공부도 못했고, 아이들과 잘 어울리지도 못했으며, 운동도 잘하지 못했다. 한마디로 모든 면에서 학교에 적응하지 못했고, 그래서 그 아이는 부모의 근심거리였다.

스티븐 코비는 아들의 문제를 잘 해결했을까? 코비도 평범한 한국의 학부모들처럼 처음엔 아들의 문제를 해결하지 못했다. 코비는 자기 아들의 문제가 자신감 부족에서 생겼다고 보았다. 그래서 아들에게 자신감을 북돋워 주기 위해서 다양한 시도를 했지만, 그 시도들은 아이의 상황을 더 나쁘게 만들었다.

코비 부부의 아들 걱정은 점점 깊어만 갔다. 그러던 중 그들은 '아이에게 문제가 있는 것이 아니라 자신들에게 문제가 있다는 것'을 깨달았다. 그 발견은 자신들의 행동 변화를 가져왔고, 그 변화는 다시 아들에게 영향을 주어서, 걱정거리 아들을 자랑스러운 아들로 바꾸었다.

그렇다. 아이들은 잘못할 수 없다. 아이에게 문제가 있다면 그것은 대체적으로 어른들의 잘못이다. 아이들은 어른의 영향을 받으며 자라기 때문에 아이들에게 문제가 있다면 일차적으로 잘못된 영향을 준 어른에게 그 책임이 있다.

멀쩡한 아들을 문제아로 만들어 버린 코비 부부. 그들의 잘못은 '아들의 모습을 있는 그대로, 즉 사랑으로 받아들이지 못했기 때문에 아들에게 정신적 안정감과 자신감을 주지 못했다'는 것이다. 그의 아들은 분명 문제가 있어서 누군가의 도움이 필요했다. 그가 필요로 한 도움은 '자기가 자기 스스로를 믿을 수 있도록 부모가 자신을 포용해 주고, 사랑으로 믿어주는 것'이었다. 그런데 코비 부부는 아들을 믿지 못하는 모습만을 보였기 때문에 아들의 불안감이 더 커질 수밖에 없었다.

코비 부부의 아들은 '다른 아이들에 비해 성장 속도가 느리고, 성장 방식이 독특한 것'에 불과했다. 다만 문제가 있었다면 그것 때문에 다른 아이들과 비슷하게 행동하지 못해서 그도 무척 혼란스러워했다는 것이다. 그 상태에서 불안 섞인 부모의 도움은 오히려 그에게 혼란만을 가중시켰다. 왜냐하면 부모의 걱정하는 모습 속에서 그는

'자기가 정말 큰 문제 가운데 있다'고 믿었기 때문이다. 그에게 필요한 것은 '자신의 현재 상태를 긍정하면서 조금 늦더라도 다른 아이들을 따라갈 수 있다고 생각하는 여유'인데 부모의 초조함이 그에게 조금 남은 여유마저 없애 버렸다.

코비 부부에게는 그들이 비록 의식하지는 못하였지만, 바람직한 아이에 대한 그들 나름대로의 기준이 있었고, 그 기준에 자기 아들을 맞추려고 했다. 그런데 그 아들은 그 기준에 맞을 수가 없었다. 아이의 성장 흐름이 그 기준에 맞지 않았기 때문이다. 그럼에도 불구하고 그들은 자기들의 기준에 맞지 않는 아이가 문제 있다고 보았고, 아이의 문제 상태를 해결하기 위해 다양한 방법을 동원했다. 그 중 대표적인 것이 아이에게 자신감을 심어주기 위해서 아이가 조금만 잘해도 칭찬하는 것이었다. 긍정적 피드백을 통해 자기 아들이 자신감을 갖기를 원했기 때문이다.

그러나 '칭찬을 통해 아이에게 자신감을 키워주려고 했던 그들의 노력'은 실패할 수밖에 없었다. 왜냐하면 그들이 아무리 겉으로 칭찬을 해도, 그들의 말과 행동에는 '넌 아직 부족해. 그래서 부모의 보호를 받아야 해'라는 부정적 메시지가 담겨 있었기 때문이다. 그들은 리더십 전문가답게 겉으로 아이에게 긍정적 피드백을 제공함으로써 아이에게 자신감을 키워주려고 했지만, '자기 아이는 부족하다는 인식'이 그들 행동과 말에 스며드는 것은 막을 수 없었다. 부모의 관점에서 자기 아이를 보았기 때문에 아이가 부족하다고 생각할 수밖에 없었고, 그 생각이 자연스럽게 그들의 말과 행동으로 나타났던 것이다.

다행히 그들은 '아이가 아닌 자신들이 문제라는 사실' 을 깨달을 수 있었기 때문에 아이의 문제를 해결할 수 있었다. 그들은 '자기 아이에게 문제가 있다는 생각을 가지고서, 아이의 삶에 개입하는 것은 아이에게 해롭다' 는 것을 인정했다. 그래서 '아이에게 더 이상 간섭하지 않고 아이를 내 버려두는 것' 이 자신들이 할 수 있는 최선이라 판단했다. 그것만이 '아이가 자신의 잠재력을 스스로 실현할 수 있는 길' 이라 믿었던 것이다.

그래서 코비 부부는 아이를 그대로 내버려두었다. 그러면서 코비 부부는 아이를 긍정하고, 아이의 모습을 즐기며, 아이를 가치 있게 다루었다. 그랬더니 몇 달이 지나면서 아이가 달라졌다. 서서히 자신감을 갖기 시작했고, 자기 방식대로 자신의 잠재력을 발휘하기 시작했다. 그리고 그 후 얼마 있지 않아서 아이는 모든 분야에서 자신의 탁월함을 보였다. 학교 성적도 우수했고, 운동도 잘했으며, 탁월한 리더십도 학교에서 발휘했다. 코비 부부가 아이를 자기의 관점에 억지로 맞추는 것을 포기하고, 아이를 믿고 아이가 스스로의 힘으로 자기 일을 해 낼 때까지 기다려 주자, 아이는 부모의 그 믿음에 탁월함으로 화답한 것이다.

부모의 걱정 어린 시선은 걱정스런 아이를 만든다. 부모의 걱정은 아이에 대한 실망을 의미하는데 이 실망이 아이에게는 낙담의 원인이 되고, 이 낙담이 자신감 결여로 이어진다. 그리고 자신감이 결여된 아이는 깊은 패배의식에 사로잡혀서 아무것도 할 수 없다. '나는 할 수 없다'는 생각이 정말 할 수 없게 만들기 때문이다.

아이는 부모의 믿음을 의지하여 자신을 믿게 된다. 그리고 그 믿음이 아이에게 성장의 힘이 된다. 그런데 부모가 자기의 관점에서 아이를 보고, 그것을 기준으로 아이에 대해 만족하지 못한다면 아이는 자신을 믿지 못하게 된다.

어린 아이들은 자신에게 영향을 주는 어른, 특히 부모를 통해 세상을 보고 자기를 본다. 그렇기 때문에 부모가 아이를 어떻게 보느냐가 아이에게 정말 중요하다. 부모가 아이를 긍정하면 아이는 자신감을 가지고 무엇이든 잘하지만, 지나친 욕심 때문에 부모가 아이를 인정하지 않으면, 아이는 자신감 결여로 무엇을 하든 잘 못할 것이다. 물론 아이에 대한 긍정은 몇 마디 말과 행동으로 아이에게 전달될 수 없다. 아이가 어떤 상황에 있든, 바로 그 상황을 항상 기뻐하고 즐기며 칭찬하며 격려할 수 있어야, 비로소 아이가 부모의 긍정을 자신에 대한 믿음으로 변화시키기 때문이다.

2% 아직도 아이에게 '공부하라'고 말하는가?

'공부하라'는 말처럼 '아이들의 공부에 방해되는 말'도 없다. 아이의 공부를 위해서 이 말은 부모가 정말 해서는 안 되는 말이다. 왜냐하면 이 말을 듣고 공부하는 아이도 없을 뿐만 아니라, 설령 이 말을 듣고 공부한다고 해도 '그 말 때문에 심란해진 마음으로 하는 공부'가 제대로 될 리도 없기 때문이다.

이 말은 공부 잘하는 아이에게 더 해롭다. 공부하는 아이들은 대체적으로 공부를 '자기 공부'라고 믿고 있다. '자기가 하는, 자기를 위한, 자기의 공부'라고 굳게 믿기 때문에 공부를 한다. 만약 아이가 '부모를 위한, 부모의 공부'라 생각한다면 열심히 공부하기 어렵다. 그런데 '공부하라'는 부모의 말을 듣게 되면 '자기가 하고 있는 공부'가 자기 공부라는 믿음이 깨져 버린다. 부모가 '공부하라'고 말하는 순간, 아이의 공부는 부모에 의한 공부가 된다. 자기 스스로 하는 공부가 아니라 부모가 시켜서 하는 공부가 되는 것이다.

누구나 자기 일을 간섭하는 것을 좋아하는 사람은 별로 없다. 아이들도 마찬가지다. 아이들은 남의 간섭에 더욱더 예민해서 과민 반응을 한다. 다만 자신이 힘이 없고, 어떻게 표현하는 것이 좋을지 몰라서 참을 뿐이다.

사실 내가 학교 다닐 때 공부를 열심히 했던 이유 중 하나는, 부모의 간섭을 받기 싫어서였다. 좀 우습게 들릴 수도 있겠지만 공부를 열심히 하면 '공부하라'는 잔소리를 들을 것 같지 않았다. 그 잔소리를 듣지 않기 위해서 공부를 열심히 할 정도로 '공부하라'는 잔소리가 듣기 싫었다. 덕분에 학창 시절 동안 다섯 번 정도밖에 그 잔소리를 듣지 않았던 것 같다.

몇 번 듣지 않았던 '공부하라'는 잔소리였지만 들을 때마다 정말 기분이 나빴다. 내가 알아서 공부하는데 전후 사정도 잘 모르시고 '무조건 공부하라' 고 야단치는 것으로 느껴졌다. 그래서 그 말을 듣는 순간, 마음속에서 갑자기 불만이 끓기 시작했고, 그 불만을 식히느라 한 동안 공부를 제대로 하지 못했다. 마음속에서 은근한 반발심이 생기면서 '공부를 그만하고 싶다' 는 생각까지 들었다.

그래도 나는 공부에 대한 분명한 목표가 있었기 때문에 부모가 시켜서 공부한 것이라 믿지 않았다. 그래서 '공부하라' 는 부모의 잔소리가 공부에 대한 반발로 이어지지 않았다. 그러나 적지 않은 사람들이 그 말 때문에 마음의 상처를 받아 공부하지 않았다. 지금도 많은 아이들이 '공부하라' 는 그 말에 저항하며 공부하지 않고 있다.

실제로 그런 이유로 공부를 하지 않았던 친구가 있었다. 그 친구는 고집이 좀 센 편이었다. 부모가 공부하라고 잔소리해서 그에 대한 반발심으로 일부러 공부하지 않았다는 것이다. 그냥 두었으면 자기가 알아서 공부를 했을 법한 친구였는데, 부모의 어설픈 잔소리가 그의 마음에서 공부에 대한 적개심을 심어주었다. 그래서 그는 부모의 잔소리가 심어준 마음의 분이 풀릴 때까지 공부를 하지 않다가 뒤늦게 분이 풀려 허겁지겁 공부를 했지만 좋은 성과를 거두지 못했다.

아무리 재미있는 것도 억지로 하라고 하면 사람들은 싫어한다. '같은 행동도 자기가 원해서 하면 좋아하고, 남이 원해서 하면 싫은 것' 이 우리의 감정이다. 같은 피아노를 치면서 어떤 사람은 즐거워하고, 어떤 사람은 힘들어한다. 즐거워하는 사람은 자기가 원해서 피아노를 치는 것이고, 힘들어하는 사람은 자기가 원하지 않는데 누가 시켜서 억지로 피아노를 치는 것이다.

부모들은 아이가 '공부하라' 는 잔소리를 듣고 공부한다고 착각한다. 그러나 그 말은 아이의 공부의욕을 꺾을 뿐이다. 겉으로는 공부한 척 하지만 실제로는 공부하지 않기 때문이다. 그 말 때문에 받은 스트레스를 공부에게 풀기 위해서 일부러 공부하지 않는 것이다. 그러므로 '공부하라' 는 말은 아이가 공부하는데 무척 해롭다.

공부하는 아이에게는 자기 나름대로의 공부 리듬이 있다. 자기 컨디션에 따라서 쉬기도 하고 공부하기도 한다. 그런데 부모가 아이에게 공부하라고 간섭하면, 그 말은 아이의 공부 리듬을 깨뜨린다. 아이가 쉴 때는 스트레스로 아이의 쉼을 방해하고 그래서 다시 공부할 의욕이 생기지 않게 하고, 아이가 공부할 때는 잔소리가 주는 스트레스로 공부에 집중하지 못하게 한다. 그래도 그 정도에 그치면 다행이다. 심한 경우에는 '공부하고 싶지 않다' 는 묘한 반발심을 아이에게 불러일으키고, 그 반발심이 쌓이면 '공부하는 아이' 가 '공부 안 하는 아이' 로 변할 수도 있기 때문이다.

'공부하지 않는 아이' 에게 '공부하라' 는 말은 스트레스에 불과하다. 그 말을 듣는다고 해서 공부하지 않는 아이가 '공부하는 아이' 로 변하지 않는다. 오히려 지나친 잔소리는 공부를 싫어하는 마음만 더 크게 만들어서 아이를 공부에서 더욱더 멀어지게 만든다.

아이가 공부 안 하고 놀기만 하면, 부모는 아이의 미래가 걱정되어 많은 스트레스를 받는다. 아이의 미래가 심히 걱정되기 때문이다.

그래서 ‘공부하라’ 는 잔소리로 아이에게 공부를 시키고 싶은 유혹을 받는다. 그러나 그것은 부작용만 많을 뿐 효과는 거의 없다. 그러므로 아이에게 공부를 시키고 싶다면, 불필요한 스트레스를 주지 않으면서 좀 더 현실적인 방법으로 아이의 공부에 접근할 필요가 있다.

그것은 아이가 공부에 거부감을 가지지 않고도 자연스럽게 공부하게 하는 방법을 모색하는 것이다. 이 방법은 이 책의 3장, 4장, 5장에서 다루게 된다. 이 방법을 통해서 아이에게 공부를 할 만한 것으로 만들어 준다면 공부에 대한 아이의 생각도 바뀌고, 생각이 바뀌면 아이가 공부하는 것은 시간문제이다.

사실 아이들은 고학년이 될수록 ‘공부해야 한다’ 는 필요성을 점점 더 느끼게 된다. 그러므로 부모가 ‘아이가 느끼는 필요성’ 을 적절하게 활용하여 조금만 더 신중하게 접근한다면 ‘공부하지 않는 아이’ 를 ‘공부하는 아이’ 로 만들 수 있다. 아이는 어리기 때문에 공부라는 문제에 대하여 현명하게 대처할 수 없다. 그러나 어른인 부모가 아이를 현명하게 이끌어 준다면, 아이는 부모의 지도를 잘 따라올 뿐만 아니라 더 나아가 자기 스스로도 공부를 잘하기 위해 노력한다.

‘공부하라’ 는 말이 주는 무익한 스트레스. 그 부작용 때문에 공부를 안 했던 사람은 내 친구만이 아니다. 어쩌면 정말 많은 사람이 그랬을 것이고, 그 중에 한국 사람이 제일 많을 것이다. 그러므로 아이가 정말 공부하기를 원한다면, 생각 없이 아이에게 공부하라고 말하기 전에 어떻게 하면 아이가 공부를 잘할 수 있는가를 진지하게 생각해 볼 필요가 있다.

나는 둘째였다. 위로 누나, 아래로 여동생이 있다. 그 중에서 내가 제일 공부를 잘해서, 서울대 교육학과를 우수한 성적으로 들어갔다. 그 다음은 누나, 동생이었다.

지금 생각해보면 그때 내가 공부를 열심히 했던 것은 모두 누나 덕분이었다. 그렇다고 누나가 내 공부를 위해서 어떤 큰일을 한 것은 아니다. 물론 나보다 앞서 고등학교에 갔던 누나는 '고등학교에서 어떻게 하면 공부를 잘하는지' 나에게 알려 주었고, 그 정보는 내게 무척 유익했다. 나는 누나 덕분에 공부 방향을 미리 잡고, 중학교 3학년 겨울방학 때부터 고등학교 공부를 본격적으로 시작할 수 있었다.

그러나 누나가 내 공부의 진짜 도움이 되었던 것은 누나가 첫째였고, 내가 둘째였다는 사실에 있었다. 다른 부모님들처럼 내 아버지도 누나와 나, 동생의 공부에 관심이 많았다. 그래서 아버지는 누나가 초등학교 다녔을 때부터 누나 공부에 개입했지만, 그 결과가 신통치 않았다. 그 후 아버지는 내 공부에는 간섭하지 않고 그냥 두고 보았다. 아버지는 나름대로 누나 공부를 위해서 힘썼건만 오히려 누나가 공부를 안 하는 것을 보고 '난 내버려 두는 것이 낫겠다' 고 생각한 것이다.

아버지의 생각은 적중했다. 그 덕분에 나는 초등학교 3학년 때부터 '공부를 잘하고 싶은 욕심' 을 키울 수 있었다. 난 어렸을 적부터 '공부하라' 는 말을 들어본 적이 거의 없었다. 그래서였는지 몰라도 난 공부를 잘하고 싶은 욕심이 무척 많았다. 공부를 잘하면 내가 원하는 것들을 얻을 수 있을 것이라고 믿었기 때문이다. 그 욕심은 내 안에 오랜 기간 굳게 자리 잡고 있었고, 몇 년의 노력을 걸쳐서 나의 현실이 되었다.

내가 본격적으로 공부에 관심을 가진 것은 초등학교 3학년 때다. 그때 내 목표는 반에서 1등이었다. 내가 왜 1등을 하고 싶었는지 이유는 기억나지 않는다. 그러나 그때 꼭 반에서 1등을 해보고 싶었다. 그런데 1등은 한 번만 해 보는 것도 정말 힘들었다. 3학년 때도, 4학년 때도 난 반에서 1등을 해보지 못했고, 5학년이 되어서야 딱 한 번 해 본 것 같다. 그리고 6학년 2학기가 되면서 본격적으로 반에서 1등을 하기 시작했다.

지금 생각해 보면, 나의 1등 욕심은 정말 대단한 끈기였다. 물론 어떤 면에서 나의 1등 욕심은 현실적이지 않은 허황된 것이었다. 왜냐하면 난 1등을 해 보고 싶다는 생각만 했지, 1등을 하기 위해 공부하지는 않았기 때문이다. 그러나 2년이라는 오랜 기간이 지난 후에도 식지 않은 1등 욕심은, 이를 위한 구체적인 공부로 이어졌고, 그 공부는 반에서 1등이라는 성적으로 보답 받았다.

어린 나이에 내가 반에서 1등을 하고자 몸부림쳤던 것은 내가 그것을 원했기 때문이다. 아무도 나에게 공부하라는 말을 하지 않았고, 반 1등이라는 목표를 주지도 않았다. 그러나 나는 공부를 잘하면 앞으로 좋을 것이라고 믿었고, 그래서 공부에 최선을 다했다. 그런데 만약 내가 첫째였다면 어떻게 되었을까? 그래서 아버지가 나의 공부에 간섭하고, 나는 그 간섭 받는 것을 싫어했다면 어떻게 되었을까? 생각만 해도 끔찍하다. 어쩌면 나도 다른 평범한 아이들처럼 내 공부를 간섭하는 아버지에 대한 반발심으로 공부를 싫어했을 지도 모른다.

다행히 누나의 실패 때문에 나는 아버지의 실패를 경험하지 않았다. 그래서 내 공부를 아버지의 공부가 아니라 나의 공부라 생각했고, 그 생각이 나에게 공부 욕심을 주었다. 그리고 그 욕심은 너무 강렬했기 때문에 몇 년의 좌절을 통해서도 꺼지지 않고 나의 현실이 되었다. '내가 하고 있는 공부는 나의 공부이고, 그래서 내 인생을 위해서 포기할 수 없는 승부수다'라는 강한 신념이 나로 하여금 공부에 매달리게 했기 때문이다.

물론 그때는 잘 몰랐지만, 아버지가 내 공부를 그냥 방치만 한 것은 아니었다. 겉으로는 내 공부에 대해 '이래라 저래라' 하지 않았지만 '아버지가 나를 지켜보고 있다는 사실'이 나에게 묘한 자극제가 되었다. 만약 아버지와 어머니가 내 공부에 무관심했다면 나는 공부가 중요하다는 사실을 알지 못했을 것이고, 어린 나이에 독기 품고 공부를 하지 않았을 지도 모른다. 그러나 나는 '내 부모님이 내 공부에 관심을 가지고 있다는 사실'을 알았고, 또한 '나를 지켜보고 있다는 사실'도 알았다. 다만 다행스럽게도 부모님은 내 공부에 대해 불필요한 간섭을 하지 않았을 뿐이었다.

부모가 굳이 공부하라는 말을 하지 않아도 '부모가 자기를 지켜본다는 사실'이 아이에게는 무언의 압력이 된다. '부모가 자신이 공부를 열심히 하기를 원하고 있다는 사실' 을 아이가 알고 있다면, '자기를 지켜보는 부모가 무슨 생각' 을 하는 지도 느낄 수 있다. 그래서 공부하라는 말을 듣지 않아도 부모의 시선 속에서 아이는 묘한 자극을 받고, 그 자극으로 감정이 상하지 않은 채 공부할 수 있다. 그러면서 '부모의 공부' 가 아닌 '자기의 공부' 를 할 수 있다.

공부를 잘하기 위해서는 아이가 '부모의 공부' 가 아닌 '자기 공부' 를 해야 한다. 그래야만 최선을 다해 공부하기 때문이다. 그렇지 않고 부모의 지나친 간섭을 받아서 '자기가 하고 있는 공부' 를 '부모의 공부' 로 인식한다면 공부를 하지 않으려 할 것이다.

나 역시 '부모의 공부' 가 아니었기 때문에 열심히 공부했고, 그 결과 공부에 성공했다. 이 모든 것이 내 부모가 내가 자기 공부를 할 수 있도록 지나친 간섭을 하지 않았기 때문이다. 물론 모든 아이들이 부모가 간섭하지 않는다고 해서 자기 공부를 하는 것은 아니다. 아이 스스로가 자기 공부를 하기 위해서는 부모의 사전 작업이 필요한데, 이 사전 작업은 그리 쉽지 않다. 하지만 이 사전 작업만 성공한다면 아이의 공부 미래는 밝다. 그 이후부터는 아이 스스로가 알아서 공부할 것이기 때문이다.

2% '부모 공부' 버려야만 아이가 '자기 공부' 한다

'남의 일은 열심히 하지 않고 자기 일이어야 열심히 하는 것' 이 인간의 본성이다. 그래서 회사에서도 직원들이 자기 일처럼 회사 일을 할 수 있도록 다양한 인센티브 제도를 마련하고 있다. 요즘은 '직원이 일한 만큼 대가를 받을 수 있는 성과급 체제' 를 채택하고 있다. 그렇게 하지 않으면 직원들이 자기 일처럼 회사 일을 열심히 하지 않기 때문이다.

어린 아이들은 더욱더 그렇다. 아이들은 남을 위해서 무엇인가를 할 줄 모르기 때문에 '자기 일이 아닌 남의 일' 은 잘하려 들지 않는다.

'아이들이 공부를 하려 들지 않는 이유' 가 여기에 있다. 공부를 자기 공부라고 생각하지 못하고 부모의 공부라고 믿기 때문이다. 사실 아이 입장에서는 그렇게 생각할 수밖에 없다. 왜냐하면 자기가 하고 싶어서 하는 것이 아니고 부모가 시켜서 하기 때문이다.

아이들은 자기가 왜 공부를 해야 하는지 알지 못한다. 그 공부가 앞으로 자기의 삶과 어떤 관련이 있는지도 모른다. 다만 '자기가 공부를 잘하면 부모가 좋아한다' 는 사실만 알고 있을 뿐이다. 이런 상태의 아이들이 그래도 공부하는 이유는 부모와의 관계 때문이다.

부모의 입장에서는 '아이들이 공부하라' 는 말을 잘 안 듣는다고 생각하지만 사실은 정반대다. 그나마 부모가 공부하라고 하기 때문에 아이가 그 정도 공부하는 것이다. 부모가 보기에는 '성의 없게 공부하는 그 모습' 이 사실은 아이가 보여줄 수 있는 최선의 노력이다. 그 공부를 자기 공부가 아닌 부모의 공부라고 생각하기 때문에 아이가 부모가 원하는 만큼 열심히 공부하기는 불가능하기 때문이다. 어릴 때 아이들이 부모를 생각하는 마음은 매우 각별하여 '부모가 원하는 것' 을 하고 싶은 마음은 어느 정도 있다. 다만 '공부처럼 힘든, 남의 일' 은 하고 싶지 않을 뿐이다.

공부가 아이 공부가 아닌 부모의 공부가 되는 이유는 간단하다. 그 공부가 부모의 필요에 의해서, 부모의 의지와 계획에 의해서 진행되기 때문이다. 즉 '공부 잘하는 것' 을 부모가 원하기 때문에 아이가 공부하는 것이다. 아이가 공부의 필요성을 느끼며 하는 공부가 아니기 때문에, 아이 공부가 아닌 부모의 공부가 되는 것이다.

아이가 공부를 부모 공부라고 생각하는 한, 그 공부를 잘하기는 어렵다. 부모가 이끄는 대로 몸만 끌려갈 뿐, 공부하려는 의지는 없기 때문이다. 그리고 공부하고 싶은 의지가 없는 아이는 아무리 공부를 많이 해도 공부를 잘할 수 없다.

아이가 공부를 잘하기 위해서는 자기 공부를 할 수 있도록 부모가 '아이 공부를 주도하는 역할을 버리고 도와주는 역할' 에 머물러야 한다. 부모가 만든 틀 속에서 공부하는 아이는 그 공부가 '자기 공부' 라고 믿지 않는다. 아이가 공부를 '자기 공부' 라고 믿기 위해서는 공부의 중심이 아이여야 하고, 부모는 뒤에서 도와주는 역할만 해야 한다. 그래야 아이가 자기 공부를 한다는 느낌을 가질 수 있고, 이 느낌이 진짜 공부의 시발점이 되기 때문이다. 부모가 주도하지 않고 아이에게 맡기는 아이의 '자기 공부' 가 어떤 부모에게는 매우 불안하게 느껴질 것이다. 그러나 그것만이 아이가 '자기 공부'를 통해 자신의 공부 가능성을 최대한 실현할 수 있는 방법이다. 아이가 '부모 공부'를 그만해야, 그때 비로소 '자기 공부'를 할 수 있기 때문이다.

발명은 '없는 것을 있게 하는 것'으로 불가능에 가까울 정도로 어렵기 때문에 매우 특별한 사람만 할 수 있다. 그런데 이 발명을 가능하게 하는 것이 있으니, 그것은 바로 '필요'이다. 필요만 있다면 아무리 무능한 사람도 무엇인가를 발명할 수 있다. 왜냐하면 그는 쓸모없는 사람일지 몰라도 '그를 붙들고 있는 필요'에는 특별한 힘이 있어서 순간적으로 그를 대단한 천재로 변화시킬 수도 있기 때문이다.

어른들은 잘살기 위해서는 돈이 필요하다는 것을 알고 있다. 그래서 많은 어른들이 돈을 벌기 위해 자기의 모든 것을 건다. 누가 시키지 않았는데도 열심히 일한다. 일하는 것이 돈이라는 '자기의 필요'를 충족시켜주기 때문이다.

부모들이 아이들에게 공부를 시키려고 하는 이유도 여기에 있다. 아이가 공부를 잘하게 되면 아이는 잘살 것이므로 아이의 삶에 대해서 걱정할 필요가 없다. 그래서 그 아이 때문에 행복한 노년을 즐길 수 있다. 즉 아이의 공부는 '행복한 아이의 미래'라는 부모의 필요를 충족시켜 준다. 그래서 부모들은 아이의 공부에 목숨을 건다.

그러나 아이들은 공부에 대해서 아무 필요를 느끼지 못한다. 공부를 잘함으로서 얻고 싶은 것이 없다. 그것이 바로 아이들이 공부하지 않는 이유이다. 필요가 있으면 사람은 움직인다. 심지어 불가능한 것도 해낸다. 그러나 필요가 없으면 사람은 움직이지 않는다. 그래서 아무리 쉬운 것도 제대로 해내지 못한다.

아이들이 공부를 열심히 하도록 만들고 싶다면 공부를 통해 얻을 수 있는 어떤 구체적인 필요가 아이에게 있어야 한다. '공부를 잘하면 좋은 대학 가고, 돈 많이 벌고 그래서 잘 산다' 는 막연한 이야기로는 안 된다. 아이들은 '명문대 못 가본 설움' 이나 '명문대 때문에 누렸던 혜택', '명문대 유망학과를 나오면 얼마나 많은 돈을 벌 수 있고, 그래서 어떤 종류의 삶을 살 수 있는지' 를 잘 모른다.

물론 어떤 아이들은 부모가 명문대를 졸업해서 유망한 전문직에 종사하고 있는 결과를 보고 그 사실을 알 수도 있다. 그러나 그들의 문제는 '부모가 쌓은 부 때문에 그들의 필요는 이미 충족되었다는 것' 이다. 즉 '부모 덕분에 어려움 없이 풍요롭게 살고 있는데, 왜 또 자기들이 수고스럽게 돈을 잘 벌기 위해서 공부해야 되는가' 라고 생각하며, 오히려 공부의 필요성을 느끼지 못한다. 그들에게 어떤 필요가 있다면 그것은 부모가 쌓아 놓은 부에 의존해서 삶을 즐기는 것일 뿐이다.

돈이란 오직 돈이 없어서 고생해 본 사람에게만 매력적으로 들리는 말이다. 명문대 입학도 '고졸의 설움' 이나 '무명대의 설움' 을 겪어본 사람에게만 절실하게 들릴 뿐이다. '돈 때문에 고생해 보지 않는 아이들’ 이, ‘대학에 입학하지 못해서 차별 당해 본 적 없는 아이들’ 이 이러한 설움을 아는 것은 정말 기적에 가깝다.

사실 아이들이 고등학교에만 들어가도 대학 입학의 중요성을 어느 정도 알게 된다. 그때서야 비로소 많은 아이들이 좋은 대학에 가고 싶은 마음을 갖게 된다. 그러나 그때도 그 마음이 ‘공부에만 전념 할 정도’ 로 강하지 못하다. 왜냐하면 ‘출신대학이 자신의 삶에 큰 영향을 미친다는 사실’ 을 아직 제대로 알지 못해서 좋은 대학에 가고 싶은 마음이 그렇게 강하지 않기 때문이다. 그래서 자기가 할 수 있는 만큼만 공부하고, 자기를 앞서가고 있는 애들을 따라 잡기 위해서 노력하지 않으며, 그 결과 좋은 대학을 가지 못한다.

그러나 아이들이 20세가 되어 사회 현실을 경험하게 되면 공부에 대한 생각도 달라진다. 그러나 그때는 이미 늦다. 물론 그때라도 정신 차리고 공부해서 명문대에 합격하는 사람도 있다. 그러나 그것은 주변에서 흔히 보기 어려운 사례에 불과하다.

결국 공부의 열쇠는 ‘아이가 미래의 현실을 구체적으로 생각하면서 공부의 필요를 찾는 것’ 이다. 아니면 ‘현재의 삶에서 공부를 통해 얻을 수 있는 무언가를 찾는 것’ 이다. 어떤 경우든 간에 공부를 통해서 무엇인가를 얻고자 하는 강한 마음이 공부의 열쇠이다. 그 마음만 있다면 아이가 목적의식을 가지고 자기 공부를 열심히 하는 것은 시간문제이다.

그러므로 초등학생 학부모가 아이를 위해서 해야 될 일은, 아이가 학교 공부에 잘 적응하고, 자기 스스로 공부의 필요를 찾을 수 있도록 도와주는 것이다. 만약 아이가 공부에 대해 어떤 필요를 느끼기도 전에 부모가 억지로 너무 많이 아이를 끌고 간다면 아이는 공부에 지쳐버린다. 그 결과 아이가 '공부하고 싶지 않은 마음' 을 키울 위험이 있다. 그렇게 되면 '공부 안하는 것' 이 아이의 강력한 필요가 되어서 자기 공부의 필요를 만들지 못하게 된다. 그래서 스스로 공부하려 하지 않고 부모에 이끌려 공부하는 아이가 되고 만다. 그리고 이런 아이들이 공부 잘할 가능성은 희박하다.

자기 필요는 자기 공부의 어머니이고, 자기 공부를 하는 사람만이 공부에 강한 사람이다. 그 필요를 키우는 것이 어렵더라도 그 필요가 없는 상태에서 공부 잘했던 사람은 지금까지 별로 없다. 아이가 공부 잘하기를 원한다면 아이의 공부 필요를 키우기 위해 노력해야 한다. 그것만이 영재 부모가 되는 유일한 방법이다.

2% 부잣집 아이 공부시키는 방법 2가지

돈 있는 집 아이들은 공부를 잘 못한다. 물론 요즘은 부모의 부(富)가 아이 교육에 적절하게 투자되어 꼭 그런 것은 아닌 것 같다. 그럼에도 불구하고 부잣집 아이들이 공부를 못하게 되는 한 가지 이유가 있다.

그것은 부모의 부(富)로 인한 아이들의 풍족한 삶이다. 풍족한 삶은 누구나 바라는 것이지만 그 삶이 문제가 될 수도 있다. 인간은 부족함이 없을 때 편히 쉬며 놀고 싶지, 무엇인가를 얻기 위해 노력하지 않는다. 왜냐하면 무엇인가 얻고 싶은 충동을 느끼지 못하기 때문이다. 이런 이유로, 부족함이 없는 아이들은 특별한 경우가 아니고는 공부를 하지 않고, 부모의 속을 상하게 한다.

물론 이 아이들은 부모의 부(富)로 우수한 사교육의 도움을 받아서 공부를 잘할 수도 있다. 그러나 그 사교육이 명강사에 의해 제공되는 탁월한 강의식 수업에 불과하다면 그렇게 될 가능성은 별로 없다. '왜 공부를 해야 되는지를 잘 모르는, 즉 공부의 필요를 느끼지 못하는 그들'이 수업을 열심히 따라오려고 하지 않을 것이 분명하기 때문이다.

물론 부잣집 아이의 정신을 차리게 할 방법이 없는 것은 아니다. 그것도 두 가지나 있다. 첫 번째 방법은 아이가 잘 따르고 아이에게 어떤 영향력을 줄 수 있는 '멘토'가 아이의 공부를 지도하는 것이다. 멘토는 현명하고 신뢰할 수 있는 상담 상대인 지도자, 스승, 선생을 의미한다. 원래 멘토는 호메로스의 『오디세이아』에 나오는 오디세우스의 친구이다. 오디세이는 트로이 전쟁에 출정하면서 집안일과 아들 텔레마코스의 교육을 그의 친구인 멘토에게 맡겼다. 그리고 오디세이아가 전쟁에서 돌아오기까지 무려 10여 년 동안 멘토는 텔레마코스의 친구이자 선생, 상담자, 때로는 아버지가 되어 그를 보살폈다. 이후 멘토라는 이름은 지혜와 신뢰로 한 사람의 인생을 이끌어 주는 지도자를 의미하게 되었다.

　멘토는 아이가 자신의 문제를 터놓고 이야기할 수 있는 친구이자, 아이를 올바른 방향으로 이끌 수 있는 능력을 가진 선생이며, 아이의 문제에 대해 지혜로운 해결책을 제시할 수 있는 상담자이다. 이런 멘토 역할을 해 줄 수 있는 사람이 아이의 교육을 도와주거나 맡게 된다면 아이의 공부는 걱정할 필요가 없다. 멘토에게는 아이에게 공부 필요를 심어줄 능력이 있기 때문이다. 즉 멘토에게는 아이의 입장에서 아이의 미래를 아이와 함께 보며, 그 미래에서 '공부 필요'를 끌어낼 능력이 있다. 그러므로 부모가 아이에게 멘토 역할을 하거나 그런 사람을 아이 곁에 둘 수 있다면, 비록 부유해서 공부의 필요성을 느끼지 못하는 아이일지라도 공부의 필요를 느껴 공부 열정을 가질 수 있다.

　두 번째 방법은 미국식으로 아이와 부모의 삶을 분리하는 것이다. 즉 부모의 재산은 아이의 것이 아니라는 사실을 분명하게 밝혀 둠으로써, 아이가 부모의 재산에 의지하는 마음을 없애는 것이다. 그래야 아이 스스로가 자신의 삶을 위한 준비가 필요하다고 느껴서 공부를 하려하기 때문이다.

　부(富)란 돈을 다룰 줄 아는 사람에게는 도움이 되지만 그렇지 않은 사람에게는 불행일 뿐이다. 사람들은 누구나 복권 대박을 꿈꾼다. 복권 대박으로 큰돈을 만질 수 있다면 행복해질 것이라 믿는다. 그러나 현실은 그 반대이다.

　2006년 2월 27일판 USA투데이지에 '복권 대박의 행운은 뜻하지 않은 비극의 시작인 경우가 많다' 는 기사가 실렸다. 그 기사에는 복권 대박 때문에 불행해진 사람들의 이야기가 나온다. 복권 대박으로 한 순간에 엄청나게 많은 부(富)를 거머쥐었던 그들. 그러나 그들의 대부분은 그 부(富)를 제대로 관리하지 못하고 빈털터리가 되었다. 심지어 어떤 사람은 돈을 날린 후 자살했고, 어떤 사람은 교도소 신세를 지기도 했다.

부모의 부(富)는 미성숙한 아이들에게 이런 역할을 한다. '자기가 열심히 미래를 준비하지 않아도 부모의 부(富)로 편한 삶을 살 수 있다' 는 생각이 '무엇이든 열심히 할 필요가 없다' 는 생각으로 이어져서, 편히 쉬고 노는 데에만 관심을 가지게 만들기 때문이다. 그래서 이 아이들은 미래를 위해 어떤 준비도 하지 않는다. 당연히 공부 할 필요성을 느끼지 못한다. 지금 공부하지 않아도 미래에 부모 재산으로 잘 살 수 있다고믿기 때문이다.

그러나 미래를 준비하지 않는 아이들은 설령 부모에게서 엄청난 재산을 물려받았다 하더라도 그 재산을 잘 관리하지 못한다. 그러므로 생각 있는 부유한 부모들은 자녀의 삶을 독립시켜 자기 자녀에게 '미래의 삶을 준비할 필요성' 과 '공부의 필요' 를 심어준다.

출세한 친구에게 문전박대(門前薄待)를 당했던 선비의 이야기가 있다. 선비는 출세한 친구 덕을 좀 보려고 그를 찾아갔다. 그러나 선비의 친구는 그를 만나주지도 않았다. 선비는 친구에 대한 분노를 삼키며 열심히 공부한 결과 성공하게 되었다. 그런데 나중에 알고 보니 그 친구는 선비 몰래 선비의 가족을 돌보아주었다. 그 친구가 선비에게 문전박대를 한 것은 선비가 자신을 의지해서 공부를 게을리 할까 두려워했기 때문이다. 즉 성공한 자신에게 의지하는 쉬운 삶을 선택함으로써 자신의 꿈을 버리고 무위도식(無爲徒食)하는 것을 걱정한 것이다.

남에게 의지하면 그 당시는 좋지만 자기 스스로 할 수 있는 능력을 키우지 못한다. 그러므로 무엇이든 잘하고 싶다면 가능한 한 남의 도움을 받지 않고 자기 힘으로 할 필요가 있다. 부모가 아이를 키우는 방법도 이와 비슷하다. 아이가 부모를 너무 많이 의지하게 되면 아이는 험한 세상을 헤쳐나 갈 수 있는 능력을 키우지 못한다. 부모의 도움 덕분에 편하게 자랄 수는 있지만, 그로인해 아이는 온실 속 화초처럼 유약해지고, 부모의 보호막이 사라지면 불행하게 된다.

그러므로 부모가 부자라면 그 부(富)가 아이에게 나쁜 영향을 주지 않도록 자녀와 일정한 거리를 두어야 한다. 자녀를 사랑해서 그 사랑을 충분히 표현해야 하지만 '자녀의 일은 자녀가 알아서 한다' 는 것과 '자녀를 위해 무엇을 도울 것인가' 를 분명히 해야 한다. 그래야만 아이가 '사는 것이 만만치 않다' 는 것을 인식하고, 자기 미래를 준비하기 위해 공부할 것이다. 또한 가능하면 아이를 경제적으로 도와주는 시기를 '공부하는 동안' 으로 한정짓는 것이 좋다. 그러면 자녀가 부모의 도움을 받기 위해 대학 진학과 대학원 진학에 관심을 갖게 되기 때문이다. 그 후 아이가 부모의 재산을 충분히 관리할 능력이 생겼을 때, 그 능력만큼 재산을 물려주면 된다. 그래야 부모의 재산이 아이에게 독이 되지 않고 날개가 될 수 있다.

흔히 부모들은 돈이 없어서 아이의 교육을 제대로 못 시킨다고 한탄하지만 사실은 정반대이다. 없는 집 아이들이 공부를 더 잘하는 경우가 많다. 그것은 공부의 필요성을 누구보다도 더 강하게 느끼기 때문이다. 다만 경제적으로 여유가 없는 부모들은 아이들의 교육을 도와줄만한 능력이 없기 때문에 아이의 교육에 무관심하게 되고, 그래서 그냥 방치한다. 그러나 누군가 이 아이들의 공부를 올바르게 도와준다면, 다른 아이들보다도 더 공부를 잘할 수 있다.

자본주의 사회에서 돈이란 좋은 것이다. 돈 자체가 나쁠 수는 없다. 다만 나쁘게 사용될 뿐이다. 그리고 돈 때문에 가장 많은 피해를 보는 사람이 바로 '돈 많은 부모 둔 아이들' 이다. 그러므로 부모가 부자라면 더 신중하게 아이 교육에 접근해야 한다.

🔴 부모가 아이에게 '공부 필요' 를 설득하지 못하는 이유

공부는 아이의 일이지만 아이가 공부하기를 바라는 것은 부모이다. 공부를 하면 아이가 좋지만 아이는 공부를 안 하려고 한다. 그렇다고 부모가 '공부는 너의 일이니까 열심히 해라' 시킨다고 해서 아이가 공부하는 것도 아니다. 그러면 어떻게 해야 하는가? 설득해야 한다. '공부가 부모를 위한 것이 아닌 자기를 위한 것' 이라는 것을 아이가 마음으로 받아들이도록 어른이 설득해야 한다.

삼국지의 영웅 마초. 그는 부모의 원수 조조에게 패하여 한중의 장로에게 잠시 몸을 의탁했다. 나관중의 『삼국지연의』에 의하면 그때 그에게 '조조의 적인 유비'와 싸워야 되는 상황이 발생한다. 유비의 공격을 받은 측의 유장이 장로에게 원군을 청했고, 장로가 마초를 원군으로 보냈다. 그래서 마초는 유비와 생사를 건 한판 승부를 해야만 했다.

그런데 이때 마초는 유비를 이겨서는 안 되는 상황에 있었다. 만약 마초가 유비를 이기면 그것을 가장 기뻐할 사람이 바로 불구대천지 원수인 조조였고, 이것은 자신의 진짜 적을 이롭게 만드는 것이었다. 그러나 마초는 질 수도 없는 상황이었다. 그 전쟁에서 지면 자기는 의지할 곳이 없어지기 때문이다. 다행히 마초의 이런 입장을 이해한 제갈공명이 그에게 밀사를 보내 그를 유비에게 항복시킨다. 그러면서 마초는 어려운 상황에서 벗어나게 되고, 유비는 명장을 얻게 된다. 이때 제갈공명이 마초의 마음을 돌릴 수 있었던 것은 마초와 유비(또는 제갈공명)의 이해관계가 일치했기 때문이다. 비록 두 사람은 적대적인 상황 속에 있었지만 조조라는 공동의 적을 갖고 있다는 점에서 서로 협력할 수 있었다.

그러나 일치된 이해관계가 쉽게 마초를 설득한 것은 아니다. '제갈공명'의 밀사가 그 이해관계를 잘 전달하지 못했다면 마초는 설득당하지 않았을 것이다. 그러면 제갈공명의 밀사는 어떻게 설득에 성공할 수 있었을까? 그것은 첫째 마초의 입장에서 문제를 접근했고, 둘째 마초가 이해할 수 있는 언어로 마초의 상황을 설명했기 때문이다.

이와 정반대의 이유로 우리 부모들은 자녀들을 설득하는 데 실패한다. 첫째, 자녀의 입장에서 공부를 접근하지 못하고 부모의 입장에서 접근한다. 둘째, 아이의 언어로 공부의 필요성을 설명하지 못하고 부모의 언어로 '공부해야 한다' 고 말한다. 그래서 아이들은 부모에게 설득 당하지 않고 '원하지 않는 공부' 를 강요하는 부모에게 저항한다. 그런데 '아이들에게 억지 공부를 시키려는 부모의 집중력' 보다 '공부하지 않으려는 아이들의 집중력' 이 더 높아서 부모들은 아이들을 이길 수 없고, 그래서 아이들은 공부하지 않는다.

그런데 더 큰 문제는 '부모가 자녀를 잘 설득하지 못한다는 사실' 에만 있지 않다. 많은 부모들이 '당연한 것을 왜 설득해야 되는가' 라는 태도를 고집하고 있거나 또는 '아직 설득 당하지 않은 아이들' 이 설득당한 것처럼 착각하고 있기 때문이다. 자녀들이 공부해야 하는 것은 매우 당연하다. 그러나 그것이 옳다고 해서 아이들이 공부하는 것은 아니다. 그럼에도 불구하고 부모들은 옳기 때문에 아이들이 공부해야 한다고 생각하지, 아이들을 설득해야 한다고 생각하지는 않는다. 어쩌면 부모들이 그렇게 할 수밖에 없는 것은 어떻게 설득할지 몰라서 그럴 수도 있다. 그러나 설득하려고 마음먹는다면 설득할 방법을 찾을 수 있다. 정반대로 이를 포기하면 영영 아이를 설득할 수 없다.

물론 부모가 자녀를 설득할 필요를 느낀다고 해서 문제가 해결되는 것은 아니다. 부모의 설득은 아이들에게 잔소리로밖에 들리지 않기 때문에 아이들은 설득 당한 척 한다. 왜냐하면 부모가 설득하는 동안 자기에게 쏟아 붓는 잔소리를 듣고 싶지 않기 때문이다. 부모가 공부하라고 좋은 말로 타이를 때 '네 알겠습니다' 라는 태도를 보이면 더 이상 부모의 잔소리에 시달릴 이유가 전혀 없다. 그러나 부모에게 설득 당하지 않은 아이는 실제로 공부하지 않을 뿐만 아니라, 설령 공부한다고 해도 열심히 안 한다.

정말로 아이들이 부모에게 설득 당했다면 아이들의 태도가 변한다. 부모가 시키지 않아도 자기 스스로 열심히 공부한다. 물론 공부의 필요성을 알면서도 TV와 오락 등의 유혹으로 공부를 잠시 소홀히 할 수 있다. 그러나 설득 당한 아이들은 그렇지 않은 아이들과 확연히 차이가 난다. 그리고 그 차이를 구별할 수 있어야 아이를 진짜로 설득할 수 있다.

사실 부모가 아이들을 설득하지 못하는 진짜 이유는, 부모의 설득 태도가 불량하기 때문이다. 설득이란 상대방의 마음을 움직이는 것이므로, 상대방보다 낮은 입장에 서야 한다. 아이보다 높은 입장에서 강압적으로 말하는 것은 타이르는 것이다. 훈계하는 것이지 설득하는 것은 아니다.

자녀보다 높은 자세에서는 아이를 존중할 수 없고, 존중 받지 않은 아이는 부모에게 설득 당하지 않는다. 아이를 존중하지 않으면 설득에 아이의 입장을 반영할 수 없기 때문이다. 또한 부모가 아이의 입장을 존중해야, 아이는 자기 이야기를 솔직하게 말 할 수 있고, 부모는 아이를 정확하게 파악할 수 있다. 그리고 아이의 상태를 파악해야 아이를 설득하기 위해 무엇이 필요한지 알 수 있다. 그럼에도 불구하고 대부분의 부모들이 자신의 입장만을 아이에게 내세우기 때문에, 설득에 필요한 태도와 정보를 가지고 있지 않다. 그 결과 그 부모들의 설득은 잔소리로 전락해 버리고, 아이들은 공부하지 않는다.

잘 노는 아이가 시험에 강하다

★

시험에 강한 아이로 만드는 명품 특별 과외

2% 명품 자녀교육

이기적인 뇌를 공부하는 뇌로 바꾸는 명품 학습법, 공부일기

부모가 시켜서 하는 공부는 절대로 잘할 수 없다. 그렇다고 공부를 아이에게만 마냥 맡겨둘 수도 없다. '혼자 잘하겠으니 간섭 말라'고 하지만, 공부하는 모습을 보면 위태위태해 보이기 때문이다. 그래서 이런 저런 방법으로 아이 공부를 챙기려 하지만, 커갈수록 아이들은 엄마의 말을 들으려고 하지 않는다. '아무 것도 모르는 어릴 땐, 엄마 말만 주로 들었던 아이들'이, 이젠 공부에 대해서 자기도 알만큼 알 정도로 컸다고 생각하게 되면서부터 엄마의 조언을 불필요한 간섭으로 생각하기 때문이다.

사실 아이들의 생각이 완전히 틀린 것도 아니다. '아이를 정말로 생각해서 엄마가 하는 말들'이 공부에 도움이 되기보다는 해가 되는 경우가 더 많기 때문이다. 왜냐하면 공부란 고도의 집중력을 요구하는 정신노동이기 때문이다. 그런데 아이가 공부에 집중하기 위해서는 그 마음이 외부의 자극과 온갖 잡념으로부터 완전히 자유로워야 한다. 이 상태에서 마음 안에서 공부에 대한 발동이 스스로 걸려야 집중력 있는 '자기주도학습'을 할 수 있다. 그런데 아무리 좋은 의도로 엄마가 이야기를 해도, 그 말에 아이의 감정이 상하면, 그 감정이 풀릴 때까지 공부가 되지 않는다. 상한 감정이 아이 안에서 부글부글 끓으면서 온갖 잡생각을 끌어들이며 공부를 심각하게 방해하기 때문이다.

공부를 하다 보면, 누구나 막힐 때, 즉 공부하는 내용이 잘 이해가 되지 않아서 진도가 나가지 않거나 공부에 집중이 안되서 공부가 안되는 답답할 때가 있다. 그 때가 되면, 누구나 가만히 앉아서 공부하지 못하고, 몸이 산만해진다. 그러면서 그 답답함을 풀고, 막힌 공부에 도전할 힘을 주는 새로운 기분을 얻는 것이다. 아이도 그럴 때가 있는데, 그런 시간들이 엄마의 눈에 노는 모습으로 비추고, 이에 걱정이 된 엄마의 눈이 아이를 지켜보게 되면, 아이는 그 눈길에 부적절한 스트레스를 받아서 오히려 공부에 집중하지 못하는 것이다. 이런 상황에 빠지면 어떤 아이도 공부를 잘할 수 없다. 엄마의 눈 때문에 억지로 공부를 한 만큼, 자신을 향한 엄마의 눈길이 불쾌한 만큼, 아이 안에 쌓인 나쁜 감정들이 공부를 방해하기 때문이다.

그렇다고 아이의 공부를 방치하면, 아이는 풀어져서 공부를 안하게 되니 이럴 수도 저럴 수도 없는 것이 대한민국 엄마들의 고달픈 마음이다. 이때 필요한 것이 바로 명품 학습법, 공부일기이다. 공부일기는 '아이가 전날 저녁 취침 전 또는 방과 후에 그날 공부할 학습량을 정하여 적고, 자기 전에 그 실행결과를 스스로 평가하여 기록을 남기는, 자기주도 학습 일지'이다. 이때 공부할 분량이 읽어야 될 책이거나 풀어야 될 문제집이라면, 페이지를 구체적으로 적으면 좋고, 각각의 분량 옆에 '그것을 모두 마쳤을 때, 받을 점수'를 적은 후, 나중에 평가할 때 그 점수를 모두 합하여 그날그날의 공부 성과를 점수로 표현하면 더 좋다. 이 기록이 점진적으로 쌓여갈 때, 아이가 자신이 공부한 가시적인 성과를 눈으로 볼 수 있어서 성취감을 느낄 수 있고, 이 성취감이 쌓일 때 공부에 대한 열정이 아이 안에서 자랄 수 있기 때문이다.

무엇보다 이 방법을 사용하면 아이를 화나게 하는 불필요한 간섭을 최소화하면서도, 공부에 필요한 적절한 스트레스를 아이에게 줄 수 있다. 사실 스트레스가 아이에게 항상 나쁜 것은 아니다. 적절한 공부 스트레스는 아이가 그것을 긍정적으로 받아들이면, 아이의 정신건강에도 좋을 뿐만 아니라 공부를 해야 한다는 건강한 부담감을 주어서 '성실히 공부하는 아이'를 만들기도 한다. 공부하라고 잔소리하거나 야단을 치지 않아도, 엄마가 언젠가 확인할 것이라는 부담감 때문에 공부일기를 써야만 하고, 공부일기를 쓰기 위해서는 매일매일 성실하게 공부할 수밖에 없기 때문이다.

처음 공부일기를 쓸 때는, 아이가 공부량을 적게 써서 하루의 공부를 금방 끝내고 놀지도 모른다. 그렇다고 해서 공부량을 무리하게 늘리려고 해서는 안 된다. 처음에 중요한 것은 아이가 정해진 공부를 제대로 하는 것이지 많이 하는 것이 아니기 때문이다. 적은 공부라도 제대로 했으면 대견한 눈으로 아이의 노는 모습을 즐거워할 필요가 있다. 그래야 아이의 이기적인 뇌가 자신이 공부한 것에 대해 성취감을 느낄 수 있고, 그러한 경험이 반복적으로 쌓이면 당신의 아이의 뇌도 공부를 좋아하고 즐기는 공부하는 뇌로 발전될 수 있기 때문이다.

초등학교는 아이가 공부의 기본을 잡아가는 시기이다. 이때 중요한 것은 공부를 많이 하거나 높은 수준의 성취를 이루는 것이 아니라 적은 분량의 공부라도 제대로, 즉 집중해서 공부하는 법을 배우는 것이다. 초등학교 때 먼저 제대로 집중해서 공부하는 습관을 가져야 아이의 이기적인 뇌가 공부하는 뇌로 활성화되어서, 중학교 때부터 본격적으로 하는 '많이 하는 공부'가 빛을 발할 수 있기 때문이다. 그러므로 아이의 공부일기를 점검할 때는, 아이가 건성으로 문제를 풀어서 시간을 단축시킨 것이 아니라면, 아이가 주어진 공부를 가능하면 짧은 시간에 하는 것을 지지해주어야 한다. 아이가 집중해서 공부한 결과 공부시간이 줄어들면 노는 시간만 늘었다고 생각하여 공부량을 확 늘리고 싶은 유혹에 직면할 수 있다. 그러나 그렇게 하면, 아이들이 집중력이 떨어질 위험이 있기 때문에 공부량은 단계적으로 그리고 천천히 올리는 것이 바람직하다. 주어진 공부를 끝낸 후 마음껏 쉬고 놀게 했을 때 '놀고 싶어하는, 아이의 노는 본능' 이 공부에 대한 집중력을 높여주는데, 너무 많은 공부를 시키면 '언제 저것을 다하고 노나' 라는 체념이 생겨서 노는 것도 포기하는데, 아이가 노는 것을 포기하는 것은 바로 공부를 집중해서 하는 것도 포기하는 것을 의미하기 때문이다.

공부량은, 아이의 공부일기를 함께 검토할 때 조금씩 올리도록 격려하면 된다. 일주일에 한 번 정도 공부일기를 주기적으로 검토하면서, 공부를 다른 날보다 많이 한 날을 골라서 그 날 공부한 것에 대해서 칭찬해 준다거나 아니면 '지금까지 공부를 열심히 해서 이젠 좀 공부가 쉬워졌지' 라고 말하면서 아이가 공부량을 스스로 늘리도록 격려하면 된다. 아이가 조금 하는 공부가 엄마 눈에 별 것 아닌 것처럼 보여도, 적기 때문에 아이가 공부를 집중해서 할 수 있고, 아이가 집중해서 공부하면 공부가 재미있게 느껴지고, 이 재미있는 공부를 매일 꾸준히 하면, 아이의 이기적인 뇌가 공부를 좋아하게 되어서 공부하는 뇌로 서서히 변화되어 갈 것이기 때문이다.

잘 노는 아이가 시험에 강하다

 **공부하기 위해서 생각 있게 놀자**

노는 본능은 생존 본능 다음으로 강하다. 적지 않는 사람이 놀기 위해서 살고, 대부분의 사람들이 놀면서 살 정도이다. '잘 놀고 싶은 욕구'가 우리 마음을 지배하기 때문에 우리의 삶에서 노는 것이 차지하는 비중은 매우 크다. 가끔 이를 무시하는 사람들이 있는데 이 사람들은 나중에 큰 코 다친다.

'노는 본능 무시하다 시험공부 제대로 못해 본 적'이 누구나 한 번쯤 있다. 시험에 직면하면 성적에 관심 있는 사람들은 누구나 공부 의욕에 넘친다. 그래서 가능하면 많이 공부하려 하고, 노는 시간을 없애려 한다. 놀지 않고 공부에만 올인함으로서 좋은 성적을 얻고 싶기 때문이다.

그러나 그렇게 무시당한 노는 본능이 가만히 있을 리 없다. 자기를 홀대하는 사람에게는 어김없이 '자기만의 독특한 저주'를 내리는 것이 그의 특기이기 때문이다. 물론 정말 특별한 독종들은 노는 본능을 이기면서도 공부에 몰입하고 좋은 성적을 거두기도 한다. 그래서 노는 본능을 이긴 것처럼 보이기도 한다. 그러나 그렇게 보일 뿐이다. 만약 그가 노는 본능을 존중하며 공부했다면 더 많은 성과를 거두었을 것이지만, 무시했기 때문에 그 정도 결과만 얻은 것이다. 다만 그가 워낙 열심히 공부한 결과 성적이 좋게 나와서 노는 본능이 끼친 폐해가 가려졌을 뿐이다.

시험 공부한다고 놀지 않으면 공부할 때 논다. 그래서 많은 시간 공부한 것 같지만 실제로 공부한 것은 별로 없다. '충족되지 못한 노는 본능'이 공부시간에 마음속에서 꿈틀거리면서 은근히 공부를 방해하기 때문이다. 그래서 눈은 책을 보고 있지만 머리는 딴 생각을 하며 조금 쉰다는 명목으로 다양하게 논다.

내일이 시험이니까 오늘 하루 종일 '집에서 혼자' 또는 '독서실에서 친구와 함께' 공부한다고 가정해 보자. 그러면 우리는 앞으로 공부할 시간에 만족해하며, 많은 시간 공부할 수 있어서 성적이 좋아질 거라고 기대한다. 그러나 이런 기대는 시간이 흐름에 따라 무력하게 무너진다. 쉬지 않고 계속 공부한다고 마음 먹으면, 우리는 공부할 시간이 앞으로 많이 있으니까 공부하는 도중 조금 쉬거나 놀아도 된다고 생각한다. 그러면서 공부하는 틈틈이 놀고, 그러면서 공부시간 대부분을 날려 버리고 저녁이 되어서야 정신 차린다. 그러나 그때는 이

미 늦다. 급한 마음에 밤을 세워서라도 공부하려고 하지만 잠의 본능
도 만만치 않기 때문이다.

물론 그렇다고 해서 내일이 시험인데 충분히 놀고 공부하라는 것
은 아니다. 그것은 노는 본능을 인정하고 활용하는 것이 아니라, 노는
본능에 지배당하는 것이다. 많이 논다고 해서 놀고 싶은 마음이 사라
져서 공부에 집중하게 되는 것이 아니라, 놀고 나면 더 놀고 싶어지기
때문이다. 다만 우리에게 노는 본능이 공부 본능보다 더 크기 때문에
이를 무시하면 공부에 큰 방해를 받는다는 사실을 무시해서는 안된
다는 것이다. 즉 노는 본능 때문에 공부가 방해 받지 않도록 신경 쓸
필요가 있다는 것이다.

'노는 본능' 이 우리의 삶에 미치는 영향은 매우 크다. 노는 본능
은 우리의 마음을 움직이는 거대한 에너지로, 우리가 노는 본능에 의
해 좌지우지되기 때문이다. 그러므로 공부를 잘하기 위해서는 노는
본능을 적절하게 통제하고, 활용해야 한다. 너무 안 놀면 삶에 생기가
없어서 공부 의욕이 잘 생기지 않고, 너무 놀면 노느라고 공부할 수가
없다. 그러므로 공부를 잘해서 시험에 성공하고 싶다면 자신의 공부
에 가장 큰 적이 되기도 하고, 가끔은 친구처럼 도와주기도 하는 노는
본능을 잘 다스려야 한다. 바로 그 안에 시험의 실패와 성공의 열쇠가
모두 들어있기 때문이다.

노는 본능을 시험공부에 활용하기 위해서는 먼저 '시험을 잘 본

다’ 는 분명한 목적을 가지고 ‘노는 것’ 을 보고, 이 목적에 의해서 노는 것을 통제해야 한다. 아무런 목적 없이 노는 게 좋아서 놀기만 한다면, 그는 학교에서는 열등생이고 사회에서는 쓸모없는 폐인일 뿐이다.

‘노는 본능’ 은 워낙 강력해서 한번 빠지면 우리를 잘 놓아주지 않는다. 그러므로 노는 본능을 잘 활용해서 시험을 잘 보고 싶다면, 먼저 무절제하게 노는 것에 빠져서는 안 된다. 특히 게임이나 TV, 인터넷 등이 끄는 마력은 매우 커서 누구나 한번 빠지면 헤어나기 어렵다. 이것을 절제하는 방법은 게임이나 TV, 인터넷 등을 할 수 있는 공간에 혼자 오래 있지 않는 것이다. 오래 있게 되면 자연스럽게 게임이나 TV, 인터넷 등에 몸이 가고, 일단 몸이 가면 쉽게 그만두지 못하기 때문이다. 이런 유혹들이 공부를 방해한다면, ‘자신의 삶이 누군가에게 보여지는 오픈된 공간에서 지내는 것’ 이 도움이 된다. 나의 삶을 보는 주변의 눈이 무절제한 삶에 제약이 되기 때문이다.

일단 무절제하게 노는 것이 사라졌다면 그 다음은 의미 없이 노는 것을 없애야 한다. 단순히 놀고 싶어서 노는 것, 공부와 관계없이 노는 것을 없애야 한다. 그래야 노는 것을 통해서 공부에 집중할 수 있다.

노는 것과 공부하는 것. 무엇을 먼저 하느냐에 따라 노는 것이 시험공부에 주는 영향은 다르다. 먼저 놀고 공부하면 놀 때 남긴 여운이 머리에 남아 있어서 공부가 잘 안 된다. ‘많이 놀았으니까 이제 정신 차리고 공부해야지’ 하고 마음먹지만, 그 마음대로 공부가 잘되지 않는다. 노는 것이 남긴 찌꺼기가 공부를 방해하기 때문이다.

　　그러나 반대로 먼저 공부하고 놀면, 빨리 공부를 끝내고 놀고 싶은 마음에 머리는 놀라운 집중력을 발휘한다. 이것은 많은 사람들의 경험에 의해서 검증된 사실이다. 노는 것을 철저하게 통제한 후, 구체적인 공부 목표를 달성한 후에만 놀기로 굳게 마음먹으면, 놀고 싶은 우리 머리가 공부에만 집중하게 된다.

　　그래서 공부 고수들은 시간을 정해 놓고 공부하지 않는다. 공부시간을 정해 놓고 공부하면 '공부 대신 노는 것' 을 더 좋아하는 우리 본성이 '공부시간이 빨리 끝나기' 만을 바라며 공부에 집중하지 않기 때문이다. 공부시간이 끝난 후에 노는 것에 더 관심이 있기 때문에 정작 해야 할 공부를 제대로 하지 못한다. 그러나 공부 분량으로 공부 목표를 설정하고 공부하면 '빨리 끝내고 놀고 싶은 마음' 이 탁월한 집중력을 발휘하게 된다.

　　'잘 노는 아이들이 공부를 잘하는 이유' 가 바로 여기에 있다. 열심히 한 공부에 대한 보상으로 놀기 때문에 그 아이들은 잘 논다. 즉 그들은 많이 노는 것이 아니라 좋은 방향으로 놀기 때문에 공부를 열심히 한다. 그들에게는 노는 시간이 아깝지 않다. 왜냐하면 노는 만큼 공부에 집중하기 때문에 공부시간은 적어도 실제로 공부한 양은 더 많기 때문이다. 잘, 즉 많이 놀면 당연히 공부를 못하고 시험을 못 본다. 그러나 잘, 즉 공부를 잘하기 위해 놀면 공부에 쉽게 집중하고, 공부에 집중하면 공부를 잘하게 되고, 공부를 잘하게 되면 공부 재미에 빠지게 된다. 그래서 그 수준에 올라가면 다른 것으로 놀지 않아도 공부에서 재미를 느껴 공부를 놀이처럼 즐길 수 있다.

그러나 그 경지에 올라갈 정도로 공부를 잘하기 위해서는 먼저 '노는 것'의 도움을 받아야 공부에 집중할 수 있다. 그래야 '놀고자 하는 마음'이 '놀기 위해 공부해야 한다'는 마음으로 바뀌어 공부에 에너지를 제공하고, 그 에너지가 있어야 '공부로 노는 경지'에 도달할 수 있다.

노는 것은 나쁜 것도 좋은 것도 아니지만 어떻게 노느냐에 따라서 우리에게 미치는 영향은 매우 다르다. 아무 생각 없이 놀면 폐인이 되지만, 생각 있게 놀면 우등생이 된다. 그러므로 공부를 잘하고 싶다면 자신의 노는 본능을 먼저 이해하고 통제해야 한다. 더 나아가서 이를 공부에 집중하기 위해서 이용해야 한다. 노는 본능 만큼 우리를 지배하는 강력한 힘도 없기 때문이다.

 공부 고수들의 공부 비법 2가지

공부 빨리 끝내고 놀기

공부 고수가 되기 위한 조건은 많은 공부시간이 아니다. 만약 그랬다면 대한민국은 공부 고수들로 넘쳐났을 것이다. 한국 아이들처럼 공부 많이 하는 아이들이 세상에 어디 있는가? 옆 나라 일본이 우리와 비슷할 지도 모르지만, 다른 나라 아이들의 공부시간은 우리나라 아이들이 공부하는 시간의 삼분의 일도 안 된다. 그럼에도 그들이 우리 아이들보다 더 공부를 잘한다. 그것은 대학에만 들어가면 우리가 그들에게 뒤진다는 사실에서 잘 드러난다. 물론 우리나라 대학 수준이 떨어져서 그럴 수도 있지만, 대학 신입생들의 수준도 그리 높지 않는 것이 우리의 슬픈 현실이다.

공부 고수의 가장 중요한 조건은 공부할 때의 집중력이다. 수업시간에 집중해서 듣고, 혼자 공부할 때 집중해서 한다면, 이런 아이들은 학교 공부만으로 전교 수석도 할 수 있다. 따로 공부하지 않아도, 비싼 사교육을 받지 않아도, 수업시간만으로 시험 준비를 모두 끝낼 수 있기 때문이다.

실제로 중학교 때 이런 친구가 있었다. 별로 친하지는 않았지만 정말 공부를 잘했던 아이였다. 한 학년에 12개 반 700명의 학생이 있었는데, 그 친구는 전교에서 두각을 나타냈었다. 나는 아무리 열심히 공부해도 고작 전교 10등에서 오르락내리락 했는데, 공부를 열심히 하지 않아 보이던 그 친구는 정말 공부를 잘해서 따라갈 수가 없었다. 그 당시 나는 공부 잘하고 싶은 열망으로 길에서도 책을 보았지만, 나의 그런 노력으로도 그를 이기기 어려웠다.

다른 아이들의 말로는 그 친구의 기억력이 천부적이라 뭐든 잘 기억한다는 것이다. 그러나 지금 생각해보면 그가 남들보다 기억력이 좋은 것은 사실이었지만, 그의 기억력이 천부적인 것은 아니었다. 다만 그가 다른 사람보다 더 공부에 집중했던 것이다. 수업시간에 남들보다 더 집중해서 수업을 들었기 때문에 따로 공부하지 않아도 잘 기억했던 것이다. 그래서 다른 사람이 보기에는 그의 기억력이 특별했던 것처럼 보였다.

중학교 때 그렇게 공부를 잘했던 그 아이는 고등학교에서는 평범한 아이로 전락해 버렸다. 왜냐하면 초등학교와 중학교는 공부량이 적어서 ‘공부 많이 하는 아이’가 아니라 ‘공부에 집중하는 아이’가 공부를 잘한다. 이에 비해 고등학교에 올라가면 공부량이 엄청나게 늘어나기 때문에 ‘공부 많이 하는 아이들’이 시험에서 우수한 성적을 거둔다. 물론 여기에서 공부를 많이 한다는 의미는 어느 정도 공부에 집중하면서 한다는 의미가 들어있다. 사실 집중하지 않으면서 하는 공부는 공부가 아닌 시간 낭비에 불과하다. 집중하지 않으면서 무언가를 배우는 것은 불가능하기 때문이다.

시험공부는 집중력이다. 공부를 많이 하는 것보다 집중해서 공부하는 것이 더욱더 중요하다. 즉 얼마나 오랫동안 공부했느냐보다는 얼마나 많은 양의 공부를 했느냐가 더 중요하다. 그래서 공부 고수들은 공부시간을 정해 놓고 공부하지 않는다. 공부시간을 정해 놓고 공부를 하면 공부하는 시간은 많을 수 있지만, 공부의 집중도는 떨어져 실제로 공부하는 양은 적기 때문이다.

종종 공부 의욕이 넘치는 아이들은 시험 보기 전까지 쉬지 않고 공부할 계획을 세운다. 하루 종일 공부만 해서 좋은 성적을 얻겠다는 것인데, 그것은 환상이다. 실제로 그렇게 계획을 세우면 아주 잘해야 공부시간만을 지킬 뿐이다. 그렇다고 그 시간에 공부하는 양이 많은 것은 아니다. '공부시간이 많다'는 느긋함이 마음에 여유를 주고, 그 여유가 집중하는데 방해가 된다. 그래서 잘하면 공부시간은 많지만 실제로 한 공부는 별로 없거나, 못하면 중간에 다른 것을 하느라 시간을 허비할 뿐이다. 공부할 시간이 많다는 생각이 '잠깐 무엇을 해도 괜찮다'는 생각으로 이어지고, 그 잠깐이 길어져 상당한 시간이 된다. 그 결과 실제 공부하려던 시간도 지키지 못하는 경우가 많다.

그러나 고수들의 공부 방법은 다르다. 시험 일정에 맞게, 그날 공부할 양을 정하고, 계획된 양이 끝나면 쉬거나 논다. 또는 일정한 공부량을 정하고, 그 공부가 끝나면 논다. 왜냐하면 우리가 노는 것을 좋아하기 때문에 '공부량을 정해 놓고 그것을 끝내고 자유 시간을 갖는다'고 계획을 세우면 빨리 끝내고 놀기 위해, 우리가 능력 이상으로 공부에 집중하기 때문이다.

초등학교와 중학교 때는 집중 잘하는 아이들이 공부를 잘한다. 또한 그렇게 공부한 아이들이 고등학교에 가서도 공부를 잘할 수 있다. 그러한 집중력이 있어야 공부다운 공부를 할 수 있고, 많은 시간 공부하는 것을 견뎌낼 수 있기 때문이다. 그렇지 않고 이때 집중력을 키워 놓지 못하면 고등학교 공부가 매우 어렵다.

초등학교와 중학교 때 공부량이 적은 것은 공부에서의 집중력을 기르기 위해서이다. 그 집중력이 아이의 공부 기반이 되기 때문이다. 그런데 이 집중력은 빨리 공부를 끝내고 싶다는 강한 동기가 있어야 생긴다. 이때 공부를 잘하고 싶다면 공부시간을 정해 놓고 공부하는 것이 아니라, 공부량을 정해 놓고 그 공부가 끝난 후에 신나게 놀아야 한다. 공부 빨리 끝내고 논다는 생각만이 우리에게 대단한 집중력을 허락하는 공부 비법 중의 비법이기 때문이다.

특별한 이벤트로 공부 보상 받기

'빨리 공부 끝내고 노는 것' 이 공부 비법의 정석이지만, 그것만으로는 2% 부족하다. 사실 이 방법이 성공하기 위해서는 공부가 끝난 다음, 정말 신나는 일이 있어야 한다. 공부가 끝나고 나면 뭔가 대단한 일이 일어난다는 기대감이 있어야 그 기대감이 공부를 빨리 끝내려는 욕구로 변하고, 그 욕구가 집중력으로 변하기 때문이다. 물론 공부를 끝내고 나서 자유시간을 가지면서 자기가 하고 싶은 것을 한다는 것만으로도 어느 정도의 기대감을 줄 수 있다. 그러나 뭔가 특별한 것을 할 계획을 세움으로 그 기대감을 극대화시킬 필요가 있다. 그렇게 커진 기대감이 공부의 집중력을 높이기 때문이다.

이 방법을 쓰기 위해서는 먼저 내가 무엇을 할 때 가장 좋아하는가를 분석해야 한다. '무엇을 하면 내가 가장 행복한가?'를 알고 있어야 내가 나에게 보상할 수 있기 때문이다. 어떤 사람은 영화를 좋아하고, 어떤 사람은 운동을 좋아하며, 어떤 사람은 누군가를 만나고 싶어하고, 어떤 사람은 어딘가를 가고 싶어 한다. 이렇게 사람마다 하고 싶은 것은 다르지만, 그것을 할 때 느끼는 기분은 같다. '그냥 좋다'는 것이다. 그래서 가능하다면 계속 그것을 하고 싶어 한다. 그리고 그것을 또 할 수만 있다면 뭐든 할 수 있다. 그렇기 때문에 이것으로 자신을 보상할 계획을 세우고 공부하면 공부할 때 남다른 집중력을 발휘할 수 있다. 보상 받아서 자기가 하고 싶은 그 일을 하겠다는 마음이 강한 집중력으로 변하기 때문이다.

물론 그냥 쉽게 할 수 있는 것으로 자신을 보상할 수 없다. 보상이라고 하면 특별히 시간이 많이 든다든가 또는 돈이 든다든가 등의 평소에 자신이 그것을 하기 쉽지 않아야 한다. 그래야 보상으로서 의미가 있기 때문이다. 그런데 자기가 좋아하는 것을 항상 하는 사람에게는 보상이 별로 의미가 없다. 영화 보고 싶을 때마다 영화를 보는 사람이라면, 그가 아무리 영화 보기를 좋아한다고 해도 그것이 보상이 될 수 없다. 정해진 공부량을 달성하지 않아도 영화를 볼 수 있기 때문이다. 그러므로 좋은 성적을 위해서 공부한다면 평상시에 좋아하는 것들을 절제해야 한다. 절제하면서 공부에 대한 보상으로 그것을 해야, 그것이 공부에 집중하게 하는 동기가 되기 때문이다. 그렇지 않고 자기가 하고 싶은 것을 언제나 한다면, 그것을 자기에게 보상하는 이벤트로 활용할 수 없다. 또한 자기가 하고 싶은 것을 모두 하면서 공부하는 것은 불가능하다. 왜냐하면 공부를 잘하기 위해서는 공부에 적지 않는 시간을 투자해야 하는데, 자기가 하고 싶은 것을 하며 사는 사람에게는 그 시간이 없기 때문이다.

특별한 이벤트로 공부를 보상하고자 할 때 적절한 목표를 설정하는 것이 중요하다. 너무 어려워서 그 목표를 달성하기 어려워도 안 되고, 너무 쉬워서 쉽게 달성해도 안 된다. 목표 달성이 어려우면 특별한 이벤트가 잘 열리지 않을 것이고, 그래서 보상 받는 기쁨을 누리기 의해 열심히 하고 싶은 의지가 잘 생기지 않는다. 반대로 공부량이 적어서 너무 쉬우면 실제로 공부하는 시간보다 이벤트로 보내는 시간이 더 많아서 '공부 잘하기 위해서 이벤트를 연 취지'가 희미해지기 때문이다.

이 점은 빨리 끝내고 놀 때도 마찬가지이다. 적절한 공부량을 정해야 '공부에 집중해서 공부를 잘한다'는 취지에 맞게 공부할 수 있다. 너무 욕심내서 공부량을 많게 잡으면, 하루 종일 공부할 때와 비슷한 결과를 초래한다. 어차피 달성하지 못할 목표라는 생각에 공부에 집중하지 못하게 될 위험이 있다. 이와 반대로 너무 적게 공부량을 정하면 '공부에 집중하려는 목적'이 아닌 '놀기 위해 잡은 목적'으로 변질되어 시험공부에 도움이 되지 않는다.

우리는 노는 것에 약하다. 그러므로 공부를 잘하기 위해서는 노는 것을 잘 통제해야 한다. 놀 것 다 놀면서 공부할 수는 없다. 그러나 생각을 달리하면 노는 것을 통해 공부의 집중력을 높일 수 있다. '공부 결과'에 '잘 놀 수 있는 기회'라는 상을 준다면, 놀기 좋아하는 우리가 그 상을 받기 위해 본능적으로 노력할 것이기 때문이다. 많이 노는 것은 공부에 방해되지만 '공부 계획'에 따라 놀 계획을 세운다면, 그 노는 것은 공부를 크게 도와주기 때문이다. 그것이 바로 노는 본능에 충실한 공부 방법이다. '노는 본능'이 집중력이라는 선물로 보상하는 가장 확실한 공부 방법이다.

시험에 강한 아이로 만드는
명품 특별 과외

 놀기만 하는 아이도 시험에 강한 아이로 만든다

아이들을 가르치다 보면 누구나 겪는 문제가 있는데, 그것은 아이들이 공부에 흥미가 없다는 것이다. 부모 때문에 과외를 받고 있지만 정작 아이들은 공부하고 싶은 마음이 없다. 그래서 과외를 빨리 끝내주기만 바라며 딴 짓거리를 한다.

이런 아이들을 처음 상대해 본 교사는 가르치는 데에 회의가 들며 좌절감까지 느낀다. 설명해도 듣지 않는 아이, 물어봐도 대답하지 않는 아이, 들어도 건성으로 듣고 대답해도 성의 없이 대답하는 아이 등등. 그래서 과외를 포기하거나 또는 아이들을 붙잡고 씨름하며 진을 빼지만, 아무리 과외 교사가 노력해도 정작 본인이 공부하지 않으니, 성적이 오를 리가 없다. 이런 과외는 성적이 오르지 않기 때문에 오래 가지 못한다.

아이들이 공부에 흥미가 없는 이유는 본인에게는 공부 잘하고 못하고는 별로 중요하지 않기 때문이다. 즉 공부할 필요를 느끼지 못하고 있기 때문에 수업시간에 딴 짓을 한다.

이런 아이들을 다루는 방법은 의외로 간단하다. 그것은 아이들에게 공부할 필요를 심어주면 된다. 어떻게? 과외를 오래하고 싶지 않는 아이들의 필요에 호소하면 된다. 과외를 빨리 끝내고 놀고 싶은 아이들에게는 '과외를 빨리 끝내 주는 것' 만큼 원하는 것이 없고, '과외를 늦게 끝내 주는 것' 만큼 싫어하는 것이 없기 때문이다. 그래서 그 과외시간을 아이들이 공부를 열심히 하는 정도에 의해서 결정하게 하면 아이들은 수업을 열심히 듣는다. 왜냐하면 열심히 들어야 '수업 빨리 끝내고 놀고 싶은 자신들의 필요' 가 채워지기 때문이다.

과외 교사는 수업시간 전에 수업량을 정하고 '아이가 무엇을 할 줄 알아야' 수업이 끝나는 지를 알려준다. 예를 들어 수학 시간일 경우 배울 범위를 정하고 '수업 후 그 범위 내에서 몇 문제를 다 풀 수 있을 때, 또는 풀고 설명할 수 있을 때, 수업이 끝난다' 고 말한다. 그러면 아이들은 수업 후 시험을 잘 보아서 과외를 빨리 끝내기 위해 수업을 열심히 듣는다. 그 결과 실제로 수업도 일찍 끝난다. '과외를 빨리 끝내고 놀고 싶은 욕망' 으로 가득한 아이들이 무섭게 수업에 집중하며 공부를 진짜 하기 때문이다.

물론 처음에는 아이들을 이런 수업 방식에 길들이는 것이 쉽지 않다. 자기 머리를 써서 직접 문제를 풀어본 적이 없는 아이들이 스스로 문제를 푸는 것도 쉽지 않고, 문제를 설명하는 것은 더욱더 쉽지 않다. 그러나 이런 아이들이 문제를 잘 풀며 또한 잘 설명할 수 있도록 도와주는 것이 바로 과외선생님이 해야 될 일이다. 그래야 아이가 수학을 잘 풀어서 시험에서 좋은 성적을 내기 때문이다.

다른 과목도 마찬가지이다. 수업 목표를 정한 후에 어떤 경우에 수업이 끝난다고 말해 주면 아이들은 수업을 끝내기 위해 열심히 공부한다. 그래서 선생님의 테스트를 거의 통과한다. 수업 빨리 끝내고 쉬기 위해 수업에 집중하기 때문이다.

교사가 아이들을 잘 가르치기 위해서는 아이들이 수업 목표를 제대로 달성했는지 평가할 능력이 있어야 한다. 물론 교사는 아이들이 이해하기 쉽게 수업 내용을 설명할 수 있어야 한다. 이것은 교사가 가져야 할 당연한 능력이다. 이 능력이 없는 사람들은 선생님이 되려고 하면 절대 안 된다. 선생님의 기본 재능이 없기 때문이다.

그러나 잘 설명하는 것이 교사에게 필요한 능력의 전부는 아니다. 아이가 제대로 공부했는지를 교사가 평가할 수 있어야 아이가 공부하기 때문이다. 만약 아이가 실제로 공부를 잘 했는데, 교사가 이를 제대로 평가하지 못해서 수업을 끝내주지 않는다고 하자. 그러면 그 아이는 혼란스러워진다. 아이는 교사를 신뢰하지 못하고, 아이의 불신은 과외의 실패로 이어진다. 반대로 아이가 제대로 공부하지 못했는데, 교사가 잘했다고 평가해도 마찬가지이다. 아이의 관심은 수업을 끝내는 것이기 때문에 교사가 제시하는 기준만을 통과하려고 할 것이기 때문이다. 즉 교사가 잘못된 기준을 제시하거나 또는 잘못된

평가를 하게 되면, 아이는 그 기준에 자신을 맞추려고 할 뿐 공부하려
고 하지 않는다.

　수업을 몇 시간 했는지는 아이의 공부에 있어 중요하지 않다. 무
엇을 얼마나 배웠느냐가 실제로 중요하기 때문이다. 교사가 수업 분
량만 제대로 정했다면, 즉 수업이 빨리 끝난 것이 적은 수업량 때문이
아니라면, 수업은 빨리 끝나면 끝날수록 좋다. 그것은 '아이가 그만
큼 수업에 집중하여 공부했다는 것' 과 '아이가 짧은 시간에 공부를
많이 했다는 것' 을 의미하기 때문이다. 그래서 아이들 마음도 뿌듯하
고 그 뿌듯한 마음이 다시 공부에 흥미를 갖게 만든다. 수업을 집중해
서 들어 잘 배웠을 뿐만 아니라, 그 결과 좋은 평가를 받았기 때문이
다. 여기에 교사와 부모가 아이의 잘한 점을 칭찬해 주면 효과는 만점
이다.
　사실 공부도 아이가 적극적으로 하면 은근한 재미가 있다. 무엇인
가를 알아가고 이해하는 것이 주는 기쁨도 작지 않기 때문이다. 그럼
에도 아이들이 이 기쁨을 잘 모르고 수업을 지루하게 생각하는 이유
는 그렇게 적극적으로 공부해 본 적이 별로 없기 때문이다. 실제로 공
부는 재미있지만 소극적인 태도 때문에 아직 그 맛을 모르고 있을 뿐
이다.
　그러나 교사가 '수업 평가' 를 통해서 아이를 수업으로 깊이 끌어
들인다면 아이도 공부의 재미를 알게 된다. 이 방법을 적용하여 수학
을 잘하게 된 상수가 그런 경우였다. 수업 후 평가 때문에 과외시간에

집중했던 상수는 그렇게 공부한 지 8개월 정도의 시간이 지났을 때 수학 점수에 큰 변화가 있었다. 수학 점수가 50점 이상 오른 것이다.

그런데 이보다 더 중요한 변화는 그가 수학 과외를 즐기게 되었다는 것이다. 그의 말인 즉, 그 전에 받았던 수학 과외는 듣는 척만 했는데, 그것이 너무 괴로웠다는 것이다. 수업에 소극적으로 참여한 결과 수업 진도를 따라가지 못한 그에게, 선생님의 설명은 이해되기 어려운 소음에 불과했고, 그것을 몇 시간 동안 듣는 것이 힘들었다는 것이다. 또한 지루한 만큼 수업 시간도 잘 가지 않아서 정말 고통스러웠다는 것이다. 그런데 평가 때문에 수업을 집중해서 듣고, 문제를 자기 힘으로 풀 수 있게 되니 수업 시간도 빨리 가고, 그래서 너무 좋다고 그는 말했다. 공부에 집중해서 수업 시간에 자기 머리를 써서 수학을 실제로 배우니, 수학 공부의 묘미를 그때서야 느꼈던 것 같다.

'수업 후 평가 결과에 의해 수업을 끝내는 방법'은 어떤 아이들에게도 통하는 최고의 과외 비법이다. 공부하지 않는 아이에게도 공부할 필요를 즉석에서 심어주어 공부에 집중할 수 있게 만들기 때문이다. 그러므로 부모가 자기 아이에게 사교육을 시킬 생각이라면, 그 수업을 맡게 될 교사가 이런 수업을 할 수 있는지를 먼저 살펴보아야 한다. 그래야 아이가 수업시간에 집중해서 공부하고, 시험에 강해진다.

공부에 집중하는 아이로 만드는 공부 매니지먼트

공부 핵심에 집중

공부 매니지먼트는 공부를 경영하는 것이다. 경영이란 쉽게 말해서 돈 적게 쓰고 돈 많이 버는 것이다. 이 의미를 공부에 적용하면 공부를 경영하는 것은 '최소한의 노력으로 시험에서 높은 성적을 받는 것'이다.

경영에서 성공하기 위해서는 시장조사를 제대로 해야 한다. 즉 기업이 처해 있는 현실을 먼저 파악하고 수용해야 한다. 그 후 돈을 많이 벌기 위해서 무엇에 집중해야 되는가를 제대로 파악해야 한다. 즉, 무엇을 잘해야 돈을 많이 벌 수 있는지를 잘 파악하고 그것에 기업의 모든 역량을 쏟아 부어야 한다. 그래야만 적은 노력으로 많은 돈을 벌 수 있다.

부모가 아이의 공부를 경영할 때도 마찬가지다. 아이가 공부를 잘하기 위해서 무엇이 중요한가를 잘 파악하고 그것에 집중해야 한다. 중요하지 않는 것에는 아이의 시간과 힘을 낭비하면 안 된다. 중요한 것은 더 집중하고, 사소한 것은 무시하는 것! 이것이 바로 경영의 핵심 원리로, 아이의 좋은 성적을 위해서 공부 경영에서도 지켜야 할 기준이다.

아이들 공부에 있어서 중요한 것은 실제로 공부한 양이다. '얼마나 많은 내용을 얼마나 깊게 이해했는가'를 시험에서 평가하기 때문이다. 그래서 아이들이 몇 시간 공부했느냐는 중요하지 않다. 사교육의 흥행시대인 요즘, 아이가 많은 시간 공부해도 실제로 공부하는 양은 적을 경우가 많기 때문이다. 그런데 부모가 '아이가 공부한 시간'에 초점을 맞춘다면 아이는 공부를 제대로 못한다. 부모가 원하는 시간에 맞추어 공부하느라 그 시간에 '공부에 정작 중요한 집중'은 하지 못하기 때문이다.

부모가 아이의 공부한 양을 '제대로 그리고 효율적으로' 관리한다면 아이는 공부를 잘할 수밖에 없다. 부모가 아이 공부를 효율적으로 관리하면 실제로 아이들이 공부하는 시간은 적고 공부 시간이 적으니까 아이는 즐겁게 공부하며 또한 공부에 집중하기 때문이다.

어떤 의미에서 초등학생과 중학생의 공부시간이 많다는 것은 위험하다. 물론 그 아이가 정말 대단히 공부를 잘하고 좋아해서, 수준 높은 영어 소설을 많이 읽거나 또는 특정 과목에 심취해서 깊이 있는 책을 읽어서 공부시간이 많다면 문제는 다르다. 그러나 그렇지 않고 방과 후에 학교 공부를 하루에 몇 시간 한다면, 그것은 정말 대단한 문제이다. 왜냐하면 학교 시험을 잘 보기 위해서 그렇게 많이 공부할 필요가 없기 때문이다.

아이가 학교 수업만 잘 듣고, 복습하고, 내일 배울 것만 조금 예습하면 학교 시험에서 좋은 성적을 얻는 것은 어렵지 않다. 사실 대부분의 우등생들의 공부시간은 그렇게 많지 않다. 그럼에도 그들이 우등생이 된 것은 그 짧은 공부시간에 집중해서 공부하기 때문이다. 반대로 아무리 많은 시간 공부해도 집중하지 못하는 아이들은 우등생이 될 수 없다.

초등학교 시험공부의 핵심은 한정된 교과서 내용을 '깊게 그리고 구체적으로' 이해하는 것이다. 그렇기 때문에 많은 시간 공부하면서도 시험 내용을 제대로 이해하지 못하는 것보다, 꼭 필요한 시간 집중해서 시험 내용을 이해하는 것이 더 낫다. 그렇게 해서 수업 내용만 제대로 파악해도, 90점 이상은 어렵지 않기 때문이다.

그런데도 많은 시간 공부하면서 70점도 나오지 않는 아이들은 수업은 듣고 있지만 수업에 집중하지 않거나, 그 수업을 아이가 따라가지 못하고 있는 것으로, 뭔가 문제가 있다. 이 문제의 근원에는 많이 공부하면 잘 할 것이라는 공부에 대한 부모의 잘못된 인식이 있다.

공부를 잘하기 위해서는 먼저 집중해야 한다. 그리고 그 다음 그렇게 집중한 상태에서 많이 공부해야 한다. 초등학교에서 아이들이 배워야 할 것은 집중하며 공부하는 것이다. 많이 공부하는 것은 중학교부터 필요하고 고등학교에 들어가서야 본격적으로 요구된다. 그러므로 적은 시간 공부해도 공부에 집중하는 아이들이 초등학교 때 시험을 잘 본다.

아이를 공부에 집중하게 하는 방법은 간단하다. 아이가 잘 배웠는지를 부모가 제대로 체크하면 된다. 아이가 학교에서 돌아오거나 또는 학원 수업을 받고 난 후, 얼마나 잘 배웠는지 규칙적으로 체크하면 된다. 그러면 아이는 자기가 공부한 결과를 부모가 체크한다는 것을 알고 있기 때문에 수업시간에 집중해서 공부한다.

체크는 간단한 질문을 몇 개함으로서 아이가 수업을 제대로 이해했는지를 확인하는 것이어서 어려울 것은 없다. '질문 몇 개로 어떻게 아이의 공부를 다 확인하느냐' 고 반문할 수도 있지만, 한두 개의 질문으로도 그 효과는 충분하다. 비록 질문은 적고 짧다고 해도, 어떤 질문이 나올지 모르는 아이는 이 질문에 답하기 위해서 공부한 내용을 모두 정리해야 한다. 무엇보다 그렇게 정리할 때가 아이가 진짜 공부하는 시간이다. 설령 아이가 부모의 질문에 대답을 제대로 못했다고 해서 걱정할 필요 없다. 왜냐하면 아이는 그 질문의 답을 준비하면서 나름대로 진짜 공부를 했기 때문이다. 이때 가능하면 아이의 답을 좋은 방향으로 해석해서 칭찬해 주어야 한다. 그러면 아이도 신이 나고 나중에 더 많은 칭찬을 받기 위해서 열심히 질문의 답을 준비할 것이기 때문이다.

이때 질문자에게 '아이가 배운 것을 보고 제대로 물어볼 능력' 이 있어야 아이가 힘들지 않다. 만약 질문자의 능력이 부족하다면 뭘 제대로 알고 있는 지를 확인한다는 생각을 버리고, 아이에게 뭘 듣는다는 마음으로 공부했던 것에 대해서 물어보고, 아이의 이야기를 재밌게 들어 주면 된다. 그래도 아이는 질문에 대한 답 때문에 공부한 것을 정리하고, 질문에 답하면서 또 한 번 배운 것을 정리하기 때문이다.

물론 질문하는 사람이 탁월한 교사여서, 아이가 배운 것의 핵심적 내용을 물어보고, 그러면서 아이가 이해하지 못한 내용을 다시 설명해 준다면 그것만큼 좋은 것은 없다. '아이가 질문 받는 시간' 이 사실은 '아이의 부족한 부분을 점검하고 채워주는 보충수업' 으로 기능해서, 학교 수업에서 배웠던 것을 아이가 완벽하게 이해하고 정리하는 것을 도와주기 때문이다.

공부 성과에 집중

아이 공부를 효율적으로 관리하기 위해서는 아이의 공부시간이 아니라 아이가 실제로 공부 한 양, 즉 공부의 성과를 관리해야 한다. 회사에서도 일 많이 한다고 해서 일 잘하는 것은 아니다. 일의 성과가 없으면 아무리 많이 일해도 시간 낭비일 뿐이다. 한 때 성과를 위한 경영, 성과에 의한 경영이 유행한 적이 있다. 지금도 성과는 경영의 현장에서 가장 중요한 화두이다.

공부 경영에서도 마찬가지다. 공부한 성과가 없다면 많은 시간 공부한 것은 소용없다. 그렇다면 공부의 성과는 무엇인가? 가장 중요한 것은 학교 시험이다. 학교 시험에서 우수한 성적을 얻는 것이 공부의 가장 중요한 성과임을 부인하기 어렵다. 그러나 많아야 한 달에 한번 보는 학교 시험으로 매일매일의 공부를 관리하기 어렵다.

'좀 더 구체적이면서 매일매일 볼 수 있는 성과' 가 공부 관리를 위해서 필요하다. 그것은 바로 매일 아이에게 간단한 시험을 보게 하는 것이다. 미리 그날 테스트할 범위를 정한 후에, 그 테스트를 기준으로 아이의 공부시간을 조정하면 된다. 즉 아이가 테스트에 통과하면 그날 공부는 끝난 것으로 해서 쉬고, 테스트에 통과하지 못하면 테스트에 통과하기 전까지 공부를 시키는 것이다. 그러면 아이는 시키지 않아도 스스로 공부한다. 이때 아이가 모르는 것은 공부 매니저에게 물어보게 하여 필요한 설명을 듣게 한다. 즉 아이와 아이의 매니저가 서로 도우면서 그 테스트를 통과하는 것으로 그날의 공부를 끝낸다.

물론 이 테스트를 꼭 매일할 필요는 없다. ‘아이의 공부 매니저’가 아이의 상황에 따라 정할 문제이다. 다만 이런 절차를 통해서 학교 시험을 염두에 두고 아이의 공부 성과를 관리하는 것이다. 그러면 아이는 매일매일 공부할 것이고, 그 결과 학교 시험에서 좋은 성적을 얻을 것이다.

아이의 공부 매니저는 부모가 하면 좋지만, 다른 사람이 해도 된다. 부모가 매니저를 할 경우에는 부모도 아이와 함께 공부한다는 마음으로 아이의 공부를 체크하면서 도와주면 된다. 다만 부모가 아이의 공부 매니저가 되기 위해서는 두 가지 조건이 필요하다. 하나는 아이의 학교 공부를 나름대로 파악할 수 있어야 한다. 물론 학교 공부에 대한 대단한 실력이 부모에게 요구되는 것은 아니다. 그러나 아이의 진도를 미리 앞서가면서 공부할 수 있는 실력과 시간을 갖추어야 한다. 그래야 아이 공부를 도와줄 때 헤매지 않고 또한 아이의 공부 성과를 잘 평가할 수 있기 때문이다.

다른 하나는 어떤 경우에도 자기를 절제하고 아이의 기분이 상하지 않도록 해야 한다. 흔히 ‘부모는 자기 자식 공부 못 가르친다’는 이야기가 있다. 자기 자식이기 때문에 공부를 가르칠 때 특별한 감정이 생기기 때문이다. 물론 이 감정이 아이의 공부를 도와줄 수도 있지만, 대부분의 경우 아이의 공부를 방해한다. 그러므로 자신의 감정을 잘 관리하면서 아이에게 도움을 줄 수 있다면, 부모도 아이의 공부 매니저가 될 수 있다.

아이의 공부를 관리할 때 반드시 잊지 말아야 할 것이 있다. 그것은 공부에 있어서 아이의 감정이 정말 중요하다는 것이다. 인간은 감정의 동물이다. 그렇기 때문에 공부할 때 가지는 아이의 감정이 공부에 상당한 영향을 미친다. 그러므로 아주 특별한 경우가 아니면 아이가 항상 즐겁고 재미있게 공부할 수 있도록 공부 매니저는 힘써야 한다. 물론 이것은 쉽지 않다. 아이가 공부를 싫어하기 때문이다. 그렇지만 공부 매니저가 노력한다면 그 싫음도 줄일 수 있고 공부할 때 좋은 기분으로 만들어 줄 수도 있다.

공부 매니저가 아이의 공부 성과에 집중하면 공부할 때 아이도 공부에 집중하게 되어 시험에 강하게 된다. 아이는 어른들이 어떻게 하느냐에 따라 공부를 열심히 하기도 하고 대충대충 하기도 하는데, 공부 성과 관리는 그런 아이들에게 '테스트를 통과할 필요' 를 심어줌으로서 공부할 동기를 확실하게 심어주기 때문이다.

공부 성과에 대한 적절한 보상

별로 좋아하지 않은 일을 사람들이 열심히 할 때는 이유가 있다.

열심히 하면 그 대가로 무엇인가를 받기 때문이다. 그런데 어떤 보상을 기대하고 열심히 일을 했는데 아무런 보상도 받지 못한다면 어떨까? 일단 힘이 빠지고, 그 다음 그 일을 하고 싶은 생각이 다시 들지 않을 것이다. 설령 어쩔 수 없이 그 일을 다시 하게 된다고 해도 대충대충 할뿐 열심히 하지 않는다.

공부란 그 자체로 의미가 있고 재미있는 일이다. 이것은 위대한 인물들에 의해 역사적으로 증명된 진실이며, 우리 주변에서도 쉽게 발견할 수 있는 사실이다. 전 세계 대학에 '공부가 좋아서 공부만 하는 교수' 들의 수가 수천, 수만 명이 넘는다. 그리고 그들처럼 되고 싶은 사람까지 포함한다면, 얼마나 많은 사람들이 공부만 하며 살고 싶어 하는지 모른다.

서울대 대학원에서 공부할 때 그런 사람들을 정말 많이 보았다. '공부만 하며 살 수 있다' 면 무엇이든 할 수 있는 사람들. 그들은 모두 공부의 의미와 재미를 알고 있었다. 누가 시키지도 않았는데 공부만 하려 했다. 그들에겐 공부가 그만한 가치와 매력이 있었기 때문이다. 그리고 공부는 그들에게 명예와 지위, 행복 등으로 충분하게 보상하고 있었다.

그럼에도 불구하고 많은 사람들이 공부를 싫어하는 이유는 아직 공부의 맛을 모르기 때문이다. 그들이 공부의 맛을 모르는 이유는, 그 맛을 알기 위해서는 '자유로운 분위기에서 자기가 하고 싶은 분야를 선택' 해서 공부해야 하는데, 초등학교, 중학교, 고등학교에서는 그것이 불가능하기 때문이다. 그리고 그때 경험했던 공부에 대한 나쁜 추억들이 공부에 대한 편견을 심어주어서 고등학교를 졸업한 후에 공부를 멀리했기 때문이다. 또한 생계 때문에 바빠서 '공부에 대해 관심을 가질 여유가 없었던 것'도 그때의 편견을 고치지 못한 이유 중 하나이다.

그래도 옛날 사람들은 공부가 싫으면 안 했기 때문에 요즘 아이들처럼 공부를 지독하게 싫어하지는 않았다. 이에 비해 요즘 아이들은 주변 분위기에 이끌려 '하기 싫은 공부'를 억지로 하느라, 마음고생을 많이 해서 그런지 공부에 대한 감정이 아주 나쁘다. 그것뿐만이 아니다. 공부 못한다고 부모의 구박과 홀대를 받으니, 이 세상에 가장 싫은 것이 아이들에게 있다면 그것은 공부이다.

이렇게 공부는 아이들에게 의미도 없고 재미도 없다. 그래서 아이들은 공부를 안 한다. 그러나 이런 아이들도 어떤 보상이 주어지면 공부하려고 한다. 공부는 하기 싫어도 보상은 받고 싶기 때문이다.

아이들이 가장 원하는 보상은 '공부 안 하고 노는 것'이다. 공부하는 것이 제일 싫기 때문이다. 그래서 공부를 열심히 한 만큼 아이에게 자유시간을 주면 그것만으로도 아이는 공부를 열심히 한다. 빨리 끝내고 공부를 안 하기 위해서이다. '공부에 시달리며 놀 틈은커녕 쉴 틈도 부족한 아이들'에게 자유시간은 가장 원하는 것이다.

공부 성과 관리를 통해 아이가 공부할 때 공부하고 놀 때 놀도록 하면서 노는 시간을 늘려주면 아이는 공부에 집중한다. 이렇게 집중해서 공부하다 보면, 그래서 많은 공부를 안 하다 보면, 공부에 대한 아이들의 나쁜 감정도 풀린다. 또한 공부에 집중하다 보면 공부의 묘미도 알게 된다. 자기 머리를 써서 무엇인가를 이해하는 기쁨! 철없는 아이들에게도 이 기쁨은 작은 것이 아니다. 다만 너무 희미해서 잘 의식하지 못할 뿐이다. 그러나 일단 아이가 이 맛을 알게 되면, 아이도 공부에 빠져들게 되고 스스로 공부를 열심히 하게 된다. 그러면 아이의 공부를 부모가 더 이상 걱정할 필요가 없게 된다.

여기서 더 나아가서 아이에게 좀 더 확실한 보상을 하면 아이의 공부 태도는 훨씬 좋아져서 공부에 더 집중한다. 아이가 좋아하는 것을 파악한 다음에 아이가 어떤 공부 목표를 성취하면, 그것을 보상으로 주는 것이다. 이것은 '공부 고수들이 공부를 열심히 하기 위해 공부 목표를 성취했을 때 자기를 보상하는 공부 비법'을 부모가 아이에게 적용하는 것이다.

공부 목표를 달성했을 때, 자기가 하고 싶은 일을 하는 것으로 자신을 보상하면, 그 사람은 그 목표를 달성하기 위해 본능적으로 노력한다. 이때 그 보상을 자기 자신이 아니라 부모가 해 주어도 결과는 마찬가지이다. 공부를 열심히 해서 어떤 목표를 달성한 결과 자기가 하고 싶은 일을 한다는 점에서 같기 때문이다. 오히려 부모가 보상하면 자기 힘으로 하기 어려운 것을 할 수도 있으니 그것이 주는 힘이 더 클 수 있다.

그러나 요즘 아이들은 자기 하고 싶은 것을 하면서 자란다. 그렇기 때문에 이 아이들에게 부모가 보상을 하는 것은 정말 쉽지 않다.

그렇다고 평범한 집에서 하기 어려운 엄청난 일을 아이를 위해 해 줄
수도 없고, 그래서도 안 된다. 특별한 경우가 아니면 교육적으로 바람
직하지 않기 때문이다.

여기에서 보상이란 일상의 삶에서 쉽게 할 수 있는 것을 의미한
다. 그런데 부모가 허용적이어서 이런 것을 평소에 쉽게 허용하면 그
것으로 아이의 공부를 보상하기 어렵다. 그러므로 공부 보상을 통해
서 아이에게 공부 의욕을 심어주고 싶다면, 먼저 아이에게 그런 것들
을 절제하게 해야 한다. 아이가 하고 싶은 것을 평소에 쉽게 허락해
주지 않아야만 그것들을 공부 보상으로 활용할 수 있기 때문이다.

물론 이런 절제는 아이가 어릴 때부터 자연스럽게 해야만, 아이가
거부 반응을 보이지 않고도 부모의 방침을 따라올 수 있다. 평상시에
계속 잘해 주다가 공부라는 미명으로 그것들을 절제하게 하면 뜻하
지 않는 역풍이 불 수도 있으니 신중하게 접근해야 한다.

일단 공부에 대한 보상으로 아이가 하고 싶은 것을 허락하면 아이
는 그것을 하고 싶기 때문에 열심히 공부한다. 이때 주의해야 할 점은
적절한 목표를 세우는 것이다. 달성하기 어렵지도 않고, 너무 쉽지도
않는 목표를 세워야만 아이의 집중력을 높일 수 있다. 만약 아이가 부
모가 세운 이 방법을 수용하게 되면 그때부터 아이에게는 공부를 잘
하고 싶은 의지가 생긴다. 왜냐하면 공부를 잘해야만 자기가 하고 싶
은 것을 할 수 있기 때문이다.

이런 과정이 지속적으로 반복되면 아이는 공부에서 놀라운 집중

력을 발휘한다. 부모가 아이의 공부 성과를 적절하게 보상해 주는 것은 '공부 성과 관리를 통해서 강화된 아이의 집중력'에 불을 지르는 것이기 때문이다.

PART 04

공부의 왕도는 질문과 대화다

★

아이의 미래를 열어주는 질문

2% 명품 자녀교육

공부하는 뇌가 활성화되는 명품 과외, 공부매니지먼트

초등학교 학부모들이 절대로 해서는 안 되는 것이 하나 있는데, 그것은 학원에 아이를 방치하는 것이다. 왜냐하면 '가만히 앉아서 일방적으로 듣기만 하는 학원 수업'이 '아이의 뇌가 활성화되지 않는, 그래서 가장 효과가 없는 공부 방법'이기 때문이다. 아이의 뇌는 말하거나 글을 쓸 때 가장 활발하게 움직이고, 들을 때 수동적이면서 소극적인 상태에 머물기 때문에 활성화되기 어렵다. 특히 듣는 내용이 이미 알고 있는 것이라고 생각되어지면, 적지 않은 아이들이 지루해하면서 딴 생각을 하다가 꼭 들어야 될 부분을 놓치게 되는데, 몇 번 그러다 보면 수업 내용이 점점 어려워져서, 잘 따라가지 못해 멍 때릴 수밖에 없는 괴로운 시간이 되고, 그때부터 학원 수업은 아이에게 공부가 아닌, 고문이 된다. 또한 학원의 선행학습은 대부분의 경우 초등학생들에게 해롭다. 학원에서 이미 배웠다는 생각에 학교 수업을 건성으로 듣게 되는데, 이것이 쌓이면, 공부할 때 딴 짓하며 시간을 때우는 나쁜 습관을 가지게 되기 때문이다.

사실 학교수업만 집중해서 잘 듣고 매일 공부를 조금씩만 해도 초등학교 때는 공부를 잘할 수 있다. 문제는 아이 스스로 그렇게 하기 힘들다는 것이다. 그래서 아이 공부를 진심으로 도와줄 전문가, 즉 공부매니저가 필요한데, 학교 다닐 때 공부를 좀 해 보아서 공부가 무엇인지를 경험적으로 알고 있다면 누구나 공부매니저가 될 수 있다. 공부매니지먼트의 핵심인 아이의 이기적인 뇌를 공부로 활성화시켜 공부하는 뇌로 만드는 방법은 의외로 간단하기 때문이다.

아이는 자신의 뇌가 활성화된 것을 좋아하고, 잘 알며, 잘한다. 그렇기 때문에 아이의 뇌가 공부에 대해 100% 활성화되어 있으면, 그때부터 아이의 공부는 걱정할 필요가 없다. 공부에 대한 집중력이 매우 높기 때문에 아이가 배운 내용을 잘 기억하고, 더 나아가 그것을 활용하여 뭔가를 만들어낼 수도 있기 때문이다. 아이의 뇌를 공부로 활성화시키는 방법은, 공부할 때 아이가 자신의 머리를 쓸 수밖에 없는 상황으로 아이를 모는 것이다. 이것이 명품 과외, 공부매니지먼트의 핵심 전략이다. 먼저 아이가 뇌를 주도적으로 사용할 가능성이 별로 없는 듣기만 하는 따분한 수업은 최소한으로 줄여야 한다. 꼭 필요한 경우가 아니면, 초등학교 저학년의 경우 듣는 수업은 학교 수업에 한정할 필요가 있다. 다만 수업을 적게 듣게 한 만큼 수업을 제대로 들을 수 있도록 엄마가 관리해 주어야 한다. 그날 학교수업에서 배웠던 것에 대해서 집에서 시험을 본다든가, 아니면 그날그날 공부한 것을 노트에 짧게 정리하게 하거나, 질문을 통해 말하게 하는 것도 좋은 방법이다. 그러면 아이는 공부한 것을 정리해서 기억해야 된다는 부담감을 느껴서 학교 수업을 집중해서 들을 수밖에 없기 때문이다.

물론 여기서 끝나면, 안 된다. 이때 비로소 '아이의 이기적인 뇌가 활성화되는 자기주도 학습'이 가능하기 때문이다. '듣기만 하는 수동적인 수업 상황'에서는 불가능했던, '아이가 궁금해서 알고 싶었던 것이나 몰라서 답답했던 것들을 보충해주는, 아이의 관심사가 중심이 되는 진짜 공부'가 가능하기 때문이다. 이것이 되어야 비로소 아이가 공부의 즐거움을 경험할 수 있고, 그 재미가 쌓여야 아이 안에서 공부에 대한 열정이 자라날 수 있다. 아이가 초등학교 저학년이면, 고졸 엄마도 이 역할을 할 수 있다. 엄마가 배우는 것을 즐거워하는, 즉 공부의 즐거움을 알고 있다면, 설령 그 교과를 잘 모른다고 해도 배워가면서 아이를 가르칠 수 있다. 그러나 아이 때문에 하기 싫은 공부를 억지로 해가며 가르치는 것이라면 이것은 위험하다. 엄마의 공부에 대한 나쁜 태도가 아이에게 전염될 가능성이 높기 때문이다.

그러나 아이가 초등학교 고학년이 되면서부터는, 영어나 수학 등의 과목이 엄마가 감당하기에 어려울 수도 있다. 이 경우 학원보다 공부매니지먼트를 이해하고 있는 선생님으로부터의 과외교습이 이상적이다. 아이에게 꼭 필요한 내용만을 중심으로 수업을 진행할 수 있는 장점이 과외에 있어서 아이의 뇌가 활성화되기 쉽기 때문이다. 물론 과외시간은 그렇게 길 필요가 없다. 횟수는 1주일에 한두 번, 과외시간은 1시간 정도가 적당하다. 수업의 전반부는 숙제로 내준 것을 제대로 했는지 확인하고, 아이가 모르는 것이나 질문하는 것에 대해 설명해주면 되고, 수업의 후반부는 '숙제를 해 오는 데 필요한 내용'을 설명해주면 된다. 즉, 아이가 혼자 공부할 수 있도록 아이의 공부량을 관리해주고, 아이가 모르는 것이나 궁금한 것에 대해서만 설명하면 되기 때문에, 과외교습 시간은 길 필요가 없다.

엄마가 공부매니지먼트를 이해하고 있다면, 꼭 비싼 과외를 시킬 필요는 없다. 엄마가 아이의 공부를 관리하고, 선생님은 아이의 질문에 대해서 답할 수 있을 정도의 실력만 갖추면 되기 때문이다. 그래도 과외비가 부담된다면, 비슷한 아이들끼리 모아서 과외비를 절감하거나 아니면 친한 엄마들끼리 과목을 나누어서 가르치면, 학원비만으로도 아이를 충분히 가르칠 수 있다. 아이들을 모아서 함께 교습을 받게 하면, 아이들의 수업참여도를 높여서 아이들의 공부뇌를 자연스럽게 활성화시킬 수 있는 토론형 수업이 가능한 장점도 있다.

아이의 이기적인 뇌를 활성화시켜 공부하는 뇌로 만들기 위해서는, 공부과정에 아이가 적극적으로 참여할 수밖에 없도록 만드는 공부매니저의 끊임없는 노력이 필요하다. 아이가 직접 문제를 풀거나 직접 말하게 함으로서, 공부 내용을 아이가 스스로 정리할 수 있게 해야 한다. 만약 누군가 대신 문제를 풀어준다거나 대신 설명해준다면, 그 만큼 아이는 자신의 뇌를 사용하지 못하게 되는 것이고, 그 만큼 지루하고 효과 없는 공부를 하는 것이 되기 때문이다. 이와 반대로 공부하고 있는 내용에 대해 아이가 말하거나 생각을 한 만큼 그 공부 내용은 아이의 것이 되고, 그 과정에서 아이가 자신의 뇌를 사용한 만큼 아이의 뇌는 공부로 활성화되기 때문이다.

물론 교과 내용에 대해 아이가 말하게 하는 것은 쉽지 않다. 처음에는 아이들이 공부와 관계없는 엉뚱한 이야기를 할 것이기 때문이다. 그러나 아이들의 이야기를 듣는 사람이 교과내용을 알고 있는 지식 전문가라면, 공부와 전혀 상관없는 아이들의 이야기 속에서도 교과 내용과의 관련성을 찾아서 아이의 이야기를 공부에 대한 것으로 유도할 수 있다. 처음엔 어렵지만, 일단 아이의 말 안에 교과 지식들이 담기게 된다면, 그 지식들이 새로운 지식들을 계속해서 아이의 말 안으로 끌어들이게 되기 때문에 그 후부터는 아이가 공부로 말하는 것이 쉽고, 일단 그렇게 되면, 아이의 이기적인 뇌는 공부뇌로 자연스럽게 업그레이드되어서 아이의 공부는 자연스럽게 속도가 붙게 될 것이다.

# 공부의 왕도는 질문과 대화다

 **명품 교육의 핵심은 질문과 대화다**

공부에 왕도가 있다면 그것은 질문과 대화다. 질문과 대화는 고대 귀족들의 교육 방법이면서도 현대 영어권 명문대의 전형적 교육방법이다. 과거 한 시대를 풍미했던 위대한 사람들, 지금 우리 시대를 주도하고 있는 명품 지식인들은 그렇게 배웠고, 그 결과 자기 시대를 한때 주름 잡았거나 지금 주름 잡고 있다.

교육학의 고전 플라톤의 대화편. 그 책의 주인공이자 위대한 스승인 소크라테스는 단지 질문을 던짐으로써 무지한 제자들을 깨우쳤다. 질문하고 제자들의 대화를 듣고, 들은 내용에 대해 다시 질문하고 또 제자들의 대화를 듣는, 이 단순한 과정을 반복하면서 소크라테스는 제자들에게 '자신의 시대 진리'를 가르쳤다. 그리고 이를 배운 그들은 그 시대를 뛰어넘어서 지금까지 학문과 지식, 권력에 지대한 영향을 미치고 있다.

우리나라의 명문대 서울대. 사람들은 우리나라에서 최고로 우수한 학생이 그 대학에 들어가니까 서울대가 명문대라고 생각한다. 또는 서울대 교수들의 실력이 다른 대학 교수보다 더 나아서 그렇다고 생각한다. 또는 사회 전반에 포진된 서울대 선배들이 후배들을 밀어주기 때문에 서울대 기득권이 재생산된다고 말한다.

그러나 그렇지 않다. 물론 그들의 말이 틀린 것은 아니다. 어느 정도 일리는 있다. 그 세 가지 사실이 서울대에 어떤 기여를 하고 있기 때문이다. 그렇지만 서울대가 명문대인 진짜 이유는 최고의 교육방법으로 교수들이 학생들을 가르치기 때문이다. 그 방법은 바로 교수의 질문으로 시작된 교수와 학생들의 깊이 있는 대화와 치열한 토론이다. 그래서 서울대에서 제대로 공부하게 되면 다른 대학에서 갖기 어려운 논리적 사고력과 학문적 깊이를 가지게 된다.

물론 서울대의 모든 수업이 질문과 대화로 진행되는 것은 아니다. '학생 수가 많은 교양 과목 수업' 이거나 '전공 학생 수가 많은 법대와 경영대의 수업' 은 종종 교수의 설명식 강의로 진행된다. 그러나 이때도 학생들은 질문하고 교수들은 대답하며, 반대로 교수가 질문하면 학생들은 대답한다. 또한 교수는 과제를 통해서 학생들에게 질문하고, 학생들은 리포트를 통해서 교수에게 자신의 생각을 대답한다. 즉 서울대의 대부분 수업 방법은 교수와 학생의 학문적 대화가 깊게 깔려 있다. 그리고 이 대화를 통해서 교수들은 학생들에게 학문의 진면목을 보여준다.

물론 서울대 수업이 본격적으로 토론식으로 진행되는 것은 대학원 때부터이다. 학부 수업에서는 생소한 학문 분야를 학생들에게 소개해야 하고, 학생 수도 많기 때문에 본격적인 토론 수업을 하기 어렵다. 그래서 대학원 과정에 이르러야 발표와 질문, 토론으로 학생들의 학문적 능력이 개발된다.

이 점에서 본다면 미국 명문대는 우리나라보다 한수 위다. 단순히 우리나라보다 더 유명해서 사람들이 더 알아주는 것은 아니다. 명문 UCLA에서 교육학 박사 학위를 마쳤던 학부 동기는, 그 곳에서 1년 공부하고 잠깐 귀국했을 때, 그 곳 대학원 교육에 대해 찬사를 아끼지 않았다. 그의 말인 즉, 그 대학 교수는 자기 생각을 학생들에게 전달하려 하지 않고 학생들의 생각이 무엇인가에 관심을 가졌다는 것이다. 학생이 자기가 가르쳤던 것을 따라하려고 하면 항상 '자신의 생각이 아닌 학생의 견해를 듣기 위해서', '자네의 생각이 무엇인가' 를 질문했고, 끊임없는 그 질문은 그에게 큰 도전이 되었다. 교수는 학생들이 자신의 생각을 전달 받기를 원한 것이 아니라 자기와의 진지한 학문적 대화를 통해서 자기 생각을 발전시키기를 원했던 것이다.

과거와 현재, 우리나라와 미국에서 이루어진 모든 엘리트 교육의 기저에는 항상 질문과 대화라는 단순한 교육 방법이 있었다. 시대가 흘렀음에도, 장소가 다름에도, 왜 명품 교육에는 항상 '질문과 대화, 토론이라는 구식적인 방법' 이 사용되었을까?

그 이유는 우리가 질문하고 대답할 때 생각하기 때문이다. 그 생각하는 것을 통해서 발전되는 사고력이 교육의 가장 중요한 목표이다. 어떤 시대, 어떤 장소를 망라해서 스스로 사고하는 자, 즉 자신의 사고로 세상을 움직이는 자가 그 시대의 엘리트로 다양한 삶의 영역에서 영향력을 행사해 왔다. 이런 고급 엘리트를 키워낸 것이 바로 '질문과 대화, 토론식' 교육이다. 그래서 고급 엘리트 교육의 필수 방법은 '탁월한 스승과 진지한 제자의 친밀하면서도 치열한 질문과 대화, 토론'이어야만 했다.

 질문과 대화에는 뭔가 특별한 것이 있다

사람은 말을 하거나 글을 쓸 때 생각을 한다. 물론 '생각 없이 말하는 대책 없는 사람'도 종종 있지만 평범한 사람은 생각하면서 말한다. 그리고 이때 우리의 머리는 놀라운 집중력을 발휘한다. 어떤 사람들은 자기들이 말한 것을 정리해서 책으로 출판하기도 한다. '설마 그럴 리가'라고 생각하는 사람들이 있을지 모르겠지만, 유명한 학자들이 만나면 실제로 그런 일이 일어난다. 그리고 그 책은 잘 팔리기까지 한다. 그들이 말하면서 그 순간에 만들어낸 생각은 참신할 뿐만 아니라 대단하다.

말할 때 놀라운 집중력으로 사고하는 것은 대단한 사람들에게만 가능한 것은 아니다. 평범한 우리도 말을 하면서 새로운 아이디어를 발견하거나 또는 자기 문제의 해결책을 찾을 수 있다. 혹시 누군가에게 자신의 고민을 이야기 해 본 적이 있는지 모르겠다. 또는 누군가가 자신의 고민을 이야기하는 것을 들어 본 적이 있는지 모르겠다. 아니면 자기 문제의 진지한 해결을 원해서 전문가의 상담을 받아 본 적이 있는지 모르겠다. 어떤 경우든 상담자(상담해 주는 사람)가 내담자(자기의 문제를 말하는 사람)의 이야기만 잘 들어 주어도, 내담자는 자기 문제를 말하는 중에 그 문제를 스스로 해결한다. 자기 문제를 말할 때 내담자는 그 문제에 대해 놀라운 집중력으로 생각하는데, 그 생각에 '문제 해결 능력' 이 있기 때문이다. 즉 내담자가 상담자에게 자기 문제를 정리하면서 말하고 나면, 다시 내담자는 그 정리 속에서 자기 문제의 해결책을 찾게 되기 때문이다. 그래서 잘 듣는 것이 상담자에게 중요한 능력이다. 잘 듣기만 해도 문제의 절반 이상은 자연스럽게 해결되기 때문이다.

서울대 대학원에서 공부할 때 영어 해석이 잘 안 된 적이 있었다. 그래서 영어를 정말 잘하는 고등학교 영어 선생님이자 대학원 동료에게 그 해석을 물어보았다. 그런데 그때 정말 신기한 일이 일어났다. 그것은 내가 질문하는 동안 스스로 그 해석을 한 것이다. 질문을 모두 끝내고 나서 스스로 답을 찾은 나는 조금 쑥스러웠다. 사실 질문한다고 하면서 내가 그 영어 해석을 그 선생님에게 설명한 꼴이 되었다. 물론 우리는 말하지 않을 때도 생각할 수 있다. 특히 '대학에서 연구하는 교수' 나 '생각하는 것이 직업인 작가' 들은 누군가와 대화하지 않고 혼자 조용히 생각하는 것을 좋아한다. 그때 일에 대한 좋은 생각들이 많이 나오기 때문이다. 그래서 따로 시간을 정해놓고 연구하거나 작업하지 않는다. 항상 생각하기 때문에 일과 일상의 삶과의 경계가 모호하기 때문이다.

그러나 그들도 같은 일을 하는 사람들끼리 만나서 토론할 때, 평소에는 볼 수 없는 놀라운 집중력을 발휘한다. 왜냐하면 동료들이 함께 모인 자리에서 말을 할 때는 말을 잘해야 한다는 부담을 느끼기 때문이다. 우리는 말을 하기 전에 주변 상황을 먼저 인식한다. 그래서 해야 될 말과 해서는 안 될 말을 생각하면서 말한다. 그런데 이런 직업을 가진 사람들은 비판하는 능력이 탁월하고 비판 정신이 투철하기 때문에, 이 사람들이 대화할 때 누군가가 말을 실수하면 바로 반론이 들어오고, 그러면 말했던 사람은 곤경에 처하게 된다. 그러므로 이런 사람들은 말할 때, 자신의 말에 대해 다른 의견이 있을 것을 염두에 두면서 조심스럽게 이야기한다. 그것만이 그런 자리에서 자신의 위상을 지킬 수 있는 유일한 방법이기 때문이다.

말을 할 때 우리의 머리는 자연스럽게 '생각해야 한다는 압박'을 받는다. 바로 이 압박이 우리의 사고에 대단한 집중력을 하용한다. 평상시에는 일을 못하고 있다가 꼭 일의 마감이 닥쳐왔을 때 일에 집중하는 사람들이 종종 있다. 그래서 그들은 보통 일의 마감기한을 한두 번 넘긴 후에야 일을 마친다.

사람들은 이것을 습관이라고 하는데, 이것은 개인의 특성에 기인하기도 하지만 하는 일과도 관계가 있다. 즉 일 자체가 창작처럼 고도의 집중력을 요구하는 것이기 때문에 평상시에는 그 일을 해낼 수 있을 만큼의 집중력을 발휘하지 못해 기간 내에 끝내지 못하는 것이다. 그러다가 상황의 압박을 받고 또 받으면서, 마침내 그 압박이 절정에 다다르게 되면, 그때서야 그 압박 때문에 집중력을 발휘하여 일을 마무리한다. 사람에게는 탁월한 적응 능력이 있어서 어려운 상황이 주는 압박은 우리 머리에게 '그 상황에 맞는 집중력을 발휘할 수 있는 기회'를 제공하기 때문이다.

물론 가끔은, 생각할 때 아무 압박도 받지 못해서 아무 말이나 하는 사람도 있지만 이런 사람은 소수에 불과하다. 대부분의 사람들은 말을 할 때 일정한 압박을 받고, 압박을 받기 때문에 생각한다. 그러그로 교사와 학생, 학생과 학생 사이의 많은 대화는 교육적으로 적극 권장해야 한다.

그런데 질문할 때 받는 압박은 말할 때 받는 압박보다 더 크다. 우리는 흔히 무엇인가 잘 모를 때 질문을 한다. 그런데 질문하기 위해서는 먼저 자신이 무엇을 모르는지를 정리해야 한다. 자기가 알고 싶은 것이 무엇인지 알 수 있어야 상대방에게 물어볼 수 있기 때문이다. 즉 질문하기 위해서는 '자기가 모르는 것'과 '알고 싶은 것'을 정리하는 작업이 반드시 필요한데, 이 필요가 우리의 사고에 집중력을 허락한다.

대답할 때도 이와 비슷하다. 그냥 말하는 것이라면 자기가 하고 싶은 말을 하면 되기 때문에 특별한 부담이 없다. 그러나 질문에 대한 대답이라면 먼저 상대방이 무엇을 요구하는 지를 이해하고, 그 질문에 맞게 말을 해야 한다. 그렇기 때문에 말할 때보다 더 많은 스트레스가 생기고, 그 스트레스는 우리 머리에게 사고의 집중력을 요구한다.

물론 모든 대화가 공부의 사고력을 키워주는 것은 아니다. 옷에 대한 이야기, 야구에 대한 이야기 등 일상적인 삶에 관한 이야기는 그 분야에 대해서 더 많이 알게 할 뿐, 공부에 필요한 사고력을 키워주지 않는다. 하지만 이런 일상적인 이야기도 많이 하면 그 분야의 전문가로서의 통찰력을 가질 수 있다. 그래서 어떤 사람은 의류를 고르는 탁월한 안목의 소유자가 될 수도 있고, 또 어떤 사람은 야구 해설가 수준으로 야구에 대해서 잘 알 수도 있다. 그러나 그 사람이 그 일을 직업으로 삼지 않는 한 그것은 그의 취미생활에 불과하다.

학교 시험에서 측정하는 사고력을 대화와 질문, 대답이 키워주기 위해서는 그것들이 학교 공부와 관련되어야 한다. 즉 교과서 내용이나 그것과 관련된 것에 대해서 진행될 때만이 그것들이 공부 사고력을 발달시켜 준다. 그럴 때만 아이들이 교과서 내용을 자신의 머리로 진지하게, 깊게, 사고해서 자기 생각의 일부로 만들기 때문이다. 일단 아이가 교과서 내용을 자기 사고의 일부로 흡수하게 되면 그때부터 아이의 공부는 비약적으로 발전한다. '항상 아이의 머릿속에서 피상적으로 머물다가 흩어지는 교과서 지식들'이 아이의 사고와 만나게 됨으로서 아이의 머리를 지배하기 시작하기 때문이다. 일단 이렇게 되면 아이는 사고의 즐거움을 알게 되어 공부를 좋아하게 될 뿐만 아니라 공부에 몰두하게 된다.

어떻게 보면 시시하고 단순해 보이는 질문과 대화가 오랜 기간 공부의 왕도로 군림했던 것은 그럴만한 이유가 있었다. 그 질문과 대화에 의지해야만 공부의 궁극적 목적인 사고력이 길러지고, 그 사고력이 있는 사람만이 중요한 시험에서 높은 점수를 얻었기 때문이다.

수천 년의 세월이 흘러서 구태의연한 옛날 방법으로 종종 무시되고 있는 질문과 대화. 그러나 수천 년의 세월이 흘렀음에도 그 방법들이 여전히 지식 전문가들에게 사용되고 있다면, 그것들에게는 다른 공부 방법에서 발견되기 어려운 뭔가 특별한 것이 있음에 틀림없다. 그 특별함을 사랑하는 자들에게 지식의 강자가 됨을 허락하는 대단한 능력이 있지 않고서야, 수천 년의 세월이라는 시험을 견뎌내지 못했을 것이기 때문이다.

 모르는 것을 물어보면 시험이 보인다

무조건 물어보면 쉽게 알 수 있다

아이들이 공부 못하는 이유 중 하나는 학교 수업을 못 따라 가기 때문이다. 그들이 수업을 못 따라가는 것은 선생님의 설명을 알아듣는 데 필요한 사전 지식이 부족하기 때문이다. 대부분 학교 수업은 앞의 내용을 제대로 알고 있어야 뒤의 내용을 배울 수 있도록 순차적으로 구성되어 있다. 그래서 앞의 내용을 제대로 배워야 뒤의 것을 배울 수 있다. 앞의 수업을 제대로 배웠다는 가정 아래 선생님이 수업을 진행하기 때문이다.

　그런데 아이들이 수업시간에 집중하지 못해서 한 때 수업을 따라가지 못하면 그 다음 수업도 따라가기 어렵다. 몇 번 그런 일이 반복되면 하나의 악순환으로 자리 잡아서 그 과목은 아이의 힘으로는 절대로 따라갈 수 없게 된다.

　만약 이때 누군가가 아이의 공부를 도와주어 이 문제를 해결해 주지 않으면 아이의 성적은 계속 떨어진다. 물론 학교 선생님들이 수업할 때 이런 일이 발생하지 않도록 앞에 배웠던 내용을 다시 설명해 주기도 하고, 가능하면 모든 아이들이 쉽게 이해할 수 있도록 수업 내용을 설명한다. 또한 국사나 사회와 같이 단원 사이의 독립성이 높은 과목들은 앞의 내용을 못 배웠다고 해서 현재 수업에 큰 방해를 받지 않는다. 그러나 아이가 수업에 흥미를 갖지 못한 상태에서 수업을 받는 기간이 길어지면 언젠가는 반드시 이런 일이 일어나고 만다.

　수업 내용이 갑자기 어려워져서 아이가 수업을 따라가지 못한 경우도 있는데, 이 경우 문제는 심각하다. 왜냐하면 오늘 수업이 어려워서 이해 못했다면 그 다음 수업은 더 어려울 것이 분명하고, 이렇게 몇 번 수업이 진행된다면 아이는 수업을 전혀 따라가지 못할 것이기 때문이다.

　만약 이런 상황이 발생했을 때 아이가 공부에 대해 적극적이라면 복습, 예습을 통해서 수업을 따라가기도 한다. 그러나 이 방법은 실패할 가능성이 높기 때문에 추천할 만한 것은 아니다. 아이 혼자 힘으로 이해한다는 것이 쉽지 않을 뿐만 아니라, 그 방법으로 수업을 따라가려면 많은 시간 투자해야 하기 때문에 성공할 확률이 거의 없다. 물론 혼자 힘으로 이해한 만큼, 교과 과목을 깊이 이해할 수 있고, 힘든 과정을 통해서 자신의 사고력을 키울 수 있기 때문에 이 방법도 해 볼만하다.

그러나 쉬운 길을 놔두고 굳이 어려운 길을 선택할 이유가 없다. 모르는 것이 있다면 뭐든 '알만 한 사람'에게 당장 물어보면 시원하게 해결된다. 학교에서는 수업 후에 선생님, 집에서는 부모님, 학원·과외시간에는 학원·과외 선생님에게 질문하면 친절하고 알기 쉽게 가르쳐 준다.

자신이 못하는 것이 있을 때 잘하는 사람에게 물어보는 것은 '삶의 지혜'이다. 마찬가지로 공부하다가 모르는 것이 있을 때 잘 아는 사람에게 물어보는 것은 '공부의 지혜'이다. 분명 책에는 우리가 알고 싶어 하는 질문에 대한 답이 있다. 그러나 문제는 어느 책, 어느 부분에 그 답이 있는지를 우리가 모른다는 것이다. 그리고 그보다 더 심각한 문제는 '책에서 우리가 원하는 답을 발견했다고 해도, 책이 그 답을 이해하기 쉽게 우리에게 제공하는 것이 아니라'는 것이다. 책은 죽어 있는 말이어서 같은 내용을 우리에게 일방적으로 반복할 수는 있어도, 우리의 질문에 직접 대답할 능력은 없다. 학생의 질문 없는 수업도 마찬가지다. '학생과 교사의 대화가 없이 진행되는 수업'은 오디오북에 불과하다.

그러나 잘 아는 사람은 살아있는 책이다. 그는 우리가 질문하면 그 질문에 대한 답을 바로 제공할 수 있을 뿐만 아니라 이해하기 쉽게 제공한다. 그리고 우리가 처음 설명을 듣고 잘 이해하지 못하면 이해할 때까지 다양한 형태로 설명함으로서 우리의 이해를 끝까지 도와준다. 또한 그는 듣는 우리의 수준을 알아서, 우리의 수준에 맞게 설명한다. 그러므로 질문이야말로 우리가 모르는 것을 쉽고 빨리 해결할 수 있는 가장 간단하고 효율적인 방법이다.

여기서 중요한 것은 어설프게 아는 사람이 아니라 잘 아는 사람에게 물어봐야 한다는 것이다. 어설픈 사람에게 설명을 들으면 오히려 혼란스러워질 위험이 있다.

어설픈 사람과 잘 아는 사람을 구별하는 방법은 간단한다. 쉽게 설명하는 사람이 잘 아는 사람이고, 어렵게 설명하는 사람이 어설픈 사람이다. 잘 아는 사람은 아무리 어려운 내용도 일상적인 언어로 풀어낼 수 있다. 그 내용을 잘 이해하고 있어서 그것이 쉬운 언어, 또는 일상의 언어로 어떻게 표현되는지도 알기 때문이다. 이에 비해 어설프게 아는 사람은 그것을 제대로 이해하지 못하고 그 내용만을 겨우 기억할 뿐이다. 그래서 자기가 보고 들었던 것만 앵무새처럼 되뇐다. 그 내용을 제대로 이해하지 못했기 때문에 그것을 다른 방법으로 말할 줄도 모르고, 그래서 쉽게 말하지도 못하기 때문이다. 그렇기 때문에 어려운 내용이 그의 어설픔 때문에 더 어려워진다.

공부할 때 만나게 되는 '모르는 것'은 공부에 치명적인 방해물이다. 공부 진도를 나가지 못하고 하고, 공부하는 사람의 진을 빼며, 공부하기 싫은 마음을 조장해서 공부를 쉽고 싶게 만들기 때문이다. 그러므로 모르는 것이 있다면 가능하면 빨리 제거해야 한다. 그것이 공부에 가속도를 붙게 하여 성적의 향상을 가져오기 때문이다.

그런데 모르는 것을 아는 사람에게 질문하기보다 자기 혼자 힘으로 해결하려고 하면 시간이 많이 걸려서 공부에 큰 방해가 된다. 그 질문을 대할 때마다 머리가 복잡해지고, 그렇다고 그 질문을 포기하면 앞으로 나아가기 어렵게 되기 때문이다. 그러므로 모르는 것이 있다면 아는 사람에게 물어보고, 만약 그 대답이 잘 이해가 안 되면 계속 질문해야 한다. 그러면 아무리 어려운 것도 어렵지 않게 이해할 수 있어서 공부에 속도가 붙을 것이다.

질문이란 공부의 핵심을 다루는 가장 중요한 공부 방법이다. 현재의 공부를 가장 크게 방해하고 있는 장벽인 '이해하기 어려운 내용'이라는 장벽을 뛰어넘는 것이다. 그러므로 모르는 것이 있을 때 혼자 '끙끙' 앓으면서 시간 낭비하지 말고, 쉽고 편하게 설명해 줄 수 있는 사람에게 물어본다면 기대 이상의 결과를 얻을 수 있다. 만약 그런 사람이 주변에 없다면 빨리 만들어라. 그 사람이 바로 우리의 공부에 도움이 되는 최선의 환경이고, 그런 사람이 있어야만 우리의 노력이 좋은 성적으로 결실을 맺을 수 있기 때문이다.

용기 있는 자가 지적으로 강하다

'자신의 무지가 드러나는 것'을 두려워하는 마음이 공부의 적이다. 남에게 무지를 드러내는 용기가 있어야 모르는 것을 남에게 물어보며 배울 수 있는데 '무식한 자기를 드러내는 부끄러움' 이 이를 방해하기 때문이다.

모르는 것이 있을 때 우리는 잘 질문하지 않는다. '그것도 모르냐' 고 무시당하는 것을 두려워하기 때문이다. 그러나 물어보지 않으면 알 수 없고, 알 수 없으니 그 다음 것들도 배울 수 없다. 그로인해 그 사람의 배움은 정체되고 무지는 더 깊어져서 결국 무식한 사람으로 남게 된다.

유식한 사람은 모르는 게 없는 사람이 아니다. 남보다 더 많이 아는 사람은 있어도 모르는 게 없는 사람은 세상에 없다. 많이 배우면 알게 되는 것은 '자기가 제대로 아는 것이 별로 없다' 는 깨달음이다. 그래서 벼는 익으면 익을수록 머리를 숙인다. 배움의 결과, 자기가 얼마나 무지한 사람인가를 알게 되기 때문이다.

잘 배운 사람들은 자기가 모르는 것을 부끄러워하지 않는다. 사람의 능력으로 모든 것을 다 알 수 없다는 사실을 잘 알고 있기 때문이다. 그들은 모른다고 느꼈을 때 자신의 무지함을 채우기 위해서 바로 알려고 노력한다. 그래서 그들은 지적으로 강하다. 모르는 것이 생겼을 때 누군가에게 물어보는 것을 주저하지 않기 때문이다.

모르는 것은 부끄러운 것이 아니다. 모를 수 있다. 지금 그것을 알고 있는 사람도 처음에는 몰랐다. 다만 우리보다 먼저 그것을 배웠을 뿐이다. 정말 부끄러운 것은 모르는 것이 있음에도 그것을 알려고 노력하지 않는 것이다.

모르는 것은 그것을 알려는 의지만 있고, 자기가 모른다는 사실을 인정하는 용기만 있다면 쉽게 해결될 수 있는 문제이다. 그러나 대부분의 사람들에게는 이 의지와 용기가 부족하다. 그래서 공부할 기회는 주변에 널려 있지만, 우리가 원하기만 하면 그 공부를 통해 우리의 삶을 바꿀 수 있지만, 실제로 이에 성공한 사람의 수는 적다.

자기의 무지를 드러내는 것은 쉬운 일이 아니다. 많은 용기가 필요하다. 특히 그것이 쉬워 보이는 것이라면 더더욱 그렇다. 그러나 가르치는 사람은 모르는 것을 질문하는 사람을 좋아한다. 특히 그가 아주 쉬운 것을 물어볼 때 그렇다. 왜냐하면 그 질문에서 '쉬운 것도 모르는 자기의 무지'를 드러내는 용기를 보기 때문이다. 그리고 그 용기에서 그 사람의 공부의 싹수를 보기 때문이다. 그리고 그 싹수가 언젠가는 그 사람을 자기보다 더 나은 공부의 사람으로 만들 것이라 믿기 때문이다.

공부를 잘하는 사람들은 자신의 무지를 부끄러워하지 않는다. 이것이 공부의 강자들의 표지이자 특권이다. 그래서 이 마음만 있다면 누구나 공부를 잘할 수 있다. 설령 지금 못한다고 해도 '공부를 잘하기 위해서 남 앞에 자기의 무지를 드러내는 용기'가 그에게 '공부를 잘하기 위해 필요한 힘'과 '질문이란 최고의 공부 방법을 활용하는 지혜'를 주기 때문이다.

선생님만 아는 것이 있다

아이들은 모르지만 선생님만 아는 것이 있다. 그것은 '무엇이 중요해서 이번 시험에 나오는가'이다. 꼭 그 선생님이 시험을 출제하는 것은 아니어도 시험 범위가 정해지면 중요한 것들은 뻔하기 때문에 웬만한 실력을 갖춘 선생님이라면 시험에 나올 만한 것을 대충 안다.

그런데 정작 선생님이 모르는 것이 있다. 그것은 '아이가 무엇을 잘 알고 있고, 무엇을 잘 모르는가' 이다. 아이가 내성적이어서 말이 없는 경우라면 정말 그렇다. 그래서 평소 수업 시간에는 교과 내용을 자기 스타일로 설명하면서, 그러는 중에 시험에 나올만한 중요한 것을 강조한다. 그러다가 시험이 가까우면 중요한 것을 단순하게 반복해 준다. 아이의 상태를 잘 모르기 때문에 원맨쇼로 중요한 내용을 일방적으로 전달할 수밖에 없기 때문이다.

물론 어떤 선생님은 아이의 상태를 파악하기 위해서 수업 도중에 질문을 하거나 문제를 내준다. 그리고 아이의 답을 통해서 아이가 약한 부분이 무엇인가를 파악한 후, 그 부분을 보충해준다. 그러나 선생님이 질문을 통해서 '아이가 잘 모르는 부분' 이 무엇인가를 제대로 파악하는 것은 매우 어렵다. 비록 아이가 문제를 잘 풀었다고 해도 그 문제를 제대로 이해해서 푼 것인지, 아니면 어설프게 이해했지만 그래도 푼 것인지 알기가 어렵기 때문이다.

그러나 아이가 질문을 하면 그때 선생님은 아이가 무엇을 모르고 있는지를 정확히 알게 된다. 그래서 아이에게 그 질문에 대한 설명도 하고, 그 질문을 염두에 두고 수업을 진행하며, 아이의 시험공부도 잘 지도할 수 있다. 즉 아이의 질문을 통해서 아이의 현재 상황을 잘 파악할 수 있기 때문에 선생님은 아이가 시험을 잘 보기 위해서 무엇이 필요한지를 잘 알고, 그 앎은 아이의 시험 대비에 도움이 되는 수업으로 이어진다.

아이의 질문은 선생님의 수업에 대한 피드백의 성격을 가진다. 그래서 아이가 질문을 자주 하면 그 수업은 그 아이에게 딱 맞는 맞춤형 수업이 되어간다. 아이가 모르는 것을 질문하기 때문에 아이가 모르는 것을 중심으로 수업이 진행되고, 한 번 설명한 후 아이의 질문이 없으면 아는 것으로 생각하여 다시 반복하지 않는다. 그래서 수업은 아이에게 필요한 형태로 점점 변화되어 간다.

가장 이상적인 수업은 아이의 질문과 이에 대한 대답만으로 진행되는 것이다. 선생님이 정해준 범위를 아이가 미리 읽어온 후, 아이가 모르는 것을 선생님에게 질문하면서 수업하는 것이다. 그러면 아이는 그 범위를 전부 이해하게 되고 선생님은 아이가 알고 있는 것까지 세세하게 설명해 줄 필요가 없다. 사실 이런 수업이 아이에게도 가장 좋다. 이미 알고 있는 것을 선생님이 다시 설명하다보면 아이의 수업에 대한 흥미도 떨어지고 수업의 집중도도 낮아지기 때문이다.

물론 이런 수업이 성공하려면 수업시간이 편하고, 공부하고 싶은 의욕이 충만해서 아이가 많은 질문을 해야 한다. 만약 이런 조건이 갖추어지지 않았다면 아이에게 먼저 모르는 것을 질문하도록 하여 교사가 그 질문에 대해 설명한 후, 교사는 아이가 잘 읽어왔는지를 체크하는 의미에서 질문하면 된다. 그러면 아이는 자기가 질문 받았을 때 대답하지 못할 것에 대한 염려 때문에 자기가 모르는 것을 미리 질문한다. 물론 이것은 내성적이어서 말 수가 적은 아이들에게는 좋은 방법은 아니다. 좋은 수업은 일단 아이가 편해야 하는데 내성적인 아이들에게 말을 강요하는 것은 그들을 힘들게 하기 때문이다.

질문은 자기 공부에 필요한 도움을 가장 직접적으로 구하는 방식이자, 가장 큰 도움을 받을 수 있는 방법이다. 현재 공부에 가장 방해가 되는 '이해되지 않는 부분' 에 대해서 최상의 도움을 받는 방법이 바로 질문이다. 또한 질문을 하고 그 설명을 들을 때 우리는 평상시보다 더 집중해서 말하고 듣는다. 질문할 때 질문할 내용을 정리하고 들을 때 들은 내용을 정리하는 것이 우리에게 사고의 집중력을 요구하기 때문이다. 그래서 이때 이해한 것은 깊게 이해되고 오래 기억된다. 즉 질문이라는 사고 과정을 거쳐서 우리의 사고로 들어왔기 때문에 그것들은 쉽게 잊혀 지지도 않고, 다양하게 응용된다. 그래서 아무리 복잡하게 응용된 시험문제가 나온다고 해도 이렇게 배운 것에 대한 것이라면 틀리지 않는다.

공부하다 모르는 것이 있으면 무조건 물어보아라. 그러면 시험에 필요한 대비를 쉽게 할 수 있고, 그래서 시험이 보이기 때문이다. 가장 쉽고 가장 좋은 시험공부 방법이 있는데 왜 망설이는가? 지금 당장 물어봄으로서 효율적인 공부를 하라. 그것만이 시험에서 좋은 성적을 얻는 지름길이다.

2% 아는 것을 말하면 고득점이 보인다

성룡의 〈취권〉에서 성룡에게 〈취권〉을 가르쳤던 그의 사부, 소화자는 정말 게을렀다. 성룡에게만 어려운 무술 훈련을 시켜놓고 자기는 맨 날 자거나 쉬었다. '그런 한심한 스승 밑에서 어떻게 주인공이 절대 무공을 배울 수 있을까' 라는 의구심이 들 정도이다. 그러나 무협 영화의 고수들은 대부분 주인공 제자들을 그런 방식으로 가르쳤고, 그 방식은 통했다. 그들의 제자들도 그들만 한, 아니 그들보다 더 탁월한 무림 고수가 되었기 때문이다.

겉으로 보면, 그들의 가르치는 태도가 매우 불량해 보이지만 그들로서는 그럴 수밖에 없었다. 왜냐하면 무술 훈련을 할 사람은 자신이 아니라 제자이었기 때문이다. 자기들은 어떻게 수련하는지에 대한 방법만 가르쳐 주고, 제자가 잘하고 있는 지만 감시하면 되었다. 그것 말고는 그들이 제자를 위해서 해 줄 일이 별로 없었다. 무술 훈련이라는 것이 자기와의 고독한 싸움 속에서 기본동작을 철저하게 익히는 것이었기 때문에, 그들이 할 수 있었던 유일한 일은 그 옆에서 빈둥거리며 지켜보는 악역밖에 없었다.

예전에 학교도 아닌 학원에서 학생들에게 수학문제 풀이뿐만 아니라 설명까지 시켰던 간 큰 선생이 있었다. 그땐 어려서 그냥 넘어갔지만 만약 지금 그런 방식으로 가르친다면 아마도 다른 학원으로 옮겼을 것이다. 내 기억으로는 그 선생님이 특별히 설명을 잘한 것 같지도 않았다. 수학의 기본 개념을 잠깐 설명한 후에 문제 하나를 같이 풀어주고, 나머지 문제는 학생들에게 모두 시켰기 때문에 그 선생님의 설명을 들어볼 기회도 별로 없었다.

그런데 세월이 지난 지금 나도 비슷한 방식으로 수학을 가르치고 있다. 내가 이렇게 될 수밖에 없었던 이유 중 하나는, 친한 선배에게 전수 받았던 수학 고액 과외 비법 때문이다. 그 선배는 먼저 숙제를 아이에게 내주어 일정한 범위를 풀어오게 한다. 이때 만약 아이가 숙제를 안 해 오면 그날 과외는 안한다. 아이가 수업 받을 준비를 안했기 때문이다. 그러나 아이가 숙제를 해 오면 먼저 아이에게 숙제한 것에 대해 질문을 받고, 그 다음에 아이에게 풀어온 것을 설명하게 한다.

그 선배는 이 방법으로 아이의 수학 성적을 확실하게 올려주었다. 그 대가로 선배는 높은 과외비를 받았다. '숙제 내 주고 아이에게 설명하게 하고 비싼 과외비 받는다' 고 생각할 지도 모른다. 그러나 이 방법은 아이의 수학 점수를 확실하게 올리는 비법이다.

사실 이런 방식은 쉬운 과외 방법도 아니고 겉보기처럼 선생이 아무것도 하지 않는 과외도 아니다. 먼저 선생은 아이들에게 가르쳐야 할 내용과 문제풀이 방법을 완전히 이해해야 한다. 그 다음 아이가 어떤 질문을 하든 쉽게 대답할 수 있는 실력을 갖추어야 하고, 수업 진도에 맞는 준비도 해야 한다. 마지막으로 아이가 설명할 때, 그 설명을 들으면서 잘못된 점은 지적하고 잘한 점은 칭찬해 주어야 한다. 즉 아이가 문제를 풀고 설명한다고 해서 선생이 놀고 있는 것은 아니다. 아이가 문제를 잘 풀 수 있도록 측면에서 지원하고, 아이가 설명할 때 아이의 설명을 분석해서 적절한 코멘트를 제공함으로서 아이의 수학적 사고력을 키워준다. 그러므로 수학 실력이 없는 사람이 이런 과외를 생각했다가는 큰 코 다친다. 겉보기처럼 선생에게 쉽고 편한 과외가 절대 아니기 때문이다.

나도 처음 수학 과외를 시작했을 때는 남들처럼 주로 설명을 했다. 그런데 이상한 현상이 일어났다. 그것은 시간이 갈수록 내 수학 실력은 느는데, 아이의 실력은 잘 늘지 않았다는 느낌이다. 그래서 그 이유를 곰곰이 생각해 보았다. '왜 내게 배우는 아이의 수학성적은 잘 오르지 않고 가르치는 나의 실력만 느는 것일까?'에 대해서.

그 이유는 첫째, 수학시간에 문제를 아이에게 풀게 하지 않고 내가 모두 풀었기 때문이다. 둘째, 수학 문제 설명을 아이에게 시키지 않고 내가 모두 했기 때문이다. 즉 나 혼자 문제 풀고 설명했기 때문에 아이는 내가 하는 것을 그냥 구경만 했던 것이다. 물론 내 설명을 듣고 아이는 수업 내용을 이해하고 문제를 어떻게 푸는 지를 배웠는지도 모른다. 그러나 그때 나는 아이에게 직접 문제를 풀면서 스스로 실력을 닦을 기회를 주지 않았던 것이다. 가르치는 시간도 아까운데 '아이가 나중에 혼자 할 수 있는 문제풀이(자습 또는 복습)'로 시간을 낭비하고 싶지 않았기 때문이다.

그러나 나중에 아이는 혼자 복습하지 않았다. 그는 내가 했던 것을 구경했을 뿐, 복습을 통해 들은 것을 자기의 것으로 만들지 못했다. 감히 아이들에게 그런 엄청난 기대를 하다니, 그때 초보 과외 선생이었던 내가 너무 순진했었다. 그래서 내가 키워주어야 될 아이의 실력은 키워주지 못하고 엉뚱하게 내 수학 실력만 더 키우고 말았다.

수학 문제를 아이가 잘 모를 때 선생님이 이를 설명해서 이해시켜 줄 필요는 있지만, 결국 수학 공부는 아이들이 하는 것이다. 그러므로 가능하면 아이들이 문제를 풀고, 아이들이 설명해야 한다. '문제 푸는 것을 구경하는 사람' 이 아니라, '문제에 대한 설명을 듣는 사람' 이 아니라, '문제를 직접 풀고 이를 설명하는 사람' 이 수학의 개념과 법칙, 문제 풀이 방법에 대해서 더 깊게 더 많이 생각하기 때문이다. 그리고 바로 이 생각의 깊이와 양이 수학 실력의 바탕이기 때문이다.

설령 아이가 문제 푸는 시간이 오래 걸려도 스스로 생각할 수 있도록 충분한 시간을 주고, 그래도 문제를 못 풀면 가벼운 힌트를 하나씩 던져라. 그리고 선생의 설명에 이끌려서 아이가 문제를 푸는 것이 아니라, 가능하면 아이의 힘으로 문제를 풀게 하라. 선생의 설명을 따라 문제를 풀면 단기적으로는 효과가 있는 것처럼 보이지만, 곧 그 효과는 사라진다. 자기 머리로 생각한 만큼 그 내용들이 아이 머리에 각인되고, 그렇게 각인된 것들이 아이의 사고의 바탕이 되기 때문이다.

훌륭한 선생은 아이 대신 문제를 풀어주고 설명해서 아이를 편하게 해 주는 사람이 아니다. 진정 훌륭한 선생이란 힘든 사고의 과정을 아이가 직접 겪으면서 실력을 쌓을 수 있도록 다양한 형태의 문제를 직접 풀어보게 함으로, 더 나아가 어떻게 풀어보았는지를 설명하게 함으로 아이를 괴롭히는 사람이다. 그래야만 아이의 수학적 사고력이 발달하여, 아이가 수학 시험에 강해지기 때문이다.

물론 이렇게 하다 보면 사람들로부터 '선생이 뭐 저래, 너무 게을러' 라는 비난을 받을 수 있다. 그러나 훌륭한 선생이 되어 아이에게 진짜 실력을 키워주고 싶다면 그런 비난은 감수해야 한다. 만약 그런 비난을 전혀 받지 않고 아이를 가르친다면 아이에게 착한 선생으로 기억 되겠지만, 그 결과 아이는 공부 잘하기 위해 필요한 훈련을 제대로 받지 못해서 공부를 못하게 되기 때문이다. 그러므로 능력 있는 선생이 되고 싶다면 남 보기에 조금 게을러져라. 그것만이 수업에서 아이가 차지하는 비중을 크게 하고, 그 결과 아이의 공부 실력을 키워 그 아이를 시험에 강하게 만드는 비결이기 때문이다.

2% 학생처럼 듣지 말고 선생님처럼 말해봐라

똑똑한 선생은 누구나 공유하는 한 가지 비밀이 있다. 그것은 '자기가 실력이 있어서 선생이 된 것이 아니라 선생이 되었기 때문에 실력이 있다' 는 것이다. 물론 선생이 되기 위해서는 어느 정도의 실력이 필요하다. 그러나 제대로 된 선생으로서 실력을 갖추려면 가르쳐 본 경험이 반드시 있어야 한다.

부모들이 선생에게 경력을 기대할 때는 경력 있는 선생이 아이를 잘 다루기 때문이다. 그러나 선생에게 경력이 중요한 진짜 이유는 '가르쳐 본 사람만이 가르치는 내용을 정확하게 이해하고 설명을 쉽게 잘한다' 는 데 있다.

'한 번도 남을 가르쳐보지 않는 사람' 은 가르치는 것을 '이미 알고 있는 것을 말하는 것' 으로 생각한다. '예전에 배웠던 지식을 기계적으로 아이에게 전달하는 것’을 교육이라 생각한다. 그러나 교사들은 가르치는 중에 ‘그 전에 알지 못했던 새로운 이야기를 하는 자신’을 종종 보게 된다. 즉 가르칠 때, 교사들은 ‘미리 준비하지 않았던(또는 못했던), 아니 예전에는 한 번도 생각해 보지 못했던 이야기’를 말하게 된다.

왜냐하면 사람들은 말을 할 때 자기 머리에 있는 것만을 말하지 않기 때문이다. 즉 말을 할 때 생각하기 때문에 그 생각의 산물인 새로운 이야기들이 바로 말로 나오기 때문이다. 특히 수업 상황처럼 추상적인 지식에 대해서 말을 할 때는 우리 머리는 대단한 집중력을 발휘해서 생각하고, 그 생각의 결과 독창적인 이야기를 많이 한다.

수업시간에 설명해야 하는 상황은 평상시 이야기할 때와 전혀 다르다. 평상시 우리는 ‘마음 편하게 하고 싶은 이야기’를 한다. 그러나 그때도 우리는 말을 하면서 새로운 생각들을 하고, 새로운 내용들을 이야기 한다. 그런데 수업 상황은 ‘듣는 아이들이 수업 내용을 이해할 수 있도록 설명한다는 어려운 목적’을 가지고 이야기하기 때문에 우리는 더 긴장하며 이야기하고, 우리의 사고 또한 집중력을 발휘하기 때문에 평소에는 하기 어려운 좋은 설명을 한다.

말을 할 때, 우리는 말해야 하는 것들을 정리하면서 말한다. 물론 ‘이미 한 번 머리에서 정리된 것’을 말하는 경우는 따로 또 정리하지 않고 자동적으로 말한다. 또한 ‘머릿속에서 말해야 될 것을 정리하는 것이 너무 빠르고, 그 정리가 무의식적으로 이루어지기 때문에’ 많은 경우 우리는 그것을 잘 의식하지 못한다. 그러나 복잡한 이야기를 누군가에게 하려고 할 때, 누구나 '머리에서 정리하고 말하는 과정' 을 느리게 체험할 수 있다.

나는 과외하기 전에도 수학을 잘했다. 수능 이전의 학력고사 세대로 수학에서 주관식 문제를 하나 틀렸다. 당시 그 정도 실력이면 대놓고 자랑할 만한 점수였다. 지금보다 그때가 수학이 훨씬 어려워서 만점은 드물었기 때문이다.

그래서 아이들에게 수학을 가르치면서 점점 더 나의 수학 실력은 탁월해졌다. 내가 학생이었을 때는 문제를 겨우 푸는 수준이었던 것이, 내가 선생의 입장에서 아이들을 가르치다 보니 문제가 훤히 보였다. 먼저 수학 책의 내용을 완전히 이해할 수 있었다. 그래서 어떤 내용을 어떤 아이에게도 쉽게 설명할 수 있게 되었다. 또한 문제를 분석하면서 문제와 수학 책의 내용과의 관계까지 설명할 수 있게 되었다. 한마디로 탁월한 수학 강사로 만들어져갔다.

분명 학생이었을 때 수학 공부를 많이 했었을 텐데, 왜 과외 선생이 되었을 때에서야 수학을 더 잘하게 되었을까? 이유는 간단하다. 학생이 하는 일과 선생이 하는 일의 차이에 그 이유가 있다. 학생은 주로 선생의 설명을 듣고 문제를 푼다. 선생은 미리 수학 문제를 풀어 본 후, 아이에게 어떻게 설명할 것인지를 생각해 온다. 그리고 교과서 내용에 비추어서 문제풀이를 아이에게 설명한다.

설명을 듣고 문제를 풀 때, 아이는 기억력에 의존해서 문제를 푼다. 그 결과 수학적 사고력이 키워지지 않는다. 즉 '선생님이 보여주었던 방법' 에 의존해서 문제를 풀기 때문에 그만큼 아이가 생각할 필요가 없기 때문이다. 또한 그 방법은 '자기가 직접 풀며 획득한 것이 아닌 선생님이 풀었던 것을 보며 획득한 것' 이기 때문에, 즉 진지한 사고 과정을 거치지 않았기 때문에 피상적으로 기억되어서 금방 잊혀진다.

그러나 진짜 선생은 '다른 사람이 풀었던 방법' 에 대한 기억을 의지하면서 문제를 풀지 않는다. 자기 생각과 노력으로 직접 문제를 푼다. 그래서 수학 문제를 자기 식으로 이해한다. 더 나아가 설명하기 위해서 풀었던 내용을 정리하며 분석까지 한다. 그러면서 수학의 기본 개념, 법칙과의 관계까지 생각한다. 즉 교사는 수업을 준비하면서 수업 내용을 수학적 사고를 통해 머리로 정리한다. 그리고 머리로 정리된 내용을 아이에게 설명할 때, 다시 한 번 수학적 사고를 하며 그것들을 자신의 머리에 각인시킨다. 그러니 가르칠 때마다 교사의 실력이 일취월장하지 않을 수 없다.

수학적 사고는 남이 푼 것을 기억하며 문제를 푸는 것으로는 결코 키워지지 않는다. 오직 자신의 머리로 풀이 방법을 찾고 또한 그것을 남에게 설명하기 위해서 정리할 때, 그리고 설명하면서 다시 한 번 수학적 사고를 집중적으로 할 때에만 제대로 키워질 수 있다.

다른 과목도 마찬가지이다. 아이는 수업을 듣고 고작해야 그것을 후에 복습할 뿐이다. 그러나 교사는 수업 내용을 미리 머리에서 정리한 후, 설명하는 동안 수업 내용에 대해 집중하며 사고한다. 그렇기 때문에 제대로 된 교사라면 수업을 많이 함에 따라 베테랑 교사로 성장하게 된다.

아는 것을 말하면 고득점이 보이는 이유가 여기에 있다. 아는 것을 말하면 그때 우리는 그 아는 것을 정리하면서 그것을 더 깊이 알게 되고 더 오래 기억하게 된다. 왜냐하면 인간은 말을 할 때 생각하는 존재이고, 이때 하는 생각이 말의 내용을 우리의 머리에 각인시키면서 우리 사고의 일부가 되게 하는 역할을 하기 때문이다.

그래서 실력 있는 선생들은 수업시간에 자기 말을 가능하면 줄이고 아이들에게 말을 시키려고 한다. 아이가 말을 많이 해야 아이의 실력이 늘어서 수업 내용을 더 깊고 더 오래 기억하기 때문이다. 오직 무능한 선생만 자기 혼자 떠드는 수업으로 일관할 뿐이다. 그러므로 공부를 잘하고 싶다면 학생처럼 듣지 말고 선생처럼 말해봐라. 그러면 그 아는 것을 더 잘 알게 되고, 마침내 선생과 같은 실력을 갖출 것이 분명하기 때문이다.

 아이의 미래를 열어주는 질문

2% 무엇이든 물어보는 아이가 시험에 강하다

아무리 많은 것을 보고 들어도 우리가 기억할 수 있는 양은 매우 적다. 그 많은 것 중 일부에 대해서만 우리가 생각하고 '그렇게 생각된 것들' 만 한 동안 기억하다가 '그 중 정리되어서 우리 사고의 일부가 된 것' 들만 반영구적으로 기억한다.

그런데 우리의 사고는 주로 우리가 관심을 가지는 것에 집중한다. 음식에 관심 있는 사람들은 맛있는 음식이름, 요리법, 맛있는 집 등 음식에 관한 것을 모두 기억한다. 축구에 관심 있는 사람은 축구에 관한 것이면 별 것을 다 기억한다. 물론 책을 좋아하는 사람은 책에서 관심 있게 봤던 것을 잘 기억한다. 그래서 소설을 좋아하는 어떤 사람은 소설의 흐름을 완전히 파악하고, 심지어 주인공의 대화마저 기억한다.

아이들이 시험을 잘 보기 위해서는 공부했던 것을 생각해서 그 결과 그것을 기억해야 하는데, 공부하기 싫어하는 아이들이 그럴 리가 없다. 그러므로 무언가가 아이들이 '시험 내용'에 대한 것을 생각하게 만들어야 하는데, 그것이 바로 부모의 질문이다.

부모가 아이에게 '시험 출제 범위의 교과서 내용'에 대해 질문하면 아이는 그 질문에 답하기 위해 말을 한다. 그런데 사람은 말할 때 생각하므로 그때 아이들이 그 내용에 대한 생각을 한다. 그리고 바로 그 생각이 아이가 그 내용을 오래 기억하게 하고, 그 중 어떤 것들을 장기 기억의 일부로 만들어 장기적으로 기억하게 된다. 그래서 부모가 아이에게 시험 내용에 대해 질문하면, 아이들은 그것을 잘 기억하기 때문에 시험에 강하게 된다.

아이에게 질문하는 데는 두 가지 방법이 있다. 하나는 아이가 자기 생각을 자유롭게 말할 수 있도록 '특정한 답이 없는 일반적인 질문'을 하는 것이다. 그래서 아이가 말하고 싶은 것은 뭐든 자유롭게 이야기하며 자기 생각을 키우게 하는 것이다. 또 다른 하나는 아이가 학교 시험에 집중할 수 있도록 '수업 내용과 관련된 질문'을 하는 것이다. 그래서 아이가 현재 배우고 있는 내용으로 대답하게 하면서 스스로 정리하게 하고, 그 정리를 통해서 학교 시험을 매일 미리미리 준비하도록 하여 아이를 학교 시험에 강하게 만드는 것이다.

'특정한 답이 없는 일반적인 질문'은 '사람은 왜 사는가? 또는 사랑은 무엇인가? 라는 질문처럼 너무 막연해서 이에 대해 아무 대답이나 가능한 질문이다. 그래서 아이는 이 질문에 대해 무엇이든 생각하면서 자유롭게 이야기한다. 그러면서 그 질문에 대한 자기 생각을 키워간다. 이렇게 키워진 생각들은 서로 엉키면서 하나의 생각 덩어리를 형성한다. 그러다가 그 덩어리가 커지게 되면 아이의 머리는 그 덩어리들을 자연스럽게 분화시킨다. 이렇게 생각 덩어리는 성장과 분화를 반복하면서 발전한다. 일단 아이가 이 생각 덩어리를 발전시키게 되면, 이것이 아이 공부의 든든한 기반이 된다. 왜냐하면 이 생각 덩어리의 크기가 바로 아이의 생각하는 능력을 의미하기 때문이다.

'수업 내용과 관련된 질문' 에는 '특정한 답' 을 요구하지 않는 질문과 '특정한 답' 을 요구하는 구체적인 질문이 있다. '특정한 답' 을 요구하지 않는 질문은 앞의 '특정한 답이 없는 일반적인 질문' 처럼 그 답이 미리 정해져 있지 않다. 그래서 아이는 자기가 하고 싶은 대답을 한다. 그러나 그것은 수업 내용에 한정된 질문이기 때문에 아이가 아무 이야기나 할 수 있는 것은 아니다. '오늘 수학시간에 배운 것이 무엇이냐? 또는 '오늘 학교에서 배운 것이 무엇이냐? 는 질문처럼 배운 것에 대해 이야기해야 한다.

이 질문은 아이가 그날 배웠던 수업을 스스로 정리하게 하는 효과를 가지고 있다. 만약 아이가 매일 '수업시간에 무엇을 배웠느냐' 는 질문을 받는다면 그 아이는 그 질문에 대답하기 위해 매일 자기가 배운 것을 정리하기 때문이다. 그래야 그 질문에 답할 수 있다. 그래서 아이는 누가 시키지 않아도 수업도 열심히 듣고, 수업 후에도 열심히 복습한다. 그 결과 아이는 학교 시험을 잘 볼 수밖에 없다. 수업도 집중해서 듣고 복습도 철저하게 하기 때문이다.

'특정한 답'을 요구하는 질문은 쪽지 시험과 같은 것이다. 그날 수업 내용 또는 따로 범위를 정한 교과 내용에서 시험문제를 낸다. 그러면 아이는 이 시험을 준비하면서 나름대로 배운 것을 복습하거나 부모가 정해준 범위를 공부한다. 이 방법은 시험에 나올만한 핵심적인 것을 집중적으로 체크하여 단기적인 시험에 대비하는 것을 목적으로 한다. 그리고 이 방법도 앞의 '특정한 답'을 요구하지 않는 질문과 비슷한 효과를 가지고 있다. 수업 내용 또는 정해진 교과 범위에서 구체적인 문제를 내도 아이는 수업을 열심히 듣고 또한 철저히 복습해야 하기 때문이다.

아이에게 던지는 질문은 그것이 수업과 관련되는 것이든 아니든 아이의 인생에 큰 영향을 준다. 질문을 받는 아이는 그 질문에 답하기 위해서 노력하고, 그러다 보면 깊게 생각하며, 그 생각들이 아이에게 사고의 힘을 길러주거나 또는 학교 공부에 대한 집중력을 허락하기 때문이다.

학교 수업과 관련되지 않는 질문은 아이에게 비범한 사고력을 길러 주어서 아이가 공부를 좋아하게 하고 또한 나중에 대단한 일을 하는 토대를 제공한다. 그래서 아이의 미래를 멋지게 열어준다. 이에 비해 학교 수업에 대한 질문은 아이가 학교 수업에 집중하게 하고, 그 결과 학교 시험에 강하게 만든다. 그래서 이 아이는 명문대 유망학과에서 공부할 기회를 갖게 되고, 그 배움을 통해 자기 미래를 펼쳐갈 재능을 얻게 된다.

아이에게 던지는 몇 개의 질문이 작고 사소해 보이지만, 그것들이 하나의 규칙으로 정착되어 아이에게 매일 던져진다면 그 효과는 결코 작지 않다. 그 질문 몇 개는 사소하지만, 그것이 아이의 머리에 영향을 주기 때문이다. 그 덕분에 아이가 남보다 더 탁월한 사고능력과 공부에 대한 집중력을 갖게 되기 때문이다.

2% 질문 하나가 인생을 바꾼다

질문 하나로 아이의 인생을 바꾼 부모가 있다면 믿을 수 있겠는가? 놀랍게도 그런 일이 있었다. 그 아이는 바로 훗날 남 캘리포니아 대학 교육학 교수로 재직하면서 '러브클래스'라는 사회교육 세미나를 열어 미국 젊은이들에게 삶의 지혜와 용기를 심어주었던, 세계적인 베스트셀러 『살며 사랑하며 배우며』의 저자인 레오 버스카글리아 (Leo Buscaglia)이다. 물론 정확히 말하면 질문 하나는 아니었다. 왜냐하면 그의 부모가 같은 질문 하나를 그에게 매일 했기 때문이다.

그의 책 『Love』에 보면 그의 어린 시절 이야기가 나온다. 그 당시 그에겐 정말 끔찍했던 일이 매일 하나씩 있었다. 그것은 아버지가 저녁을 드시고 나면, '오늘 새로 배운 것이 무엇인가?(What did you learn new today?)'라고 매일 그에게 규칙적으로 질문했던 일이었다. 그래서 그는 질문 시간이 다가올 때마다 그날 하루 무언가를 열심히 배우지 않았음을 후회하며, 그 질문에 답하기 위해 노심초사(勞心焦思)했다. 그러면서 마땅히 아버지에게 답할 질문이 없으면 백과사전을 뒤적이면서 새로운 사실 하나를 찾아서 암기했다. 예를 들면 '이란의 인구는 몇 명이다' 와 같은 정보를 땜질용으로…….

그런데 그는 어른이 되어서도 그 습관을 버리지 못했다. 저녁에 너무 피곤해서 자려고 누울 때도 자기 스스로에게 그 질문을 해서 아무것도 생각하지 못하면, 잠자기 전에 책을 보며 무엇인가를 찾았다. 어렸을 때는 부모 때문에 억지로 했던 일이었지만, 어른이 되어서는 누가 시키지도 않았는데 자기 스스로 질문하고 그에 답하려고 노력했다. 어쩌면, 어려서 철이 없었을 때는 그것이 힘들었지만, 나이가 들면서 그 질문의 가치를 스스로 깨달아가면서, 그 습관을 그가 내면화했기 때문으로 보인다. 그러면서 그는 그 습관을 배움이 의미하는 모든 것이라고 높게 평가했다.

분명 그의 부모는 단순한 질문을 매일 반복했다. 그러나 어린 그에게는 그 질문이 결코 단순하지 않았다. 정말 어려운 질문이었다. 그래서 그는 '질문 시간에 무엇을 말할까' 로 고민하면서 하루 종일 시간을 보내야만 했다. 그러다가 저녁 시간까지도 특별한 것이 생각나지 않으면, 그때는 백과사전을 뒤적여 어떤 사실 또는 지식을 급하게 외워야만 했다.

이것은 그가 단순히 매일 새로운 것 하나만을 배웠음을 의미하지 않는다. 그랬다면 그가 그 질문을 통해 그렇게 대단한 인물이 되지 못했을 것이다.

매일 반복되는 질문 하나는 그로 하여금 하루 종일 무언가를 배우기 위해 노력하게 했다. 그래야 저녁 시간에 새로 배운 것을 말할 수 있었기 때문이다. 즉 부모의 질문은 그로 하여금 단순히 무엇을 하나 더 배우게 하는데 그치지 않았다. 거기서 더 나아가 그것은 그에게 하루 종일 새로운 것을 배워야 한다는 압박을 주었고, 그 압박 때문에 그는 항상 무언가를 배우려는 자세로 하루하루를 살았다. 그리고 그렇게 산 결과, 그에게 배움은 자연스러운 삶의 과정이 되었고, 그래서 공부를 탁월하게 잘할 수 있었다.

그 부모가 어떤 생각으로 그에게 그런 질문을 했는지는 모르지만, 매일 반복되는 그 질문은 그의 인생을 완전하게 바꾸어 놓았다. 그는 부모 덕분에 항상 배우려는 자세로 살게 되었고, 그의 그런 자세는 공부에서 그를 성공하게 만들었다.

부모는 쉽게 질문하지만 그 질문이 아이에게 미치는 파장은 매우 크다. 부모가 쉽게 준비한 질문도 그것이 매일 반복되면, 아이에게 부담이 되고 부담이 되기 때문에 그 질문에 답하기 위해서 아이가 매일 노력하기 때문이다.

또한 사람들은 누구나 대답할 때 최선의 답을 하려고 노력한다. 아이들도 마찬가지다. 그렇기 때문에 '부모의 질문에 대한 답'을 일찍 발견했다고 해도 '더 나은 답이 없나'는 마음으로 하루 종일 새로운 답을 아이는 찾는다. 즉 부모는 질문 하나를 던진 것에 불과하지만 아이는 '그 질문에 대한 답'을 하루 종일 찾으며 공부한다.

레오 버스카글리아의 이야기는 그에게만 가능한 이야기는 아니다. 누구나 그의 부모처럼 자기 아이에게 공부와 관련하여 생각해야만 하는 질문을 던진다면, 그 아이도 레오 버스카글리아처럼 될 것이기 때문이다. 겉으로 보기에는 작은 질문이지만 매일 규칙적으로 아이에게 주어지면, 그 질문이 아이의 삶을 '열심히 배우는 노력'으로 만들기 때문에, 아무리 평범한 아이도 이 방법을 쓰면 대단한 어른이 될 수 있다.

매일 공부하는 아이가 벼락치기로 공부하는 아이보다 공부를 더 잘한다. 물론 벼락치기조차 안하는 아이들도 있다. 이런 아이들은 시험 잘 보고 싶은 의지가 없기 때문에 공부를 못하고 그래서 하위권을 형성한다.

벼락치기로 공부를 하면 시험 볼 때 잠깐 기억하다가 시험 끝나면 모두 잊어버린다. 그래서 항상 새로운(?) 마음으로 공부하고, 새롭게(?) 시험공부 한다. 그 결과 시험 성적도 항상 비슷하다.

그러나 매일 공부하는 아이는 평상시에 충분한 시험 준비를 한 상태에서 시험 기간에 다시 한 번 '시험에 나올 내용'을 정리하기 때문에 시험에 강하다. 그래서 부모들은 아이들을 매일 공부시키려고 하지만 아이들이 그런 부모의 염원을 소중하게 생각할 리 없다. 부모는 아이 공부를 자기 일이라 생각하지만 아이들은 자기 공부를 부모의 일쯤으로 여기기 때문이다.

그렇다고 부모가 무리수를 띄우면서 억지로 공부시킬 수도 없다. 억지로 아이에게 공부시켜봤자 괜한 반항심만 조장하여 역효과가 날 위험이 있기 때문이다.

이런 상황에서 부모는 어떻게 해야 하는가? 아이들에게는 최소의 부담을 주면서 최대의 효과를 끌어내는 '배운 것에 대해 질문하기' 를 매일 하면 된다. 아이가 학교에서 배워온 것을 매일 물어보아라. 그러면 아이는 배운 것에 대해서 이야기 하면서 그날 배운 것을 머리에 생각하고, 그렇게 생각된 것들은 아이의 머릿속에서 오래 기억된다.

이 방법은 아주 고전적인 방법으로 매우 효과가 있다. 부모가 매일 질문하면 아이는 그 질문 때문에 수업시간에 집중할 수밖에 없고, 수업시간에 집중하는 아이들이 초등학교 때에 공부를 잘하기 때문이다. 초등학교 때는 수업시간에 선생님께서 가르쳤던 내용이 주로 시험에 나온다. 그런데 '매일 수업 내용에 대해 질문하는 부모' 때문에 수업을 집중해서 듣고, 또한 부모의 질문에 답하기 위해서 수업 내용을 스스로 정리한 후, 다시 부모의 질문을 받으면서 그것을 복습하면 아이는 당연히 시험에서 좋은 성적을 얻게 된다.

부모의 작지만 꾸준한 노력이 아이에겐 쉽고 편한 공부를 하게 하면서 동시에 그 아이를 시험에 강하게 만든다. 그러나 이 방법은 사소해 보이기 때문에 부모들에게 무시 받아서 꾸준하게 사용되지 못한다. 그래서 소수의 부모들에게만 애용되고 그 집 아이들만 공부를 잘한다.

'공부 못하는 아이'가 '공부 잘하는 아이'를 따라가지 못하는 이유는 공부 잘하는 아이가 더 공부를 열심히 하기 때문이라고 흔히 생각한다. 물론 그렇다. 그러나 공부 못하는 아이가 공부를 열심히 한다고 해서 공부 잘하는 아이를 따라 잡는 것은 아니다. 공부 못하는 아이가 공부 잘하는 아이를 따라잡기 위해서는 반드시 넘어야 하는 벽이 있는데, 단순히 공부를 많이 한다고 해서 공부 못하는 아이가 이 벽을 넘는 것은 아니다.

공부 잘하는 아이에게는 있고, 공부 못하는 아이에게는 없는 것. 그래서 공부 못하는 아이가 반드시 넘어야 할 벽은? 바로 공부의 기초이다. 한 번 기회를 놓치면 공부의 기초를 다시 잡기 어렵다. 물론 공부의 기초는 있지만 공부를 안 해서 성적이 안 나오는 아이들도 있다. 이런 아이들은 공부를 열심히 하면 된다. 그러나 공부 못하는 대부분의 아이들은 공부의 기초가 없다. 그래서 공부를 잘하려고 노력해도 성적이 쉽게 오르지 않는다.

공부 못하는 아이들의 발목을 잡는 공부의 기초는 무엇인가? 그것은 교과서의 기본적인 내용이다. 어떤 교과든 '그 교과 공부의 기초가 되는 기본적인 내용들'이 있다. 그 내용들을 이해하지 못하면 그 교과 공부를 잘할 수 없다.

만약 그 기초를 잡지 못하면 기초공사 없이 건물을 짓는 것과 비슷하다. 그 교과의 기본 내용을 이해하지 못했기 때문에 다른 내용을 아무리 많이 공부해도 잘 이해되지 않아 잘 기억되지 않고, 설령 억지로 기억한다고 해도 금방 잊어버리기 때문이다. 즉, 기초가 없는 상태에서는 많이 공부한다고 해도, 실제로 이해되어서 머리에 남는 것은 거의 없기 때문에 그 교과 공부를 잘하는 것은 어렵다.

공부의 기초는 어려운 과목에서 특히 중요하다. 사실 어려운 과목은 학교에서 중요한 과목이기도 하다. 쉬운 과목은 모두 잘하기 때문에 학교 성적의 승부처가 아니기 때문이다. 이에 비해 어려운 과목은 잘하는 아이들만 잘하게 되는데, 이는 한번 못하게 되면 따라잡기 어렵기 때문이다. 그래서 수학과 영어 같은 어려운 과목이 학교 성적에서나 대학 입시에서 중요한 과목이 되는 것이다. 물론 어려워도 피할 수 있는 과목은 중요한 과목이 아니다. 그냥 피하면 된다. 단지 그 과목을 피하지 못할 때만 조금 손해를 보면 된다.

쉬운 과목이 쉬운 이유는 아이들이 그 과목의 기초를 잡기가 쉽기 때문이다. 예를 들면 도덕이나 국어가 그렇다. 도덕이나 국어에서 다루는 것들은 일상의 삶에서 쉽게 접하는 것들이어서 아이들이 자신들이 이미 경험한 것들을 통해서 그 기초를 쉽게 이해한다. 그러나 이 과목들도 '이 과목의 기초를 이해하는 데에 필요한 일상적인 경험이 없는 특수한 아이들'에게는 어렵다.

흔히 공부에서 남에게 뒤떨어지게 되면 마음이 급해져 공부의 기초를 무시하는 경향이 종종 있다. 물론 어떤 과목은 굳이 앞에서 공부했던 것을 다시 공부하지 않고도, 현재의 공부만 열심히 하면 따라갈 수 있다. 그러나 어떤 과목은 아무리 마음이 급해도 공부의 기초를 잡아야만 잘할 수 있다. 그 기초가 그 과목 공부에 필수적인 조건이기 때문이다.

공부의 기초를 잡는 방법은 초등학교 교사의 수업 방식을 생각하견 쉽게 알 수 있다. 초등학교 때가 바로 아이들이 공부 기초를 잡는 때이기 때문이다. 초등학교 교사들은 주로 교과서 내용을 아이들 경험과 연결 지어서 설명한다. 즉 아이들의 구체적인 삶과 교과서의 추상적인 개념을 연결시킴으로서 교사들은 아이들이 그 교과의 기초를 잡는 것을 도와준다. 아이들은 자기들이 경험한 것을 통해서만 교과서의 기본 개념을 이해하기 때문이다. 그래서 교사들은 아이들의 일상적 삶의 사례를 통해 교과서의 기본 내용을 설명한다. 사실 이 방법은 대부분의 수업에서 많이 쓰는 기본 개념 설명방식이다. 심지어 대학 교수도 학생들의 체험을 사례로 제시하면서 학문의 기본 개념을 종종 설명한다.

공부의 기초를 잡기 위해서는 자신의 경험을 통해서 교과서의 기본 개념을 이해해야 한다. 그러므로 아이의 공부 기초를 잡아주고 싶다면 아이의 일상적 경험으로 교과서의 기본 내용을 설명해야 한다. 그것만이 '추상적 개념을 우리가 처음에 이해하는, 즉 공부의 기초를 배우는 공부 방법' 이기 때문이다.

아이가 무심코 던지는 사소한 질문! 그 질문은 겉으로는 아무런 의미가 없어 보이지만 바로 그 질문에 아이 공부의 열쇠가 있다. 비록 그 질문이 공부와 아무 관련 없어 보여도 그 질문 안에는 아이의 공부와 연결될 여지가 있기 때문이다. 탁월한 교사라면 그 질문을 아이의 교과 공부와 연결시킬 수 있을 정도로 충분한 여지가 있다.

교과서는 '아이의 삶의 경험'을 지식으로 만든 것이다. 그러므로 아이의 삶 중에서 교과서와 관련 없는 것은 없다. 다만 교과서를 보면, 그것이 아이의 현재와 미래의 삶과 관련되어 있다는 것을 알 수 있지만, 반대로 아이의 삶을 보면서 교과서 내용을 생각하기는 어렵다. 그렇게 하려면 교과 지식에 대해 상당한 수준의 이해가 필요하기 때문이다.

학교 교사들은 교과 지식을 설명하기 위해 아이들의 일상의 삶을 수업 상황으로 끌어들인다. 즉 교과서의 기본 개념을 일상의 삶으로 풀어서 아이에게 설명한다. 아이의 일상적인 삶을 추상적으로 정리한 것이 교과서이기 때문에 어려운 교과서 지식을 쉬운 일상의 언어로 바꾸어 구체적으로 설명하면 아이가 이해하기 때문이다.

특히 교과서의 기본적 내용은 '공부의 기초'가 되기 때문에 더욱더 일상의 삶을 소재로 하여 아이에게 설명해야 한다. 왜냐하면 기초 개념은 그 교과에 대한 사전 지식이 없는 상태에서 배우는 것으로 일상적 삶으로 쉽게 풀어 설명하지 않으면 이해하기 어렵기 때문이다. 아이들이 그 내용에 대해서는 처음 배우는 것이라서 설명할 때 아이들의 일상적 삶 말고는 달리 의지할 만한 것이 없다. 즉 교과서 내용 중 기초 개념이 아닌 것은 아이들이 이미 이해한 기초 개념을 의지해서 설명할 수 있지만, 기초 개념은 그럴 수 없기 때문에 일상의 삶을 통해서만 쉽게 설명된다.

아이의 일상적 삶을 이용해서 공부의 기초를 가르치기 때문에 '아이와 함께 일상의 삶을 보내는 시간이 가장 많은 부모'가 아이 공부에 큰 도움을 줄 수 있다. 아이 공부에 조금만 신경을 쓰면 아이에게 교과서의 기본 개념을 '함께 보내는 일상의 삶'을 통해 부모가 가르칠 수 있다. 그래서 부모의 도움으로 아이가 공부의 기초를 미리 알고 수업을 듣게 되면 당연히 수업을 잘 이해하고, 그래서 학교 공부를 잘하면서 더 나아가 재미있어 할 것이기 때문이다.

물론 그렇게 하려면 부모가 교과서의 내용을 일상의 삶으로 풀어 설명할 수 있는 최소한의 실력이 있어야 한다. 그러나 이것만으로는 부족하다. 교과서의 기본 개념에 대한 부모의 설명이 잘 전달되려면 부모의 가르침이 아이에게 자연스러워야 한다. 아이가 편하게 부모의 설명을 들어야 그 개념을 잘 이해할 수 있다. 그렇지 않고 아이가 부모의 설명에 대해 거부감을 느끼게 되면 오히려 부작용만 생길 수 있다.

이런 맥락에서 아이가 무심코 던지는 사소한 질문이 학교 성적의 열쇠가 된다. 아이의 질문은 '이 질문과 관련된 교과서의 기본 개념을 설명할 수 있는 자연스러운 기회'를 부모에게 주기 때문이다. 물론 아이의 질문은 대부분 공부와 별로 상관없어 보인다. 그래서 이 질문을 어떻게 학교 공부와 연결시켜야 할지 대부분의 부모들은 난감해 한다. 그렇기 때문에 정말 아이의 질문에 잘 대답함으로써 아이의 공부 기초를 잡아주고 싶다면, 먼저 부모가 아이 학교 공부를 철저하게 파악하고, 그 다음 그것이 일상의 삶과 어떤 연관이 있는지를 연구해야 한다. 이렇게 연구가 끝난 상황에서 아이의 질문을 기다리면 기회는 언제든 찾아오기 때문이다. 그 기회를 잘 활용해서 아이의 질문에 잘 답해 주면 아이의 실력은 하루가 다르게 쑥쑥 키워질 것이다.

2% 그 부모에 그 자식? vs 그 부모에 딴 자식?

『열린사회와 그 적들』이라는 책의 저자로 국내에서 유명한 칼 포퍼. 그는 마르크스의 어설픈 과학주의를 깬 '과학 철학자' 이자 '비판적 합리주의자' 로 공산주의의 이론적 모순을 과학적으로, 철학적으로 논박하여 큰 성과를 거둔 철학의 대가였다. 그래서 철학, 특히 과학 철학과 마르크시즘에 관심을 가졌던 사람들은 그의 책을 읽어 보았거나 최소한 그의 이름은 알고 있을 정도로 그 분야에서는 유명하다.

브라이언 매기가 그의 철학을 쉽게 정리한 『칼 포퍼』라는 책에 의하면 어린 시절 이야기가 나온다. 그 이야기에 의하면 그는 '당시에 철학적으로 중요하면서도 어려운, 어떤 개념' 을 어렸을 때 이미 이해했다. 처음에 이 사실을 접했을 때 부럽기만 했다. '그는 어떤 환경에서 자랐기에 어른들도 이해하기 힘든 철학적 개념을 어린 나이에 이해했다는 말인가?' 라고…,

그러다가 포퍼의 이야기가 우리 자신의 이야기는 될 수 없어도 우리 아이들의 이야기는 될 수 있다는 생각이 들었다. 칼 포퍼의 부모가 했다면 우리도 못할 이유가 없기 때문이다.

가끔 보게 되는 이런 사례에 고무되어서 일까? 대한민국의 학부모들은 자기 아이를 포퍼처럼 큰 인물로 키우기 위해서 많은 노력을 한다. 그러나 그 결과는 소수의 성공적인 사례를 제외하고는 대부분 초라하다. 그 이유는 부모가 자연스러운 대화를 통해 아이의 공부에 긍정적인 도움을 주려하지 않고, 일방적으로 아이의 공부를 주도하려고만 하기 때문이다. 그래서 부모와 자녀의 참된 대화는 단절되었고, 그 단절된 상태에서 부모가 아이의 공부에 좋은 영향을 줄 수 없기 때문이다.

똑똑한 부모의 자식은 똑똑하거나 멍청하거나 둘 중 하나이다. 똑똑한 부모가 자식과 잘 통하면 아이는 부모의 영향을 받아 똑똑해진다. 반대로 똑똑한 부모가 자식과 잘 통하지 않으면 부모의 똑똑함은 아이에게 오히려 나쁜 영향을 주어, 그 아이는 딴 자식처럼 이상하게 자란다.

'부모의 똑똑함이 아이에게 어떤 영향을 주는가?' 는 전적으로 부모와 자식의 대화에 달려 있다. 똑똑한 사람은 어려운 내용을 일상적인 삶으로 설명할 수 있는 능력을 가지고 있다. 그래서 아이가 어떤 질문을 해도 그 질문을 통해서 아이의 생각의 능력을 키워줄 수 있다.

그러나 똑똑한 부모의 능력이 좋은 결과를 가져오기 위해서는 아이가 부모와의 대화를 즐기면서 그 대화에 적극적으로 참여해야 한다. 그렇지 않고 아이가 부모와의 대화를 싫어한다면, 이것은 아이가 부모와의 대화에 마음을 닫은 것인데 마음을 닫고 나누는 대화에서 아이가 무엇인가를 배우는 것은 불가능하기 때문이다.

그런데 머리만 좋아서 똑똑한 부모들은 아이의 이야기를 들으려 하지 않는 경향이 있다. 그래서 아이의 마음을 읽지 못하고, 아이의 마음을 읽지 못하니, 즐겁고 의미 있는 대화를 아이와 함께 나누기 어렵다. 다만 자신의 똑똑함으로 아이를 주눅 들게 하고 괴롭게 할 뿐이다. 그 결과 아이는 부모의 의도와는 정반대의 방향으로 커가게 된다.

남의 이야기를 잘 듣지 못하고 머리만 좋은 것을 '헛똑똑' 이라고 한다. 그 이야기 속에 다른 사람과 마음을 나눌 수 있는 것들이 있는데, 이를 무시하기 때문에 다른 사람의 마음을 움직일 능력이 없기 때문이다. 그래서 이런 사람은 자신의 똑똑함으로 남을 이롭게 하지 못하고, 더 나아가 자신의 똑똑함 때문에 남과 어울리지 못해서 고독한 삶을 살게 된다.

부모가 이런 종류의 헛똑똑이면 아이가 그 부모에게서 좋은 영향을 받기 어렵다. 어쩌면 아무 영향도 받지 않고 혼자 자기 공부를 헤쳐 나가는 것이 아이의 인생에 도움이 될 지도 모른다. 많은 경우, 그 헛

똑똑이 나쁜 영향을 주어서 아이의 인생을 망칠 수도 있기 때문이다.

아이를 변화시키고 싶다면 부모가 먼저 아이와 좋은 대화를 나눌 수 있어야 한다. 그러면 부모가 특별한 노력을 기울이지 않아도 아이는 그 대화를 통해서 부모를 닮아가기 때문이다. '아이의 마음을 부모에게 열 수 있는 대화'에는 부모의 능력도 아이에게 전달할 수 있는 특별한 능력이 있다.

PART 05

지식은 삶의 경험이다

★

노는 공부에는
은밀한 매력이 있다

2% 명품 자녀교육

공부를 정말 잘 해서, 그 공부로 성공한 어른이 아니라면, 누구나 한번쯤 '공부할 수 있을 때 열심히 하지 않았던 것'에 대해서 후회한다. 학창시절에 정신 차리고 열심히 공부해서 명문대학 인기학과를 나와서 유망한 직업을 가졌더라면, 지금 자신의 삶이 더 편하고 윤택했을 것이라고 믿기 때문이다. 자신의 분야에서 어느 정도 성공해서 안정된 생활을 누리고 있는 사람들이라고해서 예외는 아니다. 비록 성공했지만, 좋은 학벌과 전문지식의 도움을 받지 못해서 고생한 적이 있기 때문에, '공부만 좀 잘 했더라면' 하는 아쉬움과 미련은 그들에게도 있다.

공부할 때를 놓친 어른들이 공부에 대한 미련을 쉽게 떨쳐 버리지 못하는 이유는, 삶의 들판이라는 야생 지역에서 공부라는 문명의 혜택 없이 살면서 적지 않은 고생을 했거나 지금도 하고 있기 때문이다. 그래서 자기 아이들만큼은 자신처럼 살아서는 안 된다는 생각에 자녀들의 공부에 올인하고 있지만, 부모의 과잉보호 덕분에 삶의 들판의 근처에도 가보지 못한 아이들이 부모의 이런 마음을 알아줄 리가 없다. 삶의 들판에서 '못 배워 차별당한 설움'을 아직 경험해보지 않았기 때문에, 공부하라는 부모의 말을 잔소리로만 들을 뿐, 자신의 미래를 걱정해주는 조언으로는 받아들이지 못하기 때문이다. 그래도 부모는, 딴 데 신경 쓰지 않고 공부만 잘 했으면 하는 바람으로, 공부를 방해할 수 있는 삶의 불편함을 모두 제거해주지만, 역설적이게도 그렇기 때문에 아이들은 공부하는 것을 더 힘들어한다. '너는 공부만 잘하면 돼'라고 말하면서 모든 것을 부모가 챙겨주어서, 어려움이 무엇인지도 모르고 자란 그들에게, 공부 말고는 어려운 일이 특별히 없기 때문이다. 부모가 희생하며 만들어준 안락한 환경 속에서 편하게만 살아왔던 그들에게, 공부는, 그 편안함과 안락함을 위협하는 괴물 같은 끔찍한 이방인에 불과하기 때문이다.

이와 정반대의 이유로 어떤 사람들에게는 공부가 매우 쉽다. 그 중 한 명이, 서울대 인문대 수석으로 『공부가 가장 쉬웠어요』라는 책을 썼던 장승수이다. 물론 고등학교 다닐 때까지는 그에게도 공부는 쉽지 않았다. 그런 그에게 어느 날 갑자기 공부가 쉽게 느껴졌던 이유는, '배운 것도 없었고, 가진 것도 없었던 그때의 그'가 삶의 들판에서 할 수 있는 일들이 무척 힘들었기 때문이다. 공사장 막노동, 택시운전, 가스통 배달, 식당 물수건 배달 등 온갖 험한 일을 하면서도 가난했기 때문에, 상대적으로 공부가 그에게 쉽게 느껴졌던 것에 불과하다. 그래서 그는 공부를 정말 열심히 할 수 있었고. 그 결과 서울대 법대를 수석으로 들어갈 수 있었다. 물론 삶의 들판을 경험했다고 해서 누구나 장승수처럼 되는 것은 아니다. 그러나 그 곳에 가면, '다시 공부할 수만 있다면 정말 열심히 할 텐데'라는 향학열에 적어도 한 번쯤 불타오를 수 있다. '공부를 열심히 했을 때 누리게 될 특혜'와 '반대로 공부를 안했을 때 하게 될 고생'을 두 눈으로 똑똑히 볼 수 있기 때문이다.

문제는, 학교를 졸업해서 공부할 기회가 사라지고 난 후에야 아이들이 삶의 들판을 경험할 수 있다는 사실에 있다. 물론 또래 아이들과 다르게 어린 나이에 삶의 들판을 체험한 후, 이 경험을 긍정적으로 활용하여 열심히 공부하는, 운이 좋은 아이들도 있다. 그러나 많은 부모들이 '삶의 들판의 거친 삶'을 자녀들로 하여금 경험하게 하는 것을 꺼려한다. 편하고 좋은 것만을 주고 싶은 부모의 마음 때문이다. 그러나 어릴 때부터 귀하게 자라만 온 아이들은 삶의 어려움을 잘 모르고, 그래서 미래에 대한 걱정과 두려움이 전혀 없기 때문에 자신의 미래에 대해 진지하게 고민하지 않으며, 그 결과 앞으로의 삶에서 자신에게 필요한 것이 무엇인지를 깨닫지 못하고, 더 나아가 무언가를 이루고 싶은 간절한 소망, 즉 헝그리 정신이 부족할 수밖에 없다.

사람은 누구나 자신의 쓰라린 경험을 통해서만 행동을 바꾸는, 경험의 동물이다. 먼저 경험한 사람이 아무리 많은 말을 해도, 자신이 직접 당하면서 피부로 느끼기 전까지는 그 말들에 대해 진지하게 생각하지 않는다. 아이들도 예외는 아니다. 엄마가 아무리 많은 잔소리를 해도, 그 말을 듣지 않아서 한 번 호되게 당해 보기 전까지는 아이들의 행동이 쉽게 고쳐지지 않는다. 공부도 마찬가지이다. 부모가 아무리 공부해야 된다고 노래를 부르고, 공부를 잘하기만 하면 뭘 해주겠다고 아이의 환심을 사도, 아이가 '삶의 들판'을 경험함으로서 공부의 필요성을 직접 느끼는 것이 아니라면, 아이는 절대로 공부를 열심히 하지 않는다. 다만 엄마가 볼 때만 공부한 척하려고 할 뿐이다.

그러므로 부모는 절대로 '너는 공부만 잘하면 돼' 라는 말을 아이에게 해서는 안 된다. 아이가 커감에 따라서 점점 더 아이 문제는 아이 스스로 해결하게 하고, 그 결과에 대해 책임지게 해야 한다. 즉, 온갖 삶의 어려움으로부터 아이를 보호하는 장막을 치워서 아이가 직접 삶의 들판에 내리는 축축한 비와 차가운 눈, 뜨거운 햇살을 맞으며 고생하게 내버려두어야 한다. 그래야 아이들이 우산과 따뜻한 옷과 그늘이 필요한 줄을 알아서 그것을 준비하기 위해 무엇을 해야 되는지를 고민할 것이기 때문이다.

큰 나무는 들판에서 자란다. 당장은 추위에 떨거나 더위에 괴로워하는 나무가 불쌍해서 온실에서 적정 온도를 유지시켜주는 것이 좋을 것 같지만, 그러면 나무는 온도 변화에 맞춰 자신을 조절하는 능력을 상실해버려 평생 온실 속에서만 커야하는 잡목이 되고 만다. 이와 마찬가지로 부모가 아이의 숙제를 직접 해주거나 또는 아이의 문제를 해결해주면, 아이는 스스로 자기 문제를 해결할 능력을 키우지 못하게 되어서, 항상 부모에게 의존하는 나약한 사람이 되고 만다. 아이가 커가면 커갈수록 부모가 간섭하는 영역을 줄이고 아이가 스스로 하는 영역을 늘려야 한다. 친구 사이의 일은 가능하면 친구들끼리 해결할 수 있도록 엄마가 빠져야 하고, 학교에서의 일도 가능하면 아이 스스로 적응할 수 있도록 불필요한 간섭을 최소화해야 한다. 그러면서 삶의 어려움을 직접 겪어보게 해야 아이들이 자신의 삶에서 일어나는 문제에 직접 대응하면서 앞으로의 삶에 필요한 다양한 능력을 키울 수 있고, 또한 이를 통해 세상을 배우며 그 세상에서 잘 살기 위해서는 자신이 무엇을 준비해야 되는 지도 배울 수 있기 때문이다.

마지막으로 아이가 공부를 어영부영 한다면, 공부를 시키지 말고 다른 어려운 일을 하게 하는 것도 좋은 방법이다. 공부를 못할 경우 미래에 하게 될 어려운 일들을 직접 해 보게 하면, 혹시 아이가 장승수처럼 공부가 쉽다는 조숙한 생각을 할 수 있기 때문이다. 또한 집안 형편이 좋지 않거나 집에 어려운 일이 있을 때, 그 풍파를 아이에게 감추어서는 안 된다. 집안의 어려움이나 가난은 부끄러운 것이 아니라 불편한 것이고, 공부나 노력을 통해서 개선될 수 있는 문제라는 것을 아이에게 가르칠 수만 있다면, 바로 이것이 아이의 공부가 가장 쉬워지는 명품 교육터, 즉 삶의 들판이 될 수도 있기 때문이다.

# 지식은 삶의 경험이다

 **교과서는 다양한 지식의 축소판이다**

지식은 '인간의 경험을 정리한 것'이다. 보통 '글로 표현된 책'을 지식이라고 하는데, 글은 인간의 생각에서 나오고, 그 생각은 저자의 경험을 정리한 것이기 때문이다. 즉 문학이든, 경전이든, 역사책이든 모든 지식은 저자의 과거 경험을 토대로 성립했고, 그렇게 성립된 지식은 현재와 미래의 경험에 영향을 준다. 다만 그 경험이 문자의 형태로 변형되어 책으로 존재하기 때문에 지식이 인간의 경험에서 나왔다는 평범한 사실을 사람들이 잘 느끼지 못할 뿐이다.

과거에는 특별한 사람들의 특정 경험만이 유일하게 지식으로 인정되었다. 지식이 사람들에게 미치는 영향이 컸기 때문에 지배층이 이를 통제했기 때문이다. 그래서 '지식으로 인정되지 못한 경험'은 무시되었고, '지식으로 인정된 경험과 반대되는 것'은 불온한 것으로

탄압 받았다.

이에 비해 현대는 민주주의의 보편화로 지배 계층이 없어졌고, 그래서 더 이상 특정 경험만이 지식으로 인정되지 않게 되었다. 살 빼는 법, 골프 치는 법, 낚시하는 법, 주식 투자 하는 법, 돈 많이 버는 법, 공부 잘하는 법, 아이 잘 가르치는 법 등등…. 옛날에는 하찮은 것으로 무시되었던 것들이 이제는 유용한 지식으로 당당하게 인정받고 있다. 예전에는 소수의 지식 전문가들이 지식과 지식 아닌 것을 구별했지만, 이젠 평범한 대중들이 자기의 필요에 따라 어떤 것은 불필요한 정보로, 어떤 것은 유용한 지식으로 평가하고 있다.

지식을 '정리된 경험'으로 본다면 지식을 배운다는 것은 '그 지식이 보여주고자 하는 경험'을 저자의 시각으로 이해한다는 것이다. 그렇기 때문에 '지식의 배경이 되는 경험'을 전혀 모른다면 그 지식을 이해하기 어렵다.

장 폴 샤르트르는 1990년대 대학가에서 매우 유명한 저자였다. 1990년에 대학 신입생이었던 나도 장 폴 샤르트르의 『지식인을 위한 변명』을 읽었지만, 그때 나에게는 그 책이 너무 어려웠다. 그 이유는 샤르트르가 경험했던 것이 무엇인지 모르는 상황에서, 즉 샤르트르가 경험했던 것을 경험하지 못한 상황에서 '그 경험을 정리한 글'을 이해하려고 했기 때문이다. 즉 책의 배경이 되는 경험이 무엇인지도 전혀 모르고 읽었기 때문에 그때는 책 내용이 글자로만 보였고, 어떤 의미도 내게 발견되지 못했다.

그 후 인내력을 끈질기게 발휘하여 읽기를 계속 시도했는데, 언제부턴가 내용이 서서히 이해되기 시작되더니 시간이 흘러 그의 경험이 무엇인지를 더 분명하게 알게 되면서 그 책을 완전히 이해하게 되었다. 시간이 흐르는 동안 나는, 그때 우리나라의 시대적 상황을 통해, 샤르트르의 경험을 간접적으로 체험하게 되었고, 그 간접 경험은 그의 책을 이해할 수 있는 통로가 되었기 때문이다.

사실 그때 대학생들이 샤르트르에 대해 열광했던 이유는 우리나라의 시대적 상황과 책 내용의 시대적 상황이 비슷했기 때문이다. 그렇지 않고서는 외국의 유명한 철학자와 지식인들이 많은 상황에서 오직 그만 유별나게 대학가에서 뜰 까닭이 없었다.

교과서는 다양한 지식의 축소판이다. 많은 지식 중에서 아이들 교육에 필요한 내용만을 모아서 체계적으로 정리한 것이 바로 교과서다. 그래서 교과서는 매우 딱딱하고, 꼭 필요한 내용으로만 구성되어 있다. 그러나 교과서는 아이들이 꼭 알아야 할 것만 정리해 놓았기 때문에 아이들 공부에 매우 중요하다.

교과서도 지식이기 때문에 정리된 경험이다. 지식이 '경험을 정리한 것'이기 때문이다. 다른 책과 차이가 있다면 교과서는 교육용으로 만들어진 지식이어서 많은 경험 중 아이의 수준에 맞는 일부만을 교과별로 정리했다는 것이다. 특히 초등학교 교과서는 아이의 다양한 삶의 경험으로 구성되어 있다. 아직 추상적인 사고에 익숙하지 않은 아이들을 구체적인 경험을 통해서 지식에 익숙하게 하는 것이 초등학교의 교육 목표이기 때문이다.

초등학교 교과서는 아이들의 경험을 다룬다. 그 경험을 통해서 그 교과의 가장 기초적인 지식을 아이가 습득하는 것을 도와준다. 바로 그 기초 지식들이 다른 지식을 쌓아올리는 기반이 되기 때문에 학교 수업을 통해서 반드시 배워야 될 것들이다.

초등학교 교과서가 다루는 경험은 아이들이 일상의 삶에서 쉽게 겪는 일반적인 것이다. 그래야만 아이들이 교과서 지식을 쉽게 이해할 수 있기 때문이다. 그런데 가끔 교과서에서 다루는 경험을 겪어 보지 않는 아이들도 있다. 이 현상을 '경험 결손'이라고 하는데 경험 결손을 겪고 있는 아이들에게서 학습 장애가 일어날 위험이 많다. 수업은 '교과서에서 제시하는 일상의 경험'을 중심으로 보통 이루어지는데 그 경험이 무엇인지 모르는 상태에서 아이가 수업을 따라가기 어렵기 때문이다. 즉 수업을 이해하기 위해서는 꼭 필요한 경험들이 있는데, 경험 결손은 그 경험이 없다는 것을 의미한다. 그래서 이런 종류의 경험 결손을 겪고 있는 아이들은 수업 내용을 잘 이해하지 못한다.

여기서 말하는 경험 결손은 정도의 문제이다. 아주 특별한 소수의 아이만 제외하고 대부분의 아이들이 어느 정도의 경험 결손을 경험하고 있다. 물론 그 결손은 선생님의 자상한 설명에 의해서 보충되기도 한다. 그러나 보충되지 못한 경험 결손은 그 결손의 정도에 따라 아이의 배움에 치명적 장애를 초래한다. 그것 때문에 아이가 수업 내용을 제대로 이해하지 못하게 되고, 결과적으로 학교 시험을 잘 못 보게 된다.

그러므로 '학교에서 배울 내용이 무엇인가를 미리 확인하고 잘 이해가 되지 않는 것은 자료 검색 또는 질문을 통해서 수업 전에 알아보는 예습'을 반드시 해야 한다. 그 과정을 통해서 수업시간에 이야기되는 경험이 무엇인가를 미리 파악해야 수업 내용을 잘 이해할 수 있고 그래야 시험 때 좋은 성적을 얻기 때문이다. 물론 이것은 아이 혼자서 잘하지 못한다. 그러므로 누군가 아이가 잘할 수 있도록 도와주어야 한다. 그 작은 도움이 아이 공부에 큰 영향을 미칠 수 있기 때문이다. 그렇게 아이가 예습을 통해 교과서를 미리 경험하면 시험에 강해질 수 있기 때문이다.

2% 산지식에 대한 편견

언제부턴가 우리의 학교는 '대학입시를 위한 곳'으로 변했다. '어떤 대학에 들어가느냐'가 아이의 인생에 중요하기 때문이다. 그러면서 학교 교육도 입시 위주로 변했다. 좋은 대학이라는 결과가 '지식을 제대로 배운다’ 는 과정보다 더 중시되었다. 그 결과 학교 교육은 단편적 지식의 암기라고 비판 받고, ‘교과서 지식’ 은 아이들의 삶에 아무런 의미가 없는 죽은 지식이라고 종종 비난받고 있다.

그래서 어떤 사람들은 산지식하면 교과서 교육을 떠난 현장 학습을 주로 생각한다. ‘대학입시 외에는 아이들에게 어떤 의미도 주지 못하는 딱딱한 교과서’ 가 죽은 지식이기 때문에 삶의 현장에서 아이들이 몸으로 배우는 생생한 경험들이 산지식이라는 것이다.

물론 현장의 경험도 지식의 형태를 갖추면 지식이 된다. 그리고 실제로 그 경험들 중 일부가 현대적 의미에서의 산지식이 된다. 그러나 현장의 경험 자체가 그대로 산지식이 되는 것은 아니다. 현장 경험 중, 사고(思考)로 정리되어 지식으로 머리에 남는 것만 산지식이 된다. 그래서 현장 체험을 통해서 얻는 지식은 사실 많지 않다. 그렇게 얻은 지식이 아이에게 의미가 있다는 점에서 산지식이 될 수 있지만, 그것은 아이의 산지식의 일부일 뿐이다. 그러므로 현장 체험을 산지식으로 보는 것은 산지식에 대한 편견에 불과하다.

교과서를 공부하면 어떤 지식은 일상적 생각의 재료로 직접 사용되고, 어떤 지식은 그냥 기억될 뿐 일상의 삶에서 생각나지 않는다. 여기에서 앞의 지식, 즉 ‘일상의 삶에서 활용되는 우리의 능동적 사고 영역에 머무는 지식’ 이 산지식이다. 뒤의 지식, 즉 ‘일상의 삶에서 사용되지 않으면서 수동적 기억의 영역에 남겨진 지식’ 이 죽은 지식이다. 우리는 항상 생각하며 사는데, ‘이렇게 생각할 때 우리 머리에 떠오르는 지식’ 이 산지식이고, ‘떠오르지 못하고 책을 볼 때만 기억나는 지식'이 죽은 지식이다.

✄

산지식이란 우리의 삶에 활용되는 지식으로 우리가 생각할 때 머리에 떠오르는 지식이다. 즉 일상의 생각에 포함되는 지식이 산지식이다. 우리가 말을 하거나 글을 쓸 때 우리의 머리에서 움직이는 지식, 우리가 어떤 전문적 분야에 대해 심각하게 생각할 때 그때 사용되는 지식이 산지식이다. 즉 책에서 본 내용들이 생각으로 편입되어 우리가 생각할 때 생각의 일부로 자연스럽게 드러나는 것이 바로 산지식이다.

우리가 공부를 하는 이유는 크게 세 가지로 나눌 수 있다. 첫째 시험을 위해서, 둘째 삶의 필요를 채우기 위해서, 셋째 공부 자체를 위해서다. 이 세 가지의 경우 중에서 뒤의 두 가지에서 주로 산지식이 만들어진다. 먼저 삶의 필요를 위해 배운 지식은 나중에 그 필요를 채우기 위해 사용되는데, 그 과정에서 산지식으로 변화된다. 삶의 필요를 채우기 위한 방법을 모색하는 사고의 과정에서 배운 지식이 기존의 산지식과 자연스럽게 융화되면서 새로운 산지식이 되기 때문이다.

이에 비해 공부 자체를 위해서 배운 지식은 배우는 순간 산지식이 된다. 지적 호기심의 충족이나 학문적 이해가 공부의 목적인데, 그것이 배우는 사람의 내면적 필요이기 때문이다. 자기가 알고 싶은 것을 배우기 위해 공부하기 때문에 배우는 순간 배운 내용들은 바로 머리에 정리되고, 그래서 산지식이 된다. 그렇기 때문에 배운 지식을 산지식으로 만들기 위해 특별한 노력을 할 필요가 없다.

그런데 오직 시험을 위해서 공부할 때 배운 지식만은 산지식이 되기 어렵다. 왜냐하면 그렇게 배운 지식은 배우기만 할 뿐 사용되지 않기 때문이다. 오직 시험 볼 때만 사용되는데, 그때 사용되는 지식은 배운 지식의 극히 적은 일부분이고, 사용 시간도 매우 짧기 때문이다. 그래서 시험보고 나면 대부분의 배운 지식은 산지식으로 융화하지 못하고, 잘해야 장식용 지식으로 머리에 남거나 잊혀진다.

산지식이란 우리가 원할 때 바로 사용할 수 있는 Working Knowledge이다. 우리 사고의 중심에 가까이 있기 때문에 언제든 생각해 낼 수 있는 지식이다. 그러므로 무엇이든 산지식이 되면 그것을 잊어버리기 어렵다. 산지식이란 '머리에 살아 있어서 항상 생각하는 지식' 이라는 말로, 항상 생각하는 것을 잊어버릴 수 없기 때문이다.

우리가 무엇을 배우고 나서 쉽게 잊어버리는 것은 배우고 난 후, 그것을 사용하지 않기 때문이다. 만약 우리가 배운 지식을 사용해서 무엇인가를 했다면 그 지식은 우리 머릿속에 오래 남아 있을 것이다. 지식은 많이 사용된 만큼 우리 사고 속에 깊이 뿌리 내리기 때문이다.

또한 배운 지식을 일단 사용하게 되면 우리는 그 의미를 보다 정확하게 알 수 있을 뿐만 아니라 응용하는 방법도 깨닫게 된다. 더 나아가 그 지식이 다른 지식과 어떤 관계를 가지는 지도 알게 되고, 그러면서 배운 지식을 더 깊게 이해할 수 있다. 그러므로 아이가 교과서를 잘 배우고, 시험도 잘 보고, 중학교에 올라가서도 그 내용을 기억하기를 원한다면, 아이가 배운 지식을 산지식으로 만들 필요가 있다.

어떻게? 그것은 교과서를 아이의 삶으로 풀어서 보여주면 된다. 그러면 아이는 배운 것을 가지고 주변의 삶을 보게 되고, 그렇게 함으로써 자신의 삶에 교과서 지식을 통합시켜 나갈 것이기 때문이다. 이런 과정을 통해서 '단순히 기억하고 있는 교과서 지식'을 산지식으로 만들 수 있다. 교과서 지식은 일상의 삶과 관련지어 적극적으로 사고될 때만 산지식이 되기 때문이다. 산지식이 시험에 강하다. 그러므로 많이 배우기 전에 배운 것을 산지식으로 만들기 위해 노력해야 한다. 그것만이 진짜 공부 실력을 확실하게 업그레이드시키는 방법이다.

2% 아이의 삶과 교과서가 만나다

아이의 삶과 교과서가 만나면 교과서 지식은 아이의 산지식이 된다. 교과서 지식이 아이의 삶으로 보여 지면서 아이가 교과서를 자신의 삶 속에서 이해하기 때문이다.

아이의 삶과 교과서가 만나는 방법은 다양하지만, 크게 두 가지로 분류할 수 있다. 하나는 경험으로 교과서를 예습하는 것이고, 다른 하나는 배운 내용으로 삶을 복습하는 것이다. 첫째, 경험으로 교과서를 예습하는 것은 교과서를 배우기 전에 교과서와 관련된 경험을 미리 해 보는 것이다. 그러면 교과서를 배울 때, 그 내용들이 쉽게 이해될 수 있다. 둘째, 배운 내용으로 삶을 복습하는 것은 교과서를 배운 후,

배운 지식으로 삶을 보고, 그러면서 교과서 지식을 내면화시키는 것이다. 그렇게 내면화된 교과서 지식은 산지식이 되어서 쉽게 잊혀지지 않는다.

이렇게 아이의 삶과 교과서가 만나면 교과서 지식은 아이의 산지식이 된다. 그리고 이렇게 되면 공부가 아이에게 즐거운 것이 된다. 왜냐하면 공부를 통해서 세상을 보는 즐거움, 즉 공부의 참맛을 아이가 산지식을 통해서 경험했기 때문이다. 그래서 누가 시키지 않아도 공부를 열심히 하는 공부 열정을 가진 아이로 거듭난다.

경험으로 교과서를 예습하는 방법에는 크게 두 가지가 있다. 첫 번째 방법은 아이의 공부 진도에 맞추어서 교과서 이해에 직접적으로 필요한 경험을 미리 하게 하는 것이다. 그런데 이 경험 중에는 평소에 하기 어려운 경험이 있다. 오랜 시간이 걸리는 여행이나 아무 때나 열리지 않는 특별 공연 등은 평소에는 하기 어렵다. 이런 경험은 미리 계획을 세워 방학 때 해야 한다.

평소에 쉽게 할 수 있는 경험은 교과서 진도에 맞추어서 한다. 교과서 진도에 맞게 책에 나온 경험들을 미리 해 보는 것이다. 물론 책의 경험들 중 적지 않은 것들이 실제로 해 보기 어렵다. 이런 것은 책이나 TV, 영화 등을 통해 간접적으로 체험하면 된다. 즉 교과서의 경험이 잘 나타나 있는 글이나 영상을 통해서도 교과서의 경험을 체험할 수 있다.

　두 번째 방법은 폭 넓게 책을 읽고 다양한 문화를 체험하는 것이다. 겉으로 보기에는 교과서와 아무 관련 없어 보이지만 넓게 보면 독서와 문화체험은 교과서의 배경 경험이 된다. 예를 들면 과학 관련 이야기를 책으로 읽으면 과학 교과서 공부에 큰 도움이 된다. 교과서에서 다루는 것보다 훨씬 많은 과학적인 경험을 과학 도서에서는 보여주기 때문이다. 그렇기 때문에 교과서 관련 서적이나 영화를 많이 접한 아이들은 교과서를 잘 이해한다. 보다 넓은 맥락에서 교과서의 경험들을 이해할 수 있기 때문이다.

　다만 이런 경험은 시간적 여유가 있을 때 하는 것이 좋다. 평소에 하기에는 공부와 직접적인 연관성이 떨어지기 때문이다. 그러나 그렇다고 해도, 초등학생이라면 평소에도 독서와 문화 체험은 공부에 도움이 된다. 무엇보다 독서와 문화체험은 재미있게 할 수 있는 공부이기 때문에 아무리 많은 시간을 투자한다고 해도 아깝지 않다. 물론 어떤 책을 읽고, 어떤 문화 체험을 하느냐가 문제일 수도 있지만, 그것이 책이고 문화인 이상 크게 걱정할 필요는 없다. 좋은 책, 우수한 문화는 아니라고 해도, 모든 책과 문화에는 그것을 접하는 사람의 실력을 향상시켜주는 뭔가가 있기 때문이다.

　교과서를 배웠다면 삶으로 교과서를 복습해야 한다. 즉 수업시간에 배운 내용으로 삶을 보아야 한다. 그것이 우리가 교과서를 배우는 이유이다. 어떤 의미에서 '시험을 보아서 높은 성적 얻고 그 결과로 좋은 대학에 입학하는 것' 은 공부의 부수적인 결과이다.

아이들이 진짜 공부를 해야 하는 이유는 '배운 것을 통해 세상과 자신의 삶을 바라보는 안목' 을 키우는 것이다. 그런데 대학입시가 아이들에게 끼치는 영향이 너무 크기 때문에 배움의 진짜 목적인 '배운 지식으로 세상과 삶을 바라보며 삶에 적용하기' 는 무시되고, '좋은 성적을 내서 명문 대학 유망학과 입학하기' 만 중시되는 것이 우리 교육의 현실이다.

그러나 배움의 원래 목적인 '배운 지식으로 세상과 삶을 바라보며 삶에 적용하기' 에 사실은 명문대로 가는 길이 있다. 왜냐하면 바로 그것이 삶으로 교과서를 복습하는 것이기 때문이다. 그런 실천이 계속 될 때 배운 지식이 아이의 산지식이 되고, 그 산지식이 아이의 좋은 성적을 보장하기 때문이다.

또한 배운 지식을 삶에 적용하는 것은 '왜 공부해야 하는가' 라는 것에 대한 분명한 대답을 아이에게 제공한다. 그래서 아이도 자기 나름대로 공부의 필요성을 느껴서 공부를 열심히 하는 계기가 될 수 있다. 단순히 좋은 성적 얻고, 그래서 명문대를 입학하기 위해서 공부한다고 생각하면 학교 공부가 아이들에게 힘들다. 그러나 그런 목적 외에 배운 것을 삶에 적용하여 보다 더 나은 삶을 살기 위해 공부한다는 것을 깨닫게 되면, 아이들의 공부에 대한 태도가 달라진다. 즉 공부에서 자기 나름대로의 의미를 찾게 되어, 공부에 열심을 내게 될 수도 있다.

삶으로 교과서를 복습하면 교과서의 지식들이 아이들에게 의미를

띠게 된다. 교과서 지식들은 아이 사고(思考)의 대상이 되고, 다시 그
것들은 사고의 결과물로 아이의 산지식이 된다. 그런데 일단 한 번 교
과서 지식이 산지식이 되면, 그 이후부터는 아이들이 공부의 즐거움
을 알게 된다. 그래서 '이래서 공부하는구나' 라는 느낌을 받게 되고,
그래서 배움에 스스로 열심을 내게 된다.

교과서를 산지식으로 만드는 확실한 방법은 배운 것을 삶에 적용
하는 것이다. 적용하는 만큼 생각하고, 생각하는 만큼 그것들은 사고
의 일부로 머리에서 산지식으로 뿌리 내리기 때문이다. 이러한 산지
식이 계속 커지면 아이는 '자기의 지식으로 세상에 영향력을 행사하
는 신지식인' 이 된다. 그렇게만 되면 아이의 인생은 장밋빛이 된다.
지식 시대에 신지식인에게는 자기가 원하는 직업과 삶을 선택할 수
있는 힘이 있는데, 그 지식 귀족의 반열에 아이도 들 것이기 때문이
다.

사실 대학에서 원하는 공부 방법이 바로 이것이다. 아이가 이 방
식으로 공부하지 않아도 학교 성적이 매우 좋으면 명문대는 갈 수 있
다. 그러나 그 아이는 대학에서 원하는 방식으로 공부하지 않았기 때
문에 대학 생활 적응에 어려움을 겪을 것이다. 그래서 대학 입학에는
성공해도, 대학 공부는 실패해서 힘들게 얻은 대학 공부의 기회가 무
용지물이 될 수도 있다. 그러므로 이왕 공부하는 것이라면 '산지식을
늘린다는 공부의 원래 목적' 에 맞게 공부해야 한다. 그래야만 명문대
도 입학하고, 입시 공부를 하는 동안 지적능력도 개발하여, 명문대에
서 자기가 원하는 공부를 제대로 할 수 있기 때문이다.

2% 부족한 단순한 경험

아이가 교과서의 경험을 미리 경험만 해도 수업을 이해하는 데 어려움은 없다. 그러나 그것만으로는 2% 부족하다. 경험이란 그 자체로는 의미가 없기 때문이다. 아무리 좋은 경험도 그것에 대한 적절한 해석이 붙어지지 않으면 평범한 경험보다 못하다. 가령 아이가 미술관을 갔다고 하자. '그림에 대해서 아무것도 모르는 아이'가 그냥 좋은 그림만 본다고 해서 그림을 제대로 감상하는 것은 아니다. 정반대로 '미술 평론가'가 초등학교 아이의 그림을 보았다고 하자. 이 경우에 아무리 아이의 그림이 보잘 것 없다고 해도 그 비평가는 아이의 그림을 보며 다양한 생각을 할 수 있다. 그래서 '평범한 그림을 본 비평가'가 '세계적 명화를 본 아이'보다 더 의미 있는 감상을 할 수 있다.

그러므로 아이가 경험을 통해 교과서를 예습할 때라든지, 아니면 배운 것을 일상의 삶을 통해 복습할 때 누군가가 옆에서 아이의 예습과 복습을 도와주어야 한다. 아직 아이에게는 스스로 그것을 할 능력이 없기 때문이다. 즉 교과서 경험을 미리하고 수업 후 다시 복습하는 것만으로는 아이가 수업을 잘 이해하지 못할 수도 있고, 교과서 지식을 산지식으로 만들지 못할 위험도 있기 때문이다.

'교과서를 잘 아는 누군가'가 아이를 도와주지 않으면 경험을 통해 교과서를 예습하고 삶을 통해 수업을 복습하는 것이 아이에게 별 효과가 없다. 그것이 아무리 좋은 공부 방법이라 해도 아이 혼자 그 방법을 사용하기 어렵기 때문이다. 그냥 교과서를 경험한다고 해서 예습과 복습이 되는 것은 아니어서 누군가 아이를 도와주어야 하는 데 그 도움이 없으면 2% 부족하기 때문이다.

아이들 스스로 경험으로 교과서를 예습하기도 복습하기도 어렵다. 아이들은 학교 수업 이전에 어떤 경험이 필요한 지도 잘 알지 못하고, 학교 수업 후 어떤 경험이 배운 지식과 관련이 있는지도 모르기 때문이다.

오직 교과서를 잘 아는 어른만이 이를 판단할 수 있다. 그리고 그 판단에 기초해서 아이에게 도움을 줄 수 있다. 그렇기 때문에 아이가 삶의 경험을 활용하여 학교 공부를 잘하기를 원한다면 부모가 '아이를 도울 수 있는 경험 매니저'가 되어야 한다. 그러면 아이는 공부를 쉽고 재미있게 잘할 수 있다. '삶의 경험에 의지한 공부'가 노는 공부이고, 노는 공부가 생동감 있고 강하기 때문이다.

경험 매니저는 먼저 교과서를 토대로 아이에게 필요한 경험을 분석하고 이를 토대로 수업 전에 아이에게 보충해야 될 경험이 무엇인지를 판단한다. 그리고 그 경험 중 평소에 하기 어려운 것은 미리 경험하게 하고, 수업에 필요한 경험들은 수업 전에 아이가 경험할 수 있도록 한다. 그러면서 아이의 경험을 자연스럽게 교과서와 관련짓고, 더 나아가 그 경험의 의미를 이해할 수 있도록 함께 대화한다.

이때 아이의 마음을 가능하면 편안하고 자유스럽게 해야 한다.그래야 아이가 공부한다는 부담에서 벗어나 그 경험을 즐길 수 있고,

그래야 아이의 사고가 적극적으로 움직여서 최대의 효과를 거둘 수 있기 때문이다. 또한 아이가 자신의 언어로 교과서 내용을 표현하는 것을 도와야 한다. 자기 말로 교과서 내용을 표현한다는 것은 아이가 교과서를 자기 방식대로 정리했다는 것을 의미하기 때문에, 이를 장려한다면 아이가 교과서를 더 빨리 흡수할 것이기 때문이다.

또한 아이가 학교에서 배웠던 것이 무엇인가를 항상 체크하고, 그것이 아이의 일상의 삶과 어떤 관련이 있는 지를 연구해야 한다. 그런 준비를 갖춘 후, 아이의 교과서 지식과 일상의 삶이 만나는 순간을 기다리고 있다가 그 순간이 오면 그때를 놓치지 말고 아이가 자신의 교과서 지식으로 일상의 삶을 이해하는 것을 도와주어야 한다.

그래야 아이가 자연스럽게 교과서를 복습하고, 이 자연스러움이 아이의 거부감을 줄여서 아이의 마음을 편하게 해 주며, 이 편함이 바로 아이의 사고를 적극적으로 만들어주기 때문이다. 그러면 아이는 교과서 지식을 자신의 지식으로 능동적으로 만들 수 있고, 그렇게 되면 그 지식을 잘 활용하여 어떤 시험에도 강할 수 있기 때문이다. 삶을 통한 교과서 이해가 완전한 이해이고, 그 이해를 통해서만 아이가 교과서를 통달할 수 있기 때문이다.

경험 매니저가 아이의 공부를 돕는 방법은 대화이다. 대화를 통해서 아이의 삶과 교과서가 만나는 것을 도와준다. 이때 중요한 것은 '대화가 아이에게 편하고, 생동감 있으며, 재미있는 것이 되어야 한다' 는 것이다. 교과서를 통해서 삶을 보아야 할 사람은 경험 매니저가 아니라 아이이기 때문이다. 그러므로 아이가 적극적으로 생각할 수 있도록, 즉 자신의 생각을 통해 교과서를 정리할 수 있도록 대화가 아이 중심으로 전개되도록 노력해야 한다.

노는 공부에는 은밀한 매력이 있다

 **노는 공부가 열심히 하는 공부보다 더 강하다**

'열심히 하고자 하는 것'은 '즐기는 마음으로 하는 것'을 결코 이길 수 없다. 무엇이든 즐기게 되면 열심히 하기 때문이다. 다만 즐기는 것이 대체적으로 좋지 않은 것인 경우가 많아서 자제할 뿐이다. 그런데 이 즐기는 것이 좋은 것이라서 많이 해야 한다면 당연히 열심히 하게 된다. 누가 시키지 않아도 없는 시간을 내서라도 열심히 한다. '그것을 하고자 하는 강렬한 욕구'가 우리를 사로잡기 때문이다. 그러므로 무엇이든 일단 즐길 수 있게 되면 잘하는 것은 시간문제이다.

이에 반해 열심히 하고자 하는 마음은 말로 끝나는 경우가 많다. 우리는 항상 무언가를 열심히 하려는 마음으로 충만하다. 사람마다 열심히 하려고 하는 것은 다르지만 누구에게나 열심히 하려고 하는 것은 있다. 그러나 대부분의 경우 마음뿐이다. 그 필요를 느껴서 열심히 해야 한다고 생각하지만, 그것은 마음뿐 실제로 행동으로 옮기지는 못한다.

설령 마음먹은 대로 열심히 한다고 해도 여전히 문제는 남아 있다. 몸으로 때우는 단순 노동이 아닌 이상, 열심히 하려고 하는 마음만으로는 그것을 집중해서 제대로 하기 어렵기 때문이다. 우리가 열심히 하려는 일이 중요한 정신 노동이라면 컨디션의 영향을 받는다. 그 컨디션은 우리가 통제할 수 없고 대부분 '그 일에 대한 우리의 마음'의 영향을 받는다. 그렇기 때문에 그 일을 좋아하지 않는데 열심히 하려는 마음만으로는 그 일을 하며 시간을 때울 수는 있어도 그 일을 잘하기 어렵다. 그래서 '그 일을 좋아하지 못하는 평범한 사람'이라면 대부분 열심히 하려는 마음만 가질 뿐, 그것을 제대로 실행에 옮기지 못한다. 의욕만큼 잘되지 않기 때문이다.

공부도 마찬가지이다. '노는 공부', 즉 즐기는 마음으로 하는 공부가 열심히 하고자 하는 공부보다 더 강하다. 공부를 즐길 수 있다면 열심히 공부할 수 있지만, 열심히 공부하고 싶은 마음만으로는 실제로 공부를 열심히 하기 어렵기 때문이다.

이것은 공부를 열심히 하려고 할 때 깨닫게 되는 사실이다. 즉 공부를 제대로 해보자고 덤빌 때 의욕만으로는 공부가 잘 안 된다. 그래서 어떤 사람은 이에 실망하여 공부를 포기한다. 그러나 공부깡으로 뭉친 사람은 그럼에도 불구하고 공부하기를 시도하고 또 시도하다가, 결국 이 사실을 깨닫게 된다. 공부를 잘하기 위해서는 의욕만으로는 안 되고, 공부를 즐겨야 한다는 사실을….

물론 가끔은 의지만으로 자신의 나약함을 압박하여 공부를 열심히 하는 사람도 있다. 이것은 정말 의지가 센 사람이나 가능한 것으로 평범한 사람들은 따라 하기 어렵다. 물론 그들이 그렇게 함으로 얼마나 많은 성과를 거두었는지는 사실 의심스럽다. '만약 그들이 공부를 즐기는 마음으로 했다면 더 잘 했을 텐데, 그렇지 않아, 그렇게 열심히 했음에도 그 정도 성과밖에 거두지 않았나' 하는 의심을 지우기 어렵기 때문이다.

공부를 좋아하지 않고, 단지 공부를 열심히 함으로써 어느 정도의 성과를 거둘 수는 있다. 그러나 그 성과는 항상 어느 정도이고, 그 선을 넘기 어렵다. '공부를 좋아하는 마음'이 공부를 잘하기 위해서 반드시 가져야 하는 공부 마인드이기 때문이다. 대부분의 공부 고수들이 이 마인드에 의지해서 남보다 탁월한 실력을 보였다.

그러므로 아이가 공부 잘하기를 원한다면 가능하면 재미있게 공부하게 해야 한다. 가르치는 사람 입장에서는 재미있게 공부시키는 것이 시간이 더 들고 힘들겠지만, 그렇게 해야만 아이가 공부의 재미를 알게 되고, 공부의 재미를 알아야 아이가 오랜 시간 집중해서 공부하기 때문이다. 그리고 그렇게만 되면 아이가 공부 잘하는 것은 시간 문제이다. '노는 공부'가 '열심히 하는 공부'보다 더 강하기 때문에, 즉 '노는 공부'를 할 줄 알면 당연히 '열심히 하는 공부'도 하게 되기 때문에 아이가 집중해서 열심히 공부하고, 그 결과 좋은 성적을 낸다.

노는 공부로 이루어낸 인생역전

　'1996년 8월 1일 KBS에서 방송되었던 전설의 고향 상정승골' 에는 정승이 된 머슴 이야기가 나온다. 그는 젊은 시절을 머슴살이로 보내고, 그때 번 돈을 가지고 서울 구경하려고 서울에 올라온다. 그런데 서울에서 뜻밖의 행운으로 정승댁 딸을 살리고, 그것이 인연이 되어 정승의 사위가 된다.

　그런데 그의 부인에게는 한 가지 고민이 있었으니 '그가 정승의 사위가 되었지만 머슴처럼 살려고 한다는 것' 이었다. 그래서 '양반의 삶에는 아무런 관심이 없고 아래 것들과 어울리며 집안의 체통을 구긴다는 것' 이었다.

　사실 살면서 배운 것이 머슴살이였으니, 정승댁 사위가 되었다고 해서 그가 옛날 습관을 버리기는 쉽지 않았다. 더 나아가 '양반으로서의 체통을 지키며 글을 배워 벼슬길에 오르는 것' 은 그에게 바랄 수 없었다. 왜냐하면 일자무식이었던 그의 나이가 많았기 때문이었다. 나이가 조금 어렸더라면 공부를 통해 무엇인가를 해 보려는 희망을 가질 수 있었겠지만 많은 나이는 그것마저도 어렵게 했다.

　그래서 그의 부인은 남편에게 글을 가르치기 위해서 꾀를 하나 내었고, 그 꾀 때문에 남편은 중년의 나이에 글을 배워 벼슬길에 올라 정승이 되었다. 부인의 꾀는 남편에게 재미있는 이야기를 해주는 것이었다. 그리고 남편이 자기 이야기를 좋아하게 될 때 쯤, 이야기를 안 해주고 대신 이야기책을 주었다. 이제는 자기도 이야기를 해 주는 것이 힘드니 이야기를 듣고 싶으면 이야기책을 직접 읽으라고 남편에게 말한 것이었다. 아내의 이야기 덕분에 이야기의 재미에 푹 빠진 남편은 자기가 좋아하는 이야기를 읽기 위해서 어쩔 수 없이 글을 배우게 되었고, 글을 배우다 보니 배움에 눈을 뜨게 되어서 본격적으로 공부를 시작했다. 그리고 늦게 시작한 그 공부 덕분에 그는 유명한 재상이 되었다.

당시에 이야기는 그때 사람들의 유일한 문화생활이었다. 별다른 문화생활이 없었던 그때에는 사람들이 시간을 보내기 위해 할 수 있는 유일한 소일거리가 이야기였다. 그런데 그것은 생산적인 활동과는 거리가 멀었고, 그래서 종종 하찮은 것으로 사람들에게 무시 받았다.

그럼에도 불구하고 상정승의 부인은 이야기를 통해서 남편의 삶을 바꾸었다. 이야기 안에 있는 공부의 요소를 적극적으로 활용하여 '이야기 듣기'를 공부하기로 연결시켰기 때문이다. 그 덕분에 상정승은 이야기를 통해서 공부의 재미를 배우게 되었고 그 재미를 통해서 공부의 기초를 닦게 되었으며, 그 기초가 그에게 '나도 공부할 수 있다'는 확신을 심어주었다. 그리고 이 확신이 있었기에 늙은 나이였지만 어려운 학문의 세계에 도전하였고, 성공하였다.

상정승의 이야기는 그만의 이야기는 아니다. 오늘날에도 많은 사람들이 상정승처럼 자기의 흥미를 채우기 위해 공부에 입문하고 있고, 그러는 중에 공부 안에서 자신의 가능성을 확인한다. 그리고 확인된 가능성은 다시 공부 열정을 불러오고, 그 열정이 자신의 공부를 바꾸고, 결과적으로 자기 인생도 몇 단계 업그레이드시킨다.

많은 사람들이 일하고 공부하는 것을 재미없다고 생각하여, 가능하면 일하지 않고 놀고 싶어 한다. 그러나 사람이 일을 안 하고 놀기만 하면, 그것은 다른 사람에게 기생하는 것이다. 본인은 그렇게 사는 것이 행복할지 모르지만, 그리고 그런 삶을 많은 사람들이 부러워하지만, 그래도 그 삶은 본인에게 무익하고 사회에 해로울 뿐이다.

물론 이런 삶을 살 수 있는 사람은 사실 많지 않다. 대부분의 사람들은 억지로 공부하거나 일 하면서 힘들게 삶을 영위한다. 그러나 모든 사람이 '일과 공부' 에 시달리는 것은 아니다. 공부와 일을 긍정적인 관점에서 바라보며, 그것을 통해 자기를 세상에 드러내고자 하는 사람은 다르다. 그들은 일과 공부를 적극적으로 해석한다. 즉 일과 공부에 끌려 다니지 않고, 해야 될 일과 공부를 통해서 자기가 원하는 것을 실현하려고 한다. 그렇기 때문에 일과 공부를 사랑하고 좋아하며, 그래서 일과 공부를 즐길 줄 안다. 바로 이것이 그들만의 남다른 장점이고, 이것 때문에 그들은 성공하고 지식 사회를 주도한다.

노는 공부는 공부에 숨겨진 은밀한 매력에 사람들을 눈 뜨게 한다. 공부를 재미있게 시작하게 해주고, 공부의 재미로 이끌어 주기 때문이다. 비록 직접적으로 공부와 관련이 없어서 노는 것처럼 보이지만, 그렇기 때문에 교묘하게 사람들을 공부로 이끄는 매력이 노는 공부에 있다. 처가에 얹혀사는 한심한 인생을 한 나라의 재상으로 만든 인생역전의 드라마를 쓴 파워가 노는 공부에 있어서, 노는 공부를 하면 누구나 상정승처럼 공부역전을 통한 인생역전을 할 수 있다.

상정승의 이야기는 노는 공부가 이룬 유일한 기적이 아니라 많은 기적 중의 하나에 불과하다. 노는 공부를 지혜롭게 잘 활용하여 공부하는 사람에게나 또는 아이를 공부시키는 사람에게나, 노는 공부는 공부의 성공과 함께 인생의 성공을 제공하기 때문이다. '인간의 삶의 지혜가 압축된 노는 공부'에게는 그럴 만한 충분한 힘이 있기 때문이고, 이것이 바로 노는 공부의 은밀한 매력이다.

남들이 모르는 노는 공부의 매력

'문화를 즐기는 것'이나 '좋아하는 책을 읽는 것'은 노는 공부이다. 직접적으로 교과서를 다루지 않기 때문에 노는 것처럼 보이지만, 그래도 교과서와 관련이 있기 때문에 공부이다. 즉 공부가 아닌 것처럼 보이면서도 은밀하게 성적에 영향을 미치는 것이 바로 노는 공부이다. 그래서 어떤 사람들은 이를 무시하고 어떤 사람들은 이를 즐기지만, 이것을 공부와 적절하게 관련짓는 것은 쉽지 않다. 그래서 노는 공부의 파워를 아는 사람은 많지 않다.

교과서는 문화와 책 중 일부의 내용만을 정리해 놓은 것이다. 그래서 무미건조하고 딱딱하며 지루하다. 요점만 정리했기 때문에 재미도 없고 무슨 말인지 모르는 경우가 많다. 만약 문화와 책을 직접 접하게 했다면 그 내용들을 생생하게 느낄 수 있어서 어떤 감동과 재미를 맛 볼 수 있었을 텐데…. 하지만 아이들 교육용으로 만들기 위해서 그 많은 내용을 한정된 지면에 축약시키다 보니 교과서는 재미가 없고 그것을 배우는 공부도 재미없게 되었다.

그러나 교과서는 아이들에게 필요한 지식만을 정리해 놓았기 때문에 잘만 공부하면 균형적인 지적 성장에 큰 도움이 된다. 모든 지식의 체계와 문화를 다루면서 아이들의 수준에 맞게 정리해 놓았기 때문이다. 그럼에도 불구하고 아이들은 교과서를 좋아하지 않고, 그것을 배우는 공부를 싫어한다. 왜냐하면 교과서가 나온 뿌리인 책과 문화를 떠나서 교과서만 따로 공부하기 때문이다.

교과서는 독서와 문화체험을 함께 병행할 때 제대로 이해될 수 있다. 교과서의 배경인 책과 문화를 함께 공부해야 아이에게 교과서 내용이 생생하게 전달되기 때문이다. 만약 그렇지 않다면 교과서 내용은 무미건조해서 아이에게 잘 이해되지 않을 뿐만 아니라 재미도 없다. 그러므로 교과서를 직접적으로 공략하기보다는 독서와 문화체험을 통해서 간접적으로 공략하는 방법이 아이들에게 더 도움이 된다. 그것이 비록 시간은 많이 들지만, 아이들을 지루하지 않게 하면서 교과서가 전달하고자 하는 지식의 참 맛을 잘 전달하기 때문이다.

학교 공부란 지식과 문화의 세계에 아이들을 입문시키는 것인데, 그 많은 양을 아이들에게 모두 전달할 수 없기 때문에 가장 중요한 내용만 개략적으로 가르친다. 그렇기 때문에 아이들은 학교 공부만으로 지식과 문화의 참맛을 알기 어렵다. 지식과 문화의 뼈대만 배우는 교과서 공부를, 아이들은 재미없고 무용한 것으로 낙인찍는다. 이 낙인이 아이가 공부를 싫어하게 만드는 결정적인 장애물이 된다. 이 장애물을 제거하지 않는 한, 아이가 공부를 잘하기는 어렵다.

그러나 아이들이 삶 속에서 직접 문화와 지식을 접하면서 그 즐거움과 유용함을 알게 된다면, 그때부터는 교과서와 공부를 바라보는 시각이 변하게 된다. 교과서가 나온 바로 그 맥락에서 교과서를 보게 되어서 공부가 재미없다거나 쓸모없다는 편견은 없어지게 되기 때문이다. 또한 교과서 내용이 더 잘 이해되어서 수업을 잘 따라가기 때문에 학교 수업에 능동적으로 참여하게 된다. 일단 이렇게 되면 아이는 공부를 잘하게 된다. 직접적인 문화체험과 지식체험 등이 학교 공부를 지루한 것에서 생동감 넘치는 즐거운 것으로 바꾸어 주기 때문이다.

노는 공부는 직접적으로 학교 공부를 다루지 않고, 간접적으로 학교 공부와 관련된 활동을 하는 것이다. 그래서 겉으로 보면 공부가 아닌 다른 것을 하는 것처럼 보인다. '저렇게 공부해서 어떻게 공부를 잘할까' 라는 의문까지 든다. 학교 공부를 하지 않고 그와 관련된 딴 짓을 하며 시간을 보내는 것처럼 보이기 때문이다. 그러나 그 활동들은 아이가 학교 공부를 흡수하여 자기 지식을 만드는데 필요한 토대가 된다. 일단 그 토대가 생기면 아이는 예전보다 더 쉽게 공부할 수 있다.

노는 공부는 학교 공부를 우회적으로 하는 것이다. 그렇기 때문에 많은 시간이 걸리고, 쉽게 그 성과가 나오지 않는다. 책을 보고 문화를 체험하며 지식과 문화의 세계에 입문하기 위해서는 상당한 시간이 들기 때문이다. 그러나 일단 그 성과가 보이기 시작하면 학교 공부가 쉬워진다. 게다가 그것이 대학에서 본격적으로 자기 공부를 할 수 있는 토대가 된다. 바로 이것이 대학에서 신입생들에게 요구하는 공부의 종류이기 때문이다.

노는 공부에는 은밀한 매력이 있다. 너무 은밀해서 아무에게나 발견되지 않으며 그래서 아무에게나 노는 공부를 하는 것을 허용하지 않는다. 그러나 그 매력에 한 번 빠지면 공부의 의미를 발견하게 되어 공부의 참맛을 알게 된다. 그래서 이 매력에 한 번 빠지게 되면, 누구나 여기에서 쉽게 벗어나지 못하게 된다. 일단 아이가 그렇게 되면 재미있어서 공부하기 때문에 공부를 잘하는 지식 사회의 강자로 거듭나게 된다.

물론 아이가 노는 공부의 매력에 빠지도록 하려면, 부모가 먼저 독서와 문화에 어느 정도 심취해서 아이에게 그 매력을 전할 수 있어야 한다. 만약 부모에게 그런 취미가 없다면 아이에게 행사할 수 있는 영향력이 제한된다. 그러므로 부모도 독서와 문화에 대해 취미를 가지도록 노력해야 한다. 부모가 무관심한 상태에서 아이가 노는 공부에 스스로 관심을 가지는 것은 매우 어렵기 때문이다. 노는 공부의 은밀한 매력은 너무 은밀해서 부모가 먼저 알고, 이를 아이에게 보여주지 않으면 아이 혼자서 그 매력을 발견하는 것은 불가능하다.

2% 부모의 조급함은 아이의 초라한 미래를 그릴 뿐이다

부모들은 아이의 성적에 예민하다. 항상 생각하는 것이 자기 아이이다 보니 그런 것 같다. 그래서 지금 당장, 아이의 성적이 좋기를 원한다. 지금 아이의 성적이 좋지 못하면 아이의 미래가 많이 걱정되어서 속상하기 때문이다. 그러나 지금 당장 이루는 것치고 좋은 것은 별로 없다. 당장의 성과에 치중하다 보면 '많은 시간을 들여야 길러지는, 그리고 쉽게 길러지지 않기 때문에 더 중요한, 장기적 성과' 에는 소홀할 수밖에 없기 때문이다. 그래서 당장에 아이 성적이 좋을지는 몰라도 정작 길러야만 하는 공부의 기초를 닦지 못해 시간이 흐를수록 아이 성적은 떨어지기 때문이다. 공부의 기초 없이 높게 받은 성적은 모래성과 같아서 아무리 높게 쌓아도 때가 되면 쉽게 무너지기 때문이다. 그래서 수능과 논술, 면접, 본고사 등 정작 중요한 시험에서 아이가 낭패를 크게 보기 때문이다.

'어떤 방법으로 아이에게 공부시키느냐' 는 '어떤 방식으로 건물을 짓느냐' 와 비슷하다. 멋지고 웅장한 건물을 짓기 위해서는 오랜 기간 설계하고, 오랜 기간 건물의 기초를 닦아야 한다. 그래서 그 건물이 완공되기까지는 상당한 시간이 걸린다. 급하다고 해서 설계하는 것 또는 기초를 닦는 것을 생략한다면 결코 멋지고 웅장한 건물이 세워질 수 없다.

그런데 대부분의 부모들은 아이의 큰 미래를 꿈꾸면서 동시에 당장 좋은 성적을 원한다. 물론 당장 좋은 성적이 나쁜 것은 아니다. 지금 성적이 좋으면 나중에도 성적이 좋게 나올 가능성이 높기 때문이다. 그러므로 가능하면 아이의 성적은 지금 당장 좋아야 한다. 그러나 그 성적이 '아이의 공부를 멀리 보면서 아이에게 정말 필요한 공부의 기본기를 닦는 것' 을 포기한 결과로 얻는 것이라면, 그것은 아이의 미래에 해롭다. 아이의 학년이 올라갈수록 학교 시험은 아이의 기본기를 평가하는데, 제때 기본기를 닦지 못한 아이의 성적은 계속 떨어질 것이기 때문이다.

당장 내일의 시험도 중요하지만 정작 중요한 시험은 고등학교 때 보는 시험이고, 대학입시와 직접적으로 관련된 시험이다. 그래서 아무리 초등학교와 중학교 때 성적이 좋아도, 그 성적이 대학입시와 연결되지 못하면 소용이 없다. 그리고 초등학교와 중학교 때 공부 잘하는 아이들 중 많은 아이들이 고등학교 때 공부를 못하고, 반대로 초등학교와 중학교 때 공부에서 두각을 나타내지 못했던 아이들이 고등학교에 와서 잘하는 경우도 많다.

그러므로 지금 아이들의 성적이 좋지 않다고 해서 급한 마음에 이것저것 생각 없이 시키지 말고, 어떻게 하면 아이의 진짜 공부 실력을 키울 수 있는 지를 먼저 생각하는 부모가 되어야 한다. 성급하게 부모가 사교육에 이끌리거나 또는 아이에게 무리한 공부를 갑자기 시키면 얻는 것보다 잃는 것이 더 많다. 눈앞의 결과에 급급하다가 정작 중요한 것들을 놓치기 때문이다.

조급한 마음으로 아이의 공부를 계획하면 그 계획은 잘 실천되지 않을 뿐만 아니라 실천된다고 해도 아이의 공부 미래를 초라하게 만드는 형편없는 계획이 된다. 즉 부모의 조급함으로는 아이의 초라한 미래를 그릴 수 있을 뿐이다.

히딩크 리더십의 노는 공부법

월드컵 4강 진출의 기적을 이룬 히딩크 감독. 그의 탁월한 리더십을 아이의 공부에 적용해 본다면?

'아이들 교육에 적용할 수 있는 히딩크 리더십의 주요 특징'은 두 가지이다. 하나는 월드컵 본선에 초점을 맞추어서 히딩크가 대표팀을 운영했다는 것이고, 다른 하나는 월드컵 본선에서 정말 필요한 핵심적 능력을 키우는데 대표팀의 모든 역량을 집중했다는 것이다. 이를 위해서 모든 위험과 비난을 그는 기꺼이 감수했다. 그래서 그는 한때 무능한 감독으로 평가 받았지만 중요한 때 진짜 실력을 보여줌으로써, 지금은 월드컵의 영웅으로 우리에게 기억되고 있다.

히딩크처럼 진짜 전문가는 중요한 것이 무엇인지를 알고, 결정적 시기가 언제인지를 안다. 그래서 정말 중요한 것에 집중하고 '다른 사람들이 보기에 중요해서 당장 급해 보이는 것이라 해도, 덜 중요한 것'은 무시한다. 그러면서 월드컵 본선처럼 중요한 시기에 초점을 맞추어 그때를 위해 제대로 준비하기 위해서 다른 때의 결과들을 모두 희생한다. 결정적 시기에 보여주는 것만이 진짜 가치 있는 것임을 알기 때문이고, 그때 승리하기 위해서 선수들에게 무엇이 필요한가를 잘 알고 있기 때문이다.

아이 공부에서 정말 중요한 때는 대학입시이다. 초등학교와 중학교 때 성적은 그렇게 중요하지 않다. 고등학교 내신 성적과 수능, 논술과 면접, 대학별 고사만이 대학입시에 결정적 영향을 미치기 때문이다. 그러므로 고등학교 공부와 대학입시를 염두에 두고, 아이의 공부 계획을 세울 필요가 있다. 그래야만 진짜 중요한 때 좋은 성적을 보임으로써 아이의 미래를 활짝 열 수 있다.

고등학교 내신 성적에서 중요한 것은 영어와 수학 실력이다. 왜냐하면 두 과목은 기초가 없으면 고등학교 때 좋은 성적을 받기 어렵기 때문이다. 무엇보다 고등학교 때 아이들에게 요구하는 수준이 상당히 높다. 따라서 초등학교와 중학교 때 영어와 수학의 기본기를 닦아 놓지 않으면 고등학교에서 좋은 성적을 얻기 어렵고, 수능과 대학별 고사에서도 좋은 성적을 받기 어렵다. 그러므로 다른 과목은 몰라도 아이의 영어와 수학은 초등학교 때부터 특별하게 신경을 써야 한다.

수능과 논술, 면접, 대학별 고사에서 중요한 것은 아이의 사고력이다. 이 시험들이 겉으로는 교과서 지식의 암기 정도를 평가하는 것 같지만, 실제로는 교과서 지식을 다루는 아이의 능력, 즉 사고력을 측정한다. 즉 시험들은 아이가 교과서 내용을 내면화시켜서 자기 지식으로 만든 정도를 평가한다. 아이가 학교에서 배운 것을 자기 지식으로 만드는 정도가 바로 사고력이다. 그래서 이 사고력을 갖춘 아이들이 시험에서 높은 점수를 얻고, 그 결과 좋은 대학 유망학과를 가는 기회를 얻는다.

그런데 아이의 사고력은 하루아침에 키워지는 것이 아니라 평소에 공부하면서 생각을 많이 해야 키워진다. 하지만 아이들은 교과서 내용을 가지고 생각하는 것을 싫어하기 때문에 스스로 사고력을 키우지 못한다. 그러므로 어른들이 아이의 사고력을 일부러 키워주도록 노력해야 한다.

특히 눈앞의 학교 성적을 염두에 두고 공부하면 사고력을 키우게 될 가능성은 적다. 학교 성적에서 높은 성적을 얻기 위해 아이가 의지하는 것은 사고력이 아니라 암기력이기 때문이다. 또한 학원은 아이의 이런 공부 성향을 부추긴다. 아이의 암기력을 의지해서 아이 성적을 올려주는 것이 쉽기 때문이다. 그러므로 학원에만 아이의 교육을 맡기고 부모가 방관하면 나중에 큰 대가를 치르게 된다.

부모가 아이의 학교 성적만을 염두에 두고 아이 공부를 지도하면, 아이는 대학입시에서 요구하는 사고력을 키우지 못한다. 아이의 사고력을 키우기 위해서는 학교 시험 성적보다는 아이의 공부 과정에 더 신경을 써야 하는데, 눈앞의 시험만 신경 쓰다 보면 이에 소홀해지기 쉽기 때문이다.

사실 교과서 공부만으로 아이의 사고력을 키우기는 어렵다. 아이의 사고력이 키워지려면 아이가 교과서를 공부하면서 자연스럽게 많은 생각을 해야 하는데, 교과서가 아이의 흥미를 끌지 못해서 그것이 어렵기 때문이다.

그러므로 노는 공부를 통해 아이의 사고력을 키워야 된다. 노는 공부는 아이의 흥미를 자극하기 때문에 노는 공부를 하면 아이의 사고력은 자연스럽게 키워진다. 누가 시키지 않아도 공부한 내용이 자연스럽게 아이의 머리에 들어가서, 아이의 사고의 내용이 되기 때문이다. 그래서 일단 노는 공부를 통해 아이의 사고력이 키워지면, 아이는 이를 통해 교과서의 내용도 생각하게 된다. 그러면서 대학 입시가 요구하는 교과서별 사고력을 키우게 된다.

노는 공부는 대학에서 필요로 하는 핵심적인 지적 능력을 미리 키워준다. 그러므로 이를 갖추기만 한다면 대학입시와 관련된 다양한 종류의 시험을 우수한 성적으로 통과할 수 있다. 다만 노는 공부에 결정적인 흠이 있는데, 그것은 대학입시와 직접적으로 관련된 시험에서는 노는 공부가 진가를 발휘하지만, 초등학교와 중학교의 시험에서는 빛을 발하지 못한다는 것이다. 그래서 많은 학부모와 아이들이 이를 무시하기 때문에 그 결과로 아이가 좋은 대학을 가지 못한다. 노는 공부의 진짜 힘을 보기 위해서는 부모가 그 안목을 가지고 있어야 하는데, 평범한 부모에게 그것이 쉽지 않기 때문이다.

그러나 부모가 노는 공부에 대해 올바른 견해를 가지고 이에 접근한다면 노는 공부는 아이의 사고력을 확실하게 키워줄 것이다. 그래서 아이가 웬만한 대학은 쉽게 갈 수 있는 공부 실력을 갖게 된다. 히딩크가 대한민국 대표팀 선수들의 핵심적 기량만을 키워서 월드컵 4강에 진출했듯이, 노는 공부도 아이들의 핵심적 '대학 수학 능력' 만을 제대로 키워주기 때문이다.

그러므로 당장의 학교 성적에 부모가 연연하지 않고, 대학입시라는 먼 미래의 관점에서 아이의 공부를 보면서 노는 공부를 적절하게 활용한다면 아이가 명문대 입학하는 것은 확실하게 보장된다. 노는 공부가 키워주는 것이 바로 명문대에서 수학할 수 있는 지적 능력이기 때문이다.

생각하면서 노는 진짜 공부법

책을 많이 보고 문화 체험을 많이 하면, 그것만으로도 노는 공부가 된다. 책을 읽는 동안 자연스럽게 책의 내용들이 아이의 사고에 들어가기 때문에 읽는 것만으로도 아이의 사고력이 충분하게 키워지기 때문이다. 문화적 체험도 마찬가지이다. 문화적 체험이 아이에게 준 인상이 아이의 사고를 자극해서 아이가 이에 대해 생각하기 때문에 문화적 체험만으로도 아이의 사고력을 키울 수 있다.

만약 그때 누군가 책의 내용으로 아이와 즐거운 대화를 나누거나 문화적 체험을 함께 경험하며 대화를 나눌 수 있다면 노는 공부의 효과는 극대화 된다. 왜냐하면 책을 읽고 난 후 또는 문화체험을 하고 난 후에 다른 사람과 나누는 대화는 아이에게 읽고 체험한 것을 스스로 정리할 기회를 주기 때문이다.

그러므로 가능하면 부모가 독서와 문화체험을 아이와 함께 하면서 아이의 생각을 수용적으로 들어줄 필요가 있다. 그러면서 아이가 읽은 내용과 경험한 문화에 대해 다양한 각도에서 생각할 수 있도록 편하게 질문해야 한다. 그러면 아이는 책과 문화를 더 깊이 체험하고 그 참맛을 느껴서, 아이 스스로 책과 문화를 더욱더 가까이 하게 된다. 이런 공부가 곧 노는 공부이다.

하지만 아이가 혼자서 하는 노는 공부는 2% 부족하다. 혼자서 하는 노는 공부도 좋은 성과를 가져올 수 있지만, 혼자서 하는 공부이기 때문에 집중력이 떨어져서 노는 것으로 변할 위험이 있다. 설령 공부를 한다고 해도 노는 공부의 취지를 살려서 그 효과를 극대화하기는 쉽지 않다. 그러므로 아이가 노는 공부를 처음 시작할 때에는 누군가가 그 공부를 도와주어야 한다. 그래야 아이가 노는 공부를 원래의 취지에 맞게 하면서, 노는 공부의 효율성을 높일 수 있다.

또한 아이가 어떤 책을 읽고, 어떤 문화를 접하는 지에 대해서도 부모가 관심을 기울여야 한다. 책이라고 해서 다 같은 책이 아니고, 해로운 책도 있기 때문이다. 그렇기 때문에 아이가 어릴 때는 좋은 책과 좋은 문화를 접하면서 건강한 사고를 키워갈 수 있도록 부모가 신경을 써야 한다. 그렇지 않으면 이상한 책과 문화의 영향으로 아이의 공부에 역효과가 날 가능성도 있다.

노는 공부는 잘못하면 공부가 아닌 노는 것에만 빠질 수 있다. 그러므로 아이가 어릴 때에는 부모가 각별히 신경을 써야 한다. 그렇지 않으면 기대했던 아이의 사고력은 키워지지 않고, 막대한 시간만 낭비될 위험이 있다. 그냥 노는 것이 아니라 생각하며 놀아야, 그것이 아이에게 공부가 되기 때문에 노는 공부가 진짜 공부가 될 수 있도록 누군가가 이를 도와주어야만 한다. 그래야만 노는 공부를 통해서 아이가 공부 저력을 키울 수 있기 때문이다.

PART 06

공부의 기본은 어려서부터 잡아라

★

높게 날 수 있는 새가 멀리 본다

<u>'아이의 공부를 빛나게 만들, 정직한 부모의 명품 유산', 노블 캐릭터</u>

사람은 누구나 욕망이라는 개를 마음에 품고 태어난다. 그 중 좋은 환경에서 잘 훈련 받으며 자란 개는, 의지와 열정이라는 명견으로 커서 주인인 사람을 대단한 인물로 만들거나, 착한 품성이라는 순종으로 커서 주인을 선한 사람으로 만들기도 한다. 그러나 대부분의 개들은 그냥 방치된 채 제멋대로 자라서 잡종이 되거나 때려야 말을 듣는 들개가 되고, 그 중 질이 나쁜 개들 중 일부는 일그러진 탐욕으로 자라서 자신의 주인을 거짓말과 폭력 등 악한 것을 즐기는 뻔뻔한 자로 만든다.

아이들이 나쁜 행동을 할 때, 아직 어려서 그런 것이라며 너그럽게 이해하는 어른들도 있다. 나이가 들어 철이 들면, 그때는 스스로 알아서 행동을 잘할 것이라 믿기 때문이다. 물론 나쁜 행동을 한 후, 그것의 잘못됨을 스스로 깨닫고 다시는 그런 짓을 하지 않는 기특한 아이들도 있다. 그러나 이런 아이들은 소수이다. 대부분의 경우 나쁜 행동을 할 때 따끔하게 혼 내주지 않으면, 아이 스스로 그것을 끊기는 어렵다. 왜냐하면 나쁜 행동에는 나빠서 해서는 안 된다는 것을 알면서도 쉽게 끊을 수 없는 중독성이 있기 때문이다. 더욱이 아이 때 배우지 못한 것들은, 사춘기 때만 되어도 배우기 어렵다. 그때가 되면, 자기 주관이 나름대로 자리 잡혀서, 자기 생각과 다른 것은 누가 뭐라고 말해도 잘 듣지 않기 때문이다. 어릴 때는 부모가 야단치면, 자녀가 이에 대해 심각하게 듣지만, 그때가 지나면, 잘 듣지 않을 뿐만 아니라 심지어 반항한다. 이제는 부모 말을 들을 정도로 어리지 않다고 믿기 때문에, 부모의 잔소리를 자신의 인격을 존중하지 않는, 구시대의 유물로 폄하하기 때문이다.

어릴 때란 본능적으로 배울 준비가 되어 있는 때이다. 낯선 세상에서 어떻게 살아야 할지 모르기 때문에 부모의 보호를 받으며 자라고, 그런 만큼 아이들은 부모에 의존하며 부모의 말을 들으며 산다. 그러나 자기들도 살만큼 살아서 이젠 세상에 대해서 어느 정도 알고 있다고 생각하면서부터 아이들은 자기만의 고유영역을 고집하고, 그러면서 '지금까지 자신이 살아온 삶의 방식' 과 맞지 않는 것들을 거부한다. 그러므로 아이에게 가르쳐야 될 것이 부모에게 있다면, 아이가 한 살이라도 어릴 때 힘써 가르쳐야 한다. 그 때를 놓치면, 다시는 그것을 가르칠 기회가 없을 지도 모르기 때문이다.

아이가 공부할 때는 공부만 잘하면 아이의 인생이 잘 풀릴 것 같지만, 그것보다 더 중요한 것은 품성이다. 공부를 잘 못해서 학벌이 좋지 않더라도 품성만 좋으면, 어디서든 인정받을 수 있고, 그 결과 성공적이지는 못한다고 해도 안정적인 삶을 행복하게 누릴 수 있기 때문이다. 항상 성실해서 자신의 일에 최선을 다하기 때문에 무슨 일을 맡겨도 안심할 수 있고 무슨 말을 해도 믿을 수 있을 정도로 정직해서 신뢰할 수 있다면, 또한 항상 밝고 긍정적이어서 좋은 말로 주변 사람들을 따뜻하게 만드는 밝고 선한 심성을 가졌다면, 누구나 이런 사람과 함께 일하고 싶고, 어울리고 싶어 한다. 그래서 이 사람이 하는 일은 잘 될 수밖에 없고, 또한 이 사람의 가정에는 항상 좋은 일이 넘쳐날 수밖에 없다. 힘들고 어려운 일이 생겨도 좌절하지 않고 그것을 이겨낼 만한 품성, 즉 노블 캐릭터를 그가 가졌기 때문이다.

아이의 품성은, 아이가 한 말과 행동이 마음에 쌓이면서 형성된다. 즉, 좋은 말과 행동을 하면, 좋은 품성이 형성되고, 좋은 품성이 형성되면, 다시 좋은 말과 행동을 하게 되는데, 이 과정이 계속적으로 반복되면, 노블 캐릭터가 형성된다. 이와 반대로 거짓

말을 하거나 훔치거나 욕을 하거나 때리거나 게으른 행동을 한 후, 여기에 대해 아무런 벌도 받지 않고 그냥 넘어가게 되면, 아이는 다시 이 행동을 반복하게 되고, 그러다보면 아이의 품성은 자연스럽게 나빠진다. 이런 아이들이 옛날에는 '애비 없는 후레자식' 이라는 욕을 얻어먹었는데, 그 이유는, 아이가 나쁜 행동을 할 때 혼을 내서 그것을 고쳐줄 아버지가 없어서 그렇게 되었다고 믿어졌기 때문이다. 사람은 누구나 나쁜 행동을 한다. 특히 어릴 때 그렇게 하기가 더 쉽다. 이때 마음이 불편해서 진심으로 반성하고 다시 그 짓을 안하면, 그것의 악한 영향으로부터 자유로울 수 있다. 이와 반대로 나쁜 행동을 즐기거나 아무렇지도 않게 생각하면, 그 짓은 자연스럽게 반복되고, 그러다보면 아이의 품성도 자연스럽게 나빠진다.

이때 부모가 나서서 아이가 반성할 수 있도록 가르쳐야 한다. 아이가 무엇을 잘못했는지를 알게 하고, 그 잘못의 결과가 다른 사람들과 아이 자신에게 어떤 피해를 줄 수 있는지를 알아듣게 훈계해야 한다. 그래야 아이 안에 나쁜 품성의 싹이 잘라져서 아이의 품성이 곱게 자랄 것이기 때문이다. 어릴 땐 아이의 품성은 모두 부모 탓이다. 아이들이 부모의 말과 행동을 무의식적으로 따라 하기 때문이다. 또한 아이에게 좋은 행동과 말을 가르칠 책임이 부모에게 있기 때문이다. 즉, 아이가 어릴 땐 부모가 아이의 마음에 좋은 것을 쌓아줄 수 있고 나쁜 것이 쌓이지 않게 할 수 있다. 그러면 그것이 아이의 품성이 되고, 그 품성이 아이의 생각과 행동과 말에 영향을 주어서 아이의 삶에 큰 영향을 미친다.

어릴 때 아이들이 습득해야 될 중요한 품성에는, '정직한 자기반성' 과 '자기 일에 최선을 다하는 성실함', '긍정적인 마인드와 역지사지' 등이 있다. 이 중 가장 중요한 품성이, 아이가 잘못된 행동을 했을 때 스스로 깨달아서 그것을 고칠 수 있는 품성인 '정직한 자기반성' 이다. 왜냐하면 이것이 있어야 아이 스스로가 자신의 품성이 나쁜 방향으로 변질되려고 할 때마다 그것을 바로 잡을 수 있기 때문이다. 이 품성은, 아이가 잘못했을 때 자신의 잘못에 대해서 진지하게 반성하는 시간을 갖게 하고, 더불어 자신의 말과 행위에 대해 어떤 식으로든 책임지게 함으로서 키울 수 있다. 자기 행위의 결과에 대해 정직한 대가를 치르어야 변화되는 것이 인간의 본성이기 때문이다. 이때 무엇보다 중요한 것은 부모가 먼저 본이 되는 것이다. 그렇지 않으면, 아이들은 부모의 말과 행동에 모순을 느껴서 부모의 타이름을 위선적인 행위로 보고 역겨워할 수도 있기 때문이다.

좋은 대학을 나왔다는 것은, 남보다 좀 더 유리한 위치에서 출발했다는 것에 불과하다. 명문대가 출세와 성공의 보증수표가 아니라는 것은 웬만한 사람은 다 아는 진실이다. 정말 중요한 것은, 공부와 학벌을 이용해서 직장에 취직한 다음이다. 이때 품성이 좋지 않으면 인간관계가 나빠지고, 그러다보면 능력은 있지만 직장에 적응을 못해서 실패할 가능성이 높다. 이와 반대로 공부를 좀 못해도 품성이 좋으면 어디에서도 잘 적응할 수 있고, 무엇보다 이런 애들이 공부도 잘한다. '자기 일에 최선을 다하는 성실함' 이라는 품성을 가진 아이가 공부를 못한다면, 그 성실함을 바르게 이끌어줄 좋은 선생님을 만나지 못했거나, 아니면 아직 공부량이 충분하게 쌓이지 않아서 그럴 뿐, 조만간 그 성실함이 성적으로 나오는 경우가 많다. 그러므로 부모가 아이에게 반드시 남겨주어야 할 유산이 있다면, 그것은 좋은 학벌이나 돈이 아니라 노블 캐릭터이다. 그것만이 '아이의 미래의 행복과 성공을 위해 부모가 반드시 남겨주어야 할 명품 유산' 인 것이다.

# 공부의 기본은 어려서부터 잡아라

 ## 2% 지적으로 오만하고 열정적인 아이로 키워라

공부 못하는 아이가 공부를 열심히 하려고 해도 막상 공부를 잘하기는 쉽지 않다. 아이가 공부를 잘하기 위해서 넘어야 할 또 다른 벽이 존재하기 때문이다. 그것은 오랜 기간 공부 못하는 동안 받았던 상처와 좌절감 때문에 생긴 자신감의 결여이다. 즉 '부정적 자아상'이다. 그런데 이것은 아이의 성적이 오르지 않는 한 쉽게 극복되지 않는다. 그리고 한 번 떨어진 성적을 올리는 것은 매우 어렵다. 성적은 상대적인 것이어서 떨어진 성적을 올린다는 것은 자기보다 잘하는 아이들보다 더 많이 공부해야 되는데, 공부 잘하는 아이들이 더 열심히 공부하기 때문이다. 좋은 성적을 위해서 그들보다 더 많이 공부해야 하는데 특별한 경우가 아니면 더 적게 공부하기 때문이다. 또한 같은 시간을 공부해도 자신감을 가지고 적극적으로 공부해야만

성적이 더 잘 나오는데, 공부 못한 아이들의 자신감은 대체적으로 낮아서 같은 시간을 공부해도 공부 못하는 아이들의 학업 성취도가 낮기 때문이다.

공부를 잘하기 위해서 아이들에게 필요한 것은 자신의 능력에 대한 충분한 신뢰이다. 설령 공부를 못한다 해도 '내가 안 해서 그렇지, 한 번 하면 정말 잘할 수 있어' 라고 생각하며 공부 잘하는 것을 대수롭지 않게 생각하는 자신감이 필요하다. 이런 자신감만 있으면 아무리 공부를 못해도 한 번 열심히 공부하기로 작정하면 공부를 잘할 수 있다. 다만 시간이 좀 걸릴 뿐이다. 열심히 공부해도 쉽게 성적이 오르지 않는 경우, 부정적 자아상을 가진 아이들은 '나는 할 수 없어' 라고 생각하며 쉽게 포기한다. 그러나 '나는 뭐든 해 낼 수 있어' 라고 생각하는 아이들은 시간이 오래 걸리고 힘든 것이라 해도, 참고 견디며 자기가 원하는 것을 이룬다.

그런데 유감스러운 사실은 우리 교육 현장이 아이의 기를 살려주는 곳이 아니라 죽이는 곳이라는 점이다. 아이들의 다양한 개성을 살려주기보다는 공부라는 획일적 잣대로 평가해서 공부 못하는 아이들의 기를 죽인다. 또한 수업 자체가 각 아이들의 수준에 맞게 진행되는 것이 아니라 특정 아이들 수준에 맞게 진행되어 공부 못하는 아이들은 수업 내용을 따라가지 못해 기가 죽는다. 공부 잘하는 소수의 아이들은 학교에서 인정받기 때문에 기가 살 수 있지만 대부분의 아이들은 기가 죽을 수밖에 없다. 공부를 중시하는 학교에서 기 사는 길은 남보다 공부를 더 잘하는 것뿐인데, 그 공부는 소수의 학생만 잘하는 것으로 인정받기 때문이다.

　공부 잘하는 소수의 아이들을 제외하고는 대부분의 아이들의 기를 죽이는 학교. 아이들의 기를 살려서 정서적으로 건강하게 키울 의무가 있는 학교가 오히려 아이들의 기를 죽임으로써 그 역할을 제대로 못하고 있다. 그런데 그 학교보다도 더 아이들의 기를 죽이는 곳이 있으니 그것이 바로 가정이다. 설령 공부를 좀 못하더라도 아이 기를 살려서 공부와 삶에 대한 자신감을 아이가 가지도록 도와주어야 하는 곳이 바로 가정인데, 대부분의 부모가 높은 공부 기준에 아이들을 억지로 맞추려 하기 때문에, 그래서 그 기준으로 아이들이 공부를 못한다고 평가하여 과다한 스트레스를 주기 때문에 아이들은 학교보다 가정에서 더 주눅 든다. 아이들의 편안한 안식처가 되어 비록 학교에서 실패하더라도 아이에게 힘을 주어 그 실패를 극복할 수 있도록 도와주어야 하는 곳이 가정인데, 부모의 자식 사랑이 유별나서, 그리고 그 사랑이 아이에 대한 지나친 기대와 요구로 나타나서 가정이 정반대의 역할을 하고 있다.

　높은 기대를 가지고 아이를 보기 때문에 아이가 아무리 공부를 잘해도 그것이 부모에게 만족스러울 수 없다. 아이에 대한 부모의 불만족은 아이에겐 실패를 의미하고, 그 실패의 축적은 공부와 자기 자신에 대한 부정적 태도를 형성하게 만든다. 즉 부모의 과욕이 아이의 기를 죽이고 '그렇게 기가 죽은 아이' 는 공부를 못한다. 자기 딴에는 열심히 공부해서 얻은 시험 성적인데, 이에 대해서 부모로부터 부정적 평가를 받는다면 아이가 공부에 대해서 재미를 느끼기 어렵기 때문이다. 그리고 재미없는 공부를 아이가 아무리 열심히 한다고 해도 공부가 재미없게 느껴지기 때문에 성적은 오르지 않는다. 그래서 공부는 더 재미없게 되고, 그래서 아이는 공부를 더 못하게 되는 악순환이 반복되기 때문에 아이의 성적은 계속 떨어진다.

한때 탁월한 싸움꾼이었던 장승수. 학교 다닐 때는 공부와는 담을 쌓고 놀던 아이였던 그가 1996년 서울대에 수석으로 합격했다. 그것도 『공부가 가장 쉬웠다』라고 말하면서 공부 정말 어렵게 생각하며 오늘도 공부 때문에 기가 죽어 사는 수많은 중고생들을 비웃으면서……. 아니 어쩌면 그가 진짜 비웃은 것은 공부 때문에 기가 죽은 아이들이 아니었을 것이다. 실제로는 그 아이들 기죽이며 아이들 삶을 비참하게 만들고 있는 무시무시한 공부라는 괴물을 비웃음으로, 그 아이들에게 공부가 아무 것도 아님을 알려 주고 싶었을 것이기 때문이다.

사실 공부 잘하는 것은, 그래서 명문대 들어가는 것은 생각만큼 어렵지 않다. 오직 그것이 어렵다고 생각해서 자기는 할 수 없다고 생각하는 사람만이 들어가기 어려운 곳이 명문대이다. 장승수처럼 아무리 공부를 못해도, 그래서 공부와 무관한 삶을 몇 년 살았어도, 누구나 마음만 먹으면 서울대도, 하버드대도 갈 수 있다. 다만 그렇게 하기 위해서는, 다른 경쟁자들을 제치고 매우 제한된 입학 기회를 얻을 수 있을 정도로, 즉 이를 위해 죽어라 공부에 매달릴 수 있을 정도로 독하기만 하면 된다. 그리고 이렇게 독하기 위해서 명문대 입학이 그 사람에게 간절한 삶의 목적이기만 하면 된다.

대부분의 사람들이 명문대 입학에 실패하는 가장 큰 이유는 그것이 그 사람에게 간절한 삶의 이유가 아니기 때문이다. 또는 자기 자신에 대한 강한 긍정적 신념이 없어서 자기는 '할 수 없다' 고 생각하기 때문이다. 물론 명문대를 입학했던 사람들 중에는 이 두 가지에 해당되지 않는 경우도 있다. 어쩌다 보니 공부를 잘하게 되어서 명문대 입학을 간절히 바래지도 않았고 또한 자기 자신에 대한 강한 신념이 없었음에도, 순전히 공부를 잘했기 때문에 명문대를 간 경우가 사실은 더 많다. 그러나 그렇다고 해도 선천적으로 공부 잘하는 사람이 정해져 있는 것은 아니기 때문에 누구나 열심히 공부하면 어떤 대학이든 갈 수 있다. 다만 그럴 필요성을 느끼지 못해 그렇게 하지 않을 뿐이다.

장승수가 서울대에 수석 입학한 비결은 그가 지적으로 오만했기 때문이다. 비록 공부를 잘한 것은 아니었지만, 그는 잘하지 못했던 공부 때문에 기가 죽지 않았다. 그래서 그는 공부에 대해 자신감을 가지고 도전할 수 있었다.

이젠 지식사회이기 때문에, 그래서 학벌이 아닌 개인의 실력이 더 중시될 것이기 때문에, 성공하기 위해서 반드시 명문대 졸업장이 필요한 것은 아니다. 그러나 지식사회이기 때문에 특정 대학 졸업자들의 지적 능력 이상의 것이 개인에게 요구되고 있다. 즉, 지적능력 획득 경로의 다양화로 어떤 대학에서 무엇을 공부했느냐가 중요한 것은 아닐지라도 사회 전반의 지적능력 향상의 결과, 각 직업에서 성공하기 위한 개인에게 요구되는 지적능력은 예전보다 훨씬 높아졌다.

과거 명문대 출신들이 타 대학 출신들에 비해 지적으로 우수했던 이유 중의 하나는 그들이 지적으로 오만했기 때문이다. 아무리 어려운 내용을 접해도, 그들에겐 지적 자신감이 넘쳤기 때문에 어렵기 때문에 좌절된 것이 아니라 어렵기 때문에 더 도전 받았다. 그래서 그것을 이해하기 위해 최선의 노력을 다했고, 그 결과 우수한 지적 능력을 소유하게 되었다. 물론 지적 능력이 개인의 직업 능력 전부를 말해 주는 것도 아니고 명문대 출신이라고 해서 모두 지적으로 오만하고 비 명문대 출신이라고 해서 그렇지 않는 것은 아니다. 그러나 출신대학이 개인에게 요구하는 높은 수준의 지적능력은 그들을 지적으로 오만하게 만든 게 분명하다. 만약 그들이 지적으로 오만하지 않았다면 명문대가 요구하는 높은 수준의 지적 성취를 달성하지 못하여 대학 생활이 불가능했을 것이기 때문이다.

아이들이 공부 때문에 기죽지 않고 지적으로 오만하게 자라준다면, 설령 좋은 대학에 입학하지 못한다고 해도 그들의 미래는 밝다. 장승수처럼 언제든 그들이 원할 때 필요한 교육을 받음으로 자신의 지적 능력을 스스로 보완하여 사회가 요구하는 실력을 보일 수 있기 때문이다. 그러므로 이젠 아이 성적이 마음에 들지 않는다고 아이 기를 죽일 것이 아니라, 설령 공부를 좀 못한다 해도 아이 기를 살려 지적으로 오만하게 키워야 한다. 지적으로 오만하기만 하면, 그 아이는 어떤 지식을 접하든 모두 수용할 수 있고, 그것을 잘 이용해 자기가 원하는 것을 얻을 능력을 가질 것이 분명하기 때문이다. 설령 명문대에 입학하지 못한다 해도 '죽은 학벌' 에 안주하며 진짜 실력 개발에 등한시 하는 명문대 출신보다, 더 나은 실력을 가질 가능성이 많고, 만약 명문대에 입학한다면 제대로 배워서 그 배운 것을 잘 활용해 성공할 가능성이 높기 때문이다.

🔴2% 아이 적성 살려서 공부 열정 키워주는 교육

지식사회의 관점에서 본다면 우리나라 중등교육은 진짜 엉망이다. 아이들의 다양한 가능성에 맞게 진로를 찾게 함으로서 열정을 키워주는 것이 아니라, '맹목적인 성공을 위한 입시' 라는 획일적 틀에 아이들을 맞춤으로서 어떤 열정도 발생하지 않게 만들기 때문이다. 대부분의 부모가 아이들이 정말 원하는 것이 무엇인지, 아이들에게 정말 좋은 것이 무엇인지를 제대로 생각하지 못한 채, 좋은 대학만 가면 잘 사는 것으로 생각한다. 좋은 대학 인기학과만 들어가면 예전처럼 인생이 보장되는 줄 아는 것이다. 그리고 '무조건적 평등' 과 '입시문제를 국가정책으로만 해결하려고 하는 정치과잉' 에 대한 국민들의 기이한 집착은 중앙집권적인 대학입시 제도를 통한 중등교육의 획일화를 조장하고 있다.

그러나 아무리 좋은 직업을 가져도 본인이 좋아하지 않는다면, 그것은 본인에겐 매우 불행한 삶의 길이 열리는 것을 의미한다. 부모님

시대엔 돈과 사회적 명예만 주어진다면 하기 싫은 일도 해야 했다. 왜 냐하면 그것이 결핍의 시대의 성공의 의미였기 때문이다. 그땐 그렇 게 남들이 알아주는 소수의 직업을 가지는 것 말고는 경제적으로 윤 택하게 살기 어려웠고, 성공하여 사회적 인정을 받기도 어려웠다. 그 래서 적성이 안 맞는다고 누군가 이런 일 하기를 거부한다면 그것은 사치였다. 주변 사람들에 의해 쉽게 용서되지 않을 정도로, 그래서 가 끔은 교류 단절이라는 극단적인 관계 테러를 당할 정도로 말이다.

부모 세대의 희생 덕분에 이젠 시대가 변했다. 예전에는 성공의 길이 몇 개 안되어서 누구나 '남들이 알아주는 그 길'을 서로 가려고 싸웠지만, 이젠 그렇게 하면 절대 성공하기 어렵다. 물론 그런 사람 들이 안정된 삶의 기반을 가지고 남부럽지 않게 살 가능성은 많다. 그러나 이젠 아무도 그것을 성공이라 부르지 않는다. 만약 그것을 본 인이 좋아하지 않는다면, 그 일을 할 때마다 어떤 지겨움을 느껴 빨 리 일 끝내고 다른 것을 하고 싶은 생각이 든다면, 그래서 그것이 자 기 인생을 낭비하는 것처럼 보인다면, 자기가 진짜 하고 싶은 다른 무엇을 그 직업이 방해한다고 생각한다면, 비록 그것이 그에게 삶의 안정을 제공한다고 해도, 그는 철저하게 실패한 것이다. 한번 밖에 주어지지 않는 인생에서 자기가 진짜 하고 싶은 일을 하지 못하고 실 패에 대한 두려움 때문에 하고 싶지 않은 일을 하며 인생을 낭비했기 때문이다. 비록 그의 외형을 속 모르는 누군가가 부러워할 수 있지 만, 그는 너무 소심해서 자기가 원하는 대로 살지 못한 겁쟁이에 불 과하기 때문이다.

아이들이 공부하기 싫어하는 가장 큰 이유는 공부를 왜 해야 되는지 잘 모르기 때문이다. 자기가 장차 하고 싶은 일이 무엇인지 생각해 본 적이 없어서, 즉 삶의 목적이 없어서 공부의 필요성을 스스로 느끼지 못하거나, 자기가 하고 싶은 것과 공부와는 아무 상관이 없다고 생각하기 때문에 공부하지 않는다. 공부할 필요성을 전혀 느끼지 못하는 상태에서 억지로 해야 하는 공부는 자기 문제가 아니라 부모 문제이고, 부모 문제인 공부를 아이들이 필요 이상으로 열심히 할 이유가 없기 때문이다.

그러나 그것은 아이들이 뭘 몰라도 한참 모르고 그렇게 생각하는 것이다. 아이들이 어떤 일을 하든 이젠 그것이 공부와 무관하기 어렵게 되었기 때문이다. 하다못해 동네 채소 가게를 하는 경우라고 해도 지적으로 탁월한 아이들은 평범한 샐러리맨보다도 더 많은 돈을 벌 수 있다. 왜냐하면 반짝이는 아이디어가 있어야 제대로 돈을 벌 수 있는데, 그 아이디어는 하늘에서 뚝 떨어지는 것이 아니라 그 사람의 지적능력에서 나오기 때문이다. 물론 직업 현장에서 뛰다 보면 그 경험이 바탕이 되어서 근사한 사업 아이디어가 나타날 수도 있지만, 이때도 사고력이 그 밑에 깔려 있다.

또한 어떤 일을 하든 좋은 정보의 습득과 이의 적절한 처리가 개인 경쟁력의 기본이 된다. 어떤 아이가 미용사가 되고 싶어 한다고 가정해 보자. 만약 그 아이가 동네 평범한 미용사로 용돈이나 벌면서 일생을 보낼 생각이 아니고 미용 기술을 통해 자기 실력을 세상에 보이고 싶은 마음이 있다면, 다양한 경로를 통해 각국에서 현재 유행하는 헤어스타일에 대한 정보 등 좋은 정보를 수시로 습득할 수 있어야 한다. 그리고 남다른 경쟁력을 제공하는 고급 기술은 모두 고급 지식과 외국어 능력에 의해 그 습득 정도가 결정된다. 아이들이 보기에 공부와 전혀 관련이 없어 보이는 일을 미래에 하고 싶어 한다고 해도, 이젠 뭐든 그 분야에서 최고가 되기 위해서는 지적능력을 발휘해야만 한다. 최근 우리나라 고학력에 대해서 좋지 않게 생각하는 사람들이 많은데 고학력은 나쁜 것이 아니다. 다만 외형적으로는 학력이 높지만 실제로 대학에서 제대로 배우지 못하고 그렇기 때문에 고학력을 생산적으로 활용하지 못한다는 데에 문제의 본질이 있다.

그러므로 무작정 아이들에게 공부 열심히 해서 좋은 대학 가기를 강요할 것이 아니라 아이의 적성에 맞는 것이 무엇인가를 함께 찾아가면서 그 적성의 실현에 초점을 맞출 필요가 있다. 아이가 원하는 것을 실현하기 위해서 아이와 함께 노력하다 보면, 아이 스스로도 공부의 필요성을 느껴서 자신이 원하는 것을 얻기 위해 공부에 대한 열정을 가질 수 있다. 왜냐하면 그때에서야 비로소 공부는 부모의 공부가 아니라 아이의 일이 되어서 공부 잘해야 된다는 스트레스를 아이가 내면화시킬 수 있기 때문이다.

당장 급하다고 해서 아이가 원하는 것이 무엇인지, 아이의 상태가 어떠한지를 전혀 고려하지 않은 채 일방적으로 공부를 강요하면 아이가 공부를 좋아할 수 없다. 그리고 좋아하지 않는 공부를 열정적으로 하는 것은 불가능하다. 그러므로 조금 힘들더라도 아이 스스로 공부의 필요성을 느낄 수 있도록 부모는 참고 기다릴 필요가 있다. 참고 기다리면서 아이가 공부의 필요성을 스스로 느낄 수 있도록 아이 입장에서 아이의 미래를 함께 고민하고 도와줌으로서 아이 안에 공부에 대한 참된 열정이 심어지도록 노력해야 한다. 공부는 스스로 잘하고 싶다는 강한 열정이 아이에게 없다면 결코 잘하기 어렵다. 그리고 그 열정은 오직 아이가 자기 미래를 진지하게 고민한 결과로, 공부의 필요성을 느낄 때 아이 안에서 자연스럽게 형성되는 것이다.

2% 공부 못해도 싸가지 있는 아이가 희망 있다

많은 부모들이 자녀가 성공하기를 원하지만 자녀와 부모 모두의 성공과 행복을 위해서 필요한 것은 자녀의 싸가지(싹수라는 의미로 사람의 됨됨이를 말함)이다. 비록 자녀가 사회적으로 큰 성공을 거두지 못했다 해도, 그에게 최소한의 싸가지가 있다면 부모의 마음을 기쁘게 할 수 있으며, 더 나아가 주변 사람들의 마음을 기쁘게 할 수 있는 능력을 소유함으로, 자신을 도와줄 사람이 많아지게 할 수 있어서 나중이라도 성공할 수 있기 때문이다. 그리고 사실 '남을 기쁘게 할 수 있는 능력이 있는 사람' 만이 진정으로 행복할 수 있다. 왜냐하면 '그가 주변에 뿌린 즐거움이 다시 그의 즐거움으로 돌아오는 것' 이 인간관계의 흐름이기 때문이다.

중학교 때 영어를 유난히 못해서 힘들어했던 단짝 친구가 있었다.

그 친구는 고등학교 때도 공부를 잘한 편이 아니어서, 결국 지방에 있는 전문대를 졸업했다. 그때만 해도 그는 사람들의 주목을 거의 받지 못했다. 그러나 지금 그 친구를 보면 '정말 대단하다' 는 느낌이 든다. 물론 그 친구가 아직은 사회적으로 큰 성공을 거둔 것은 아니지만, 그는 대학 때 배운 실력으로 확실한 자기 직업의 세계를 구축했고, 성실하고 적극적인 사고로 자기 일을 해온 결과, 어느 정도의 전문성을 획득했다. 그는 지금 주변 사람들의 신뢰를 얻고 있어서 그와 함께 일하고 싶은 사람이 꽤 많다. 그래서 지금은 조금 고생하고 있지만 앞으로 성공할 가능성이 많은 친구이다.

사실 학벌과 '학벌을 통해 얻은 전문성' 은 성공의 한 가지 요소에 불과하다. 설령 그것이 없더라도 다른 경로를 통해서 '이를 대체할 수 있는 전문성' 을 얼마든지 얻을 수 있다. 그보다는 '자기 직업에 대한 올바른 태도' 와 '주변 사람들을 움직일 수 있는 친화력' 이 성공에 있어서 더 중요하다. 그것만 있으면 학벌의 불리함도 극복할 수 있고, 특정 직업에 필요한 전문성뿐만 아니라 전문 경영자로서의 자질도 갖출 수 있다. 그럼에도 불구하고 부모가 자녀의 좋은 학벌에 올인하는 것은 그것만이 당장 눈에 보이는 성과이고, 그리고 그것이 자녀들의 직업 생활 초기에 많은 것을 보장해 주기 때문이다. 즉 그것만 있으면 자기 자녀가 쉽고 편하게 남보다 유리한 고지에서 출발할 수 있기 때문에 학벌에 올인하는 것이다. 그러나 남보다 유리하게 시작했다고 해서 반드시 남보다 더 나은 성공을 거두라는 법도 없고, 또한 좋은 학벌을 얻기 위해서 잃어버릴 손실도 너무 많다.

싸가지란 '그 사람의 됨됨이를 의미하는 말' 로, 여기서는 남에게
받은 도움을 정당하게 평가하고 이에 감사할 수 있는 능력을 의미한
다. 이 능력은 비즈니스에 성공하기 위해서 개인이 갖추어야 할 핵심
능력이다. 이 능력을 갖추어야 동료들과 부하 직원, 그리고 거래자들
과 좋은 관계를 만들어 나갈 수 있는데, 그 관계가 성공으로 가는 네
트워크를 의미한다. 또한 이 싸가지는 자기에게 주어진 일에 최선을
다하는 성실함을 의미하고, '해야만 하는 일' 을 즐겁게 할 수 있는 적
극적 태도를 의미한다. 즉 싸가지는 언제든, '직업적 전문성과 함께
비즈니스맨이 성공을 위해서 반드시 갖추어야 할 직업 자질인 개인
의 직업 EQ(감성 지능)' 로 전환될 수 있는 성공의 잠정 능력이다.

그러므로 자기 아이가 공부는 좀 못해도 싸가지만 있다면 그 아이
의 미래에 대해서 걱정할 필요가 없다. 처음에는 못했던 공부 때문에
고생을 하겠지만 반드시 그 고생을 딛고 자기 세계를 구축할 것이기
때문이다.

또한 자식의 싸가지는 무엇보다 부모 행복의 근원이다. 왜냐하면
싸가지는 사람의 도리를 아는 능력으로 '사람의 도리 중의 도리' 가
바로 '부모의 은혜를 아는 것, 효' 이기 때문이다. 한 자녀가 정상적인
성인으로 성장하기 위해서는 무수히 많은 부모의 도움을 받는다. 아
무리 나쁜 부모라고 해도 그 자녀가 이 세상에 존재할 수 있게 하는
데만도 적지 않은 비용을 지불한다. 그래서 동양에서는 '효' 를 백행
의 근본으로 보고, 이를 통해 사람의 됨됨이를 파악했던 것이다.

자녀에게 싸가지가 조금이라도 있다면 이런 진실을 외면할 수 없고, 그렇기 때문에 그 자녀는 부모의 은혜를 갚지는 못한다고 해도, 이에 감사하는 마음을 가지며 부모 마음을 즐겁게 하기 위해 노력한다. 이것이 바로 자녀들이 가진 싸가지의 자연스러운 표현이다. 비록 부모가 가진 게 없어서 자녀에게 아무것도 해 준 것이 없어 보인다고 해도, 자녀를 싸가지 있게 키우기만 한다면, 그 자녀는 자신의 싸가지로 부모의 숨은 노고를 볼 수 있기 때문에 부모에게 감사할 수 있다.

이에 비해 아무리 자식을 헌신적으로 키워 그를 성공한 인물로 만들었다 하더라도 그에게 최소한의 싸가지가 없다면, 그는 부모의 노고를 당연한 것으로 생각하거나 부족하다고 생각한다. 그리고 '이렇게 밖에 생각하지 못하는 그'가 부모에 대해 감사할 수 없다. 싸가지 없는 그의 머리로는 자기 부모에게 감사할 만한 것이 하나도 생각나지 않을 뿐만 아니라, 최악의 경우 '부모가 잘한 것은 모두 무시한 채 잘하지 못한 몇 가지 때문에 불평하거나 부모에게 해를 가할 수도 있다. 그러므로 부모가 정말 자신은 어떻게 되든지 간에 자녀만 잘되기를 원하는 것이 아니라면, 아이를 싸가지 있게 키워야 한다. 그것만이 부모의 노년에, 자식 때문에 크게 자랑하는 일이 없다고 해도 '부모와 자녀 모두가 행복하게 살 수 있는 인생의 지혜'이기 때문이다.

물론 이런 경고를 듣고도 어떤 부모는 자녀를 너무 끔찍이 사랑한 나머지, '자녀를 싸가지 있게 키우는 것'은 무시한 채, 자녀의 능력을 키워주는 데만 열을 낼지도 모른다. 그러나 많이 배워서 학벌이 좋고 좋은 직장에서 성공에 성공을 거듭해서 누구나 부러워하는 위치까지 올라간다고 해도, 그동안 부모가 대가 없는 희생을 거듭한 덕분에 자녀가 행복의 모든 조건을 갖추었다고 해도, 반드시 자녀가 행복한 것은 아니다.

왜냐하면 '자기를 잘 길러준 부모의 은혜를 무시한 그런 싸가지'로는 자기도 결코 행복할 수 없기 때문이다. 부와 명예, 권력 등 성공의 조건이 아무리 많다고 해도, 인간의 궁극적 행복은 사람들과의 관계를 통해 주워지는데, 싸가지 없는 놈에겐 자기 주변 사람들과 좋은 관계를 맺을 능력이 없다. 그래서 그의 주변엔 그가 가진 것을 이용하기 위해서 친한 척하는 인간들은 많을지 몰라도, 정말 그를 생각하고 위해주며 그와 인간적인 관계를 맺으려고 하는 좋은 사람들은 없을 것이다. 처음엔 성공한 덕분에 가진 것이 많아서 승승장구할지 몰라도, 시간이 흐르면 흐를수록 그의 주변은 황폐화 되고, 그래서 그는 언젠가 반드시 불행 가운데 빠지게 되며, 그때서야 부모에게 못했음을 후회할 것이다. 그러나 그때는 모든 것을 돌이키기에 너무 늦었다. 아무리 후회하고 자기를 바꾸려 노력한다고 해도, 그때 바꿀 수 있는 것은 아무것도 없을 것이다. 그리고 이때 그 사람을 이 지경으로 망친 것은 사실은 자녀 싸가지를 키워주는 것을 등한시한 희생적인 부모이다. 자녀에게 정말 가르쳐야 될 필수적인 싸가지는 가르쳐주지 않은 채, 성공의 한 요소에 불과한 공부와 학벌에만 올인했기 때문이다.

싸가지는 '싹수' 라는 말로 '앞으로 좋은 사람이 될 가능성이 있음' 을 의미한다. 그리고 좋은 사람은 '다른 사람의 필요' 에 민감하게 반응하는, 즉 배려하는 사람이다. 그런데 다른 사람의 필요에 민감하다 보면 누구나 필연적으로 자신의 능력을 키우고 싶은 열망에 빠진다. 왜냐하면 주변 사람의 필요를 채워주기 위해 노력하다보면 자기에게 능력이 있어야 한다는 것을 깨닫게 되기 때문이다. 이런 사실은 부모가 되면 생활력이 강해지는 현상에서 잘 확인된다. 자기 몸에서 태어난 사랑스런 아이를 위해 뭐든 해주고 싶은데, 현실적으로 그것이 어려우면 자신의 능력 부족에 한탄하고, 이것을 만회하기 위해 뭐든 하려는 것이 부모의 마음이다.

옛날에 가난한 집 아이들이 공부를 더 잘 했던 이유가 바로 여기에 있다. 요즘 부유한 집 아이들은 부모에게 부족한 것이 없기 때문에 자기가 부모를 위해서 뭔가를 해야 된다고 생각하지 않는다. 자기가 그렇게 하지 않아도 부모는 잘 지내기 때문에 굳이 자기가 '여유 있는 부모' 를 위해서 뭔가를 해야 된다고 생각하지 못한다. 그러나 가난한 집 아이들은 자기들을 위해 한 푼이라도 더 벌려고 고생하는 부모를 보면 자기가 그 부모를 위해서 뭔가를 해야 된다는 묘한 압박감을 받게 되고, 그것이 '미래에 대한 철저한 준비, 공부' 로 나타난다. 그래서 다른 사람들이 보기엔 정말 가난해서 공부를 제대로 하기 어려운 환경에 있던 아이들 중, 어떤 아이들은 남다른 노력으로 우수한 성적을 거두어 종종 세간의 화제가 되기도 했다. 물론 가난한 집 아이들 대부분은 비교육적 환경과 부모들의 무관심, 그리고 문화적 빈곤 때문에 공부를 잘하지 못하는 경우가 더 많다. 부모의 부 때문에 받게 되는 교육적, 문화적 혜택이 없는 상황에서 공부를 잘하기가 쉽지 않기 때문이다. 그러나 그럼에도 불구하고 부모의 생각이 건강해서 아이가 '싹수 있게만 자란다면' 그런 부족은 아이 자신의 노력에 의해서 충분히 극복될 수 있다.

요즘 아이들이 공부 안하는 가장 큰 이유는 왜 공부를 해야 되는지를 모르기 때문이다. 그리고 이것은 '현재 뭐 하나 부족할 것 없이 풍족하고 앞으로도 그렇게 될 것 같은 상황'에서 아이들이 보이는 자연스러운 반응이다. '굳이 열심히 공부하지 않아도 미래에도 부족할 것이 없을 것' 같은데, '굳이 힘들여서 공부 잘하고 싶은 마음'이 생길 이유가 없다. '공부를 잘하지 않아도 부모가 쌓아 놓은 부(副) 덕분에 미래에도 지금처럼 넉넉하게 살 수 있다'고 생각한다면, 즉 '공부를 못해도 현재처럼 풍족한 삶을 어른이 되어서도 누릴 수 있다'고 믿는다면 '공부해야 한다'는 현실적 필요를 아이가 느끼지 못할 것이다. 그래서 부모가 강조하는 공부는 아이에게 '현실감 없는 부모의 욕심'으로밖에 들리지 않을 것이고, 그 결과 공부에는 등을 돌린 채, 노는 데에 열을 내거나 부모의 열성 때문에 어쩔 수 없이 공부하는 척은 하지만 실제로는 집중하지 않는 '교묘한 태업'을 할 것이다.

한마디로 강남 아이들은 '다른 사람의 필요에 관심을 기울일 수 있는 싸가지'가 없을 가능성이 많다. 싸가지를 가지고 싶어도 '자기들이 채워주어야 할 필요’ 가 가까운 사람들에게 존재하지 않기 때문에 ‘그 필요에 대한 정서적 반응’ 인 배려를 배울 수 없다. 그리고 무엇보다 부모의 사회 경제적 지위가 높은 경우, 아이가 버릇이 없게 될 가능성이 높다. 왜냐하면 부모 밑의 사람들, 즉 어떤 형태로든 부모에게 고용된 사람들이 아이를 그 부모를 대하는 것처럼 대할 때, 아이들은 그런 어른들을 자기 고용인처럼 대하면서 ‘싸가지 없게 될 가능성’ 이 많기 때문이다.

물론 ‘이런 게 뭐가 문제냐’ 고 생각할 부모가 있을 지도 모르겠고, 실제로 많은 부모들이 ‘자기 아이들’ 이 주변 어른들에게 대우 받기를 원한다. 그러나 그 결과, 아이가 어른들을 어른답게 대하지 않게 되면 나중에 성장해서 부모를 부모답게 대우하지 않을 위험이 있다. 사람이 사람을 대하는 방식에는 일관성이 있어서 당장 나를 위해서 남에게 거짓말을 하는 사람은 언젠가 나에게 거짓말을 한다. 이처럼 ‘어른 대하는 예절을 무시하는 아이’ 는 나중에 자기 부모를 대하는 예절을 무시하거나 심하면 부모를 모르는 폐륜아가 될 가능성이 있다.

흔히 부모들은 아이들이 공부를 열심히 해야 되는 이유로 ‘널 위한 것이다’ 라는 논리를 내 세운다. ‘네가 공부 잘하면 나중에 좋은 대학가서 좋은 직장 얻고, 돈 많이 벌어 잘 사는 것이니, 공부 열심히 해라’ 라고 말한다. 그러나 아이들의 입장에서는 그것은 ‘설득력 없는 이야기’ 에 불과하다. 먼저 아이들은 어리기 때문에 공부를 잘해서 나중에 어떻게 좋은 지를 알 수 없다. 돈 많이 번다고 하는데, 그것이 얼마나 좋은 지를 어른 입장에서 돈 써 본 일이 한 번도 없기 때문에 알지 못한다. 그리고 '좋은 대학, 좋은 직업'이라고 어른들이 노래를 부르는데, '어른이 되었을 때, 그것이 얼마나 현실적으로 중요한 지'도 미리 경험할 수 없다.

아이들은 어리면 어릴수록 멀리 보지 못하고 '당장의 현실'만을 중시한다. 어린 아이들에게 '자기를 위하는 것'은 당장 편하고 즐거운 것이지 '미래를 위해 뭔가 준비하기 위해 고생하는 것'이 절대 아니다. 그러므로 사춘기 전의 아이들(주로 초등학생)에게 '널 위해 공부해야 한다'고 말하면 그것은 '속 보이는 거짓말'로 느껴질 뿐이다. 최소한 중학생 정도가 되어야 '공부 잘하면 뭐가 좋다'를 막연히 받아들일 수 있고, 고등학생이 되어야 '공부 잘하는 게 좋다'는 것을 어렴풋이 알 수 있다. 물론 고등학생이라 해도 '낮은 학벌'과 '그로 인한 나쁜 직업' 때문에 당하는 불이익을 직접 경험해 본 적이 없기 때문에, 그리고 '공부 잘하지 않아도 잘 사는 몇 몇 사람을 종종 본 경험이 있기 때문에' '잘 살기 위해서 공부 잘해야 한다'는 부모님의 말을 '기성세대의 억지 주장'으로 흘려들을 가능성은 여전히 높다.

'모두 널 위해 그러는거야'라고 말하면서 아이들보다 더 아이들 성적에 민감해하고, 아이들을 공부로 압박하는 것은 명백한 모순이다. 비록 부모의 말처럼 공부가 궁극적으로는 아이들 자신을 위한 것이라 해도 '아이 공부에 부모가 지나치게 집착하는 모습을 보이는 것'은 아이들에게 '공부는 부모를 위해 하는 것이라는 인상'을 심어주는 것이다. '공부가 자기에게 좋다'는 것을 받아들이지 못하는 상황에서 아이의 이기심에 호소하여 공부 잘하라고 격려하는 것은 별다른 효과가 없다. 이것은 수많은 경험을 통해 증명된 사실이다. 자기 미래에 대해 아무 개념이 없는 아이들에겐 '자신의 미래를 위해 현재를 희생하는 것'은 '자기를 위한 것'이 아니라 '부모를 위해 자기가 희생하는 것'으로 느껴질 수밖에 없기 때문이다.

이에 비해 아이의 이타심을 자극하는 것은 '의외의 효과'가 있다. 사람에겐 누구나 남에게 인정받고 싶은 욕구가 있고, 이것이 사실 인간의 욕구 중 가장 기초적이면서도 강렬한 것인데, 이타심이 바로 이 욕구와 긴밀하게 연결되어 있다. 누구든 주위 사람들에게 인정받아야 자신의 삶이 정서적으로 안정되는데, 특히 삶의 안정감이 필요한 아이들에게 이 욕구는 절대적이다. 이 욕구를 충족시켜 주는 것이 바로 이타적인 행위이다.

아이가 다른 사람을 위한 행동을 할 때 '주변 사람들이 그 행동에 대해서 어떻게 생각하는가'를 부모가 알게 해 준다면 아이는 '주변의 인정'이라는 욕구 충족에 만족해하고, 더 큰 만족을 위해 남을 배려하는 행동을 더 하려 할 것이다. 이렇게 아이가 '배려하는 마음'을 키워나가다 보면 주변의 필요에 더 민감해지고, 그러다가 그런 삶이 일상적인 것이 되면 아이에게 '자신이 앞으로 살고 싶은 삶'이 서서히 드러나게 된다. 그것은 '자기 자신이 아닌 타인을 위한 삶이고, 이를 통해 자신의 가치를 세상에 드러내는 삶'으로, 우리는 그것을 꿈이라 부른다. 이런 꿈을 가진 아이들이 '놀고 싶은 것을 참으며 공부할 줄 아는 아이들'이다. 왜냐하면 자신의 꿈이라는 것에 비추어 보았을 때만 그 지겨운 공부가 정말 자기를 위한 것이라는 것을 깨달을 수 있기 때문이다. '부모의 풍요에 빠져 어떤 삶을 살아야 할지에 대한 고민 없이 공부에 내몰린 강남 아이들' 보다, '앞으로 자기가 어떤 삶을 살 것인지가 분명하게 정해진 바로 이런 아이들' 이 누가 시키지 않아도 공부를 열심히 할 것이며, 그 결과 좋은 학벌과 좋은 직업을 통해서 자신도 잘 살고 주변 사람들도 행복하게 만들며, 궁극적으로 사회에도 기여하는 인물이 될 것이다.

험난한 세월을 보냈던 적지 않은 한국 부모들에게 아이들의 이타적인 꿈은 비현실적인 것으로 들릴 수 있다. 왜냐하면 과거에는 가끔은 남을 밟고 일어서야만(성공은 아니라고 해도) 최소한의 생존을 할 수 있었기 때문이다. 그러나 그때는 빈곤의 시대였다. 한정된 자리, 한정된 재원을 놓고 치열하게 싸워야만 했던 시대여서 수단과 방법을 가리지 않고 그 자리를 차지해야만 모든 것을 가질 수 있었다.

그러나 지금은 사회가 변했고, 또 계속 변하고 있다. 그래서 남을 밟고 올라서는 것은 성공의 치사한 방법 중 하나에 불과하게 되었고, 이젠 더 이상 그런 성공에 사람들은 환호하지 않는다. 대신 경멸을 보낼 뿐이다.

변화된 시대에 맞게 지금은 '남을 생각하는 배려' 가 어디서나 화제이다. 그러므로 '자기 아이에게 남을 배려하는 마음을 키워서 그 배려가 공부의 동기가 되게 하는 것' 이 가장 좋은 학습 지도 방법이다. 그래야 아이도 자기 나름대로의 인생 목적을 세우고 열심히 자기 공부를 해서 공부를 잘 할 것이고, 그래야 공부에 성공한 아이의 다른 삶들도 성공할 것이 분명하기 때문이다. 즉 싸가지 있는 아이들이 공부도 잘할 것이 분명하기 때문에 공부에 신경 쓰기 이전에 자기 아이를 된 놈(싸가지 있는 아이)으로 만들도록 노력해야 한다.

2% 주변 관계를 이용해서 '부모에 대한 감사'를 배우게 하라

'잘 대해 줄 때, 고맙게 생각하고 이에 감사하는 사람'은 성숙한 사람이다. 미성숙한 사람은 상대가 잘 대해 주더라도 감사할 줄 모를 뿐만 아니라, 그것을 당연하게 생각하여 가끔은 '잘 대해 주는 그 사람'을 무시하기도 한다. 어쩌면 남이 잘 대해 주는 것을 당연하게 생각하고 이에 대해 특별한 고마움을 느끼지 못하는 것이 인간의 본성인지도 모르겠다. 그래서 우리는 종종 '엎드려야만 절 받을 수 있는 떨떠름한 입장'에 처하기도 하고, 그 상황에서 어떻게 해야 되는지를 고민하게 된다. 절 받기 위해 엎드리자니 '공치사를 듣기 위해 좋은 일 한 것'으로 오해 받을까봐 싫고, 그렇다고 그냥 넘어가자니 '자기의 수고를 무시하는 것' 같아 참기 어렵기 때문이다.

이런 상황에 한두 번 처해 보면 그때부터는 남을 도와주는 것을 신중히 생각하게 되고, 쉽게 남을 도와주지 못한다. 그래서 '엎드려서 절 받는 상황'에 처할 일이 더 이상 없게 된다. 그러나 자녀가 있을 경우에는 어쩔 수 없이 이런 경우에 처하게 된다. 왜냐하면 자녀에게만큼은 누구나 최선을 다해서 사랑을 베풀기 때문이다. 그러나 자녀들은 부모의 사랑을 당연하게 생각해서 감사할 줄 모르거나, 심지어 어떤 자녀들은 다른 집과 비교하며 '부모가 해 준 것이 별로 없다' 고 불평하기도 한다. '정성으로 잘 키워 놓았건만 부모의 희생적 사랑을 인정하지 않는 자식들' 때문에 적지 않는 부모들이 '엎드려도 절 받지 못하는 불행' 에 종종 처하게 된다.

물론 어떤 부모들은 자녀만 잘되면 되지, 굳이 자기에게 감사할 필요가 없다고 생각한다. 그러나 아무리 잘 키워도 그 자녀가 부모에게 감사할 줄 모른다면, 그것은 잘 키운 것이 아니다. 비록 자녀가 그 감사를 행동으로 잘 표현하지 못한다고 해도 '부모가 해 준 것에 대해 감사하는 마음을 가지는 것' 이 자녀의 최소한의 도리이다.

아주 가끔은 자기 자녀를 낳기만 하고 방치하는 부모도 있다. 그런 부모라 해도 원망할 수 없다. 왜냐하면 그렇게 하고 싶어서 자녀를 버린 부모는 없을 것이고, 그렇게 내 버려두고 마음 편하게 지낼 부모 또한 없을 것이기 때문이다. 정상적인 부모라면 자녀가 어려운 문제에 직면했을 때, 자녀보다 더 그 문제로 괴로워한다. 그러므로 그런 부모가 자기 자녀를 버려야만 했다면 뭔가 특별한 이유가 있었을 것이다.

그래서 우리 조상들은 효(孝)를 백행의 근본으로 보았다. 이런 맥락에서 부모에게 감사하지 못하는 자녀는 싹수가 없다. 그리고 이런 사람이 행복하게 살며, 남에게 존중 받으며 살 수 없다. 부모에게 감사하지 못하는 사람이 다른 사람의 노고를 감사할 수 없으며, 이런 사람이 남과 잘 어울리며 행복할 수 없기 때문이다. 그러므로 자기 자신을 위해서가 아니라 바로 철없는 자녀를 위해서 자기 자녀에게 '부모에게 감사하는 법' 을 힘써 가르쳐야 한다.

'어릴 때 감사를 배우지 못한 아이들' 이 어른이 된다고 해서 부모에게 감사할 리가 없다. '뭐든 배우려고 하는 어린 시절' 에 배우지 못한 것을 '머리가 굳은 어른' 이 되어서 배울 수 없다. 그러므로 감사는 아이가 어릴 때부터 가르칠 필요가 있다. 어려서부터 '자기를 위한 다른 사람의 수고' 에 감사하는 습관을 가져야만 나이 들어서도 계속 그럴 수 있다.

그런데 '자기에게 감사하는 법' 을 아이에게 가르친다는 것은 정말 어려운 일이다. 왜냐하면 자칫 '부모에게 감사하는 법' 을 가르치는 것이 엎드려 절 받으려 하는 행동으로 오해받을 수 있고, 그것 때문에 '자녀에 대한 순수한 헌신' 이 어떤 대가를 바라고 하는 행동으로 왜곡될 수 있기 때문이다. 또한 '자기 입으로 자기를 칭찬하는 것' 은 교육적으로 바람직하지 않다. 아이가 부모의 그런 행동을 생각 없이 따라하다가 '자기만 내세우는 인간' 이 될 수 있거나, 또는 그런 행동이 부모의 이미지에 나쁜 영향을 주어 부모의 교육적 권위에 심각한 타격을 줄 수도 있다.

그러므로 부모가 자녀에게 '자기의 수고' 를 알아달라고 말하면서 아이에게 '부모의 노고' 에 대해 감사하게 할 수는 없다. 그러나 부모가 한 명이 아닌 두 명이기 때문에 그것이 꼭 불가능하거나 해로운 것만은 아니다. 어떻게? 그것은 아버지와 어머니가 서로를 아이들 앞에서 세워주면 된다. 즉 아버지는 어머니의 노고를, 어머니는 아버지의 수고를 아이들에게 알게 하면 된다. 그렇게만 되면 부모는 자기 스스로 자기 노고를 인정해 줄 것을 아이들에게 말하지 않고도 아이들에게 '부모에게 감사하는 싸가지' 를 키워줄 수 있다.

물론 이것이 가능하기 위해서는 먼저 아버지와 어머니의 사이가 좋아야 하고, 아버지와 어머니가 아이의 교육에 대해 서로 대화하며 협력할 수 있어야 한다. 또한 서로를 인정하고 세워주는 일은 어떤 합의를 통해서 의무적으로 하는 것이 아니라 자발적으로 해야 한다. 왜냐하면 상호합의를 통해 하는 것은 '엎드려 절 받기' 의 포장된 형태에 불과해서 그것을 아이들이 알게 된다면 그 교육적 효과는 반감될 수밖에 없기 때문이다.

그러나 위의 조건들이 어떤 부모에게는 불가능해서 절망적으로 들릴 수 있다. 배우자와 사이가 좋지 않거나, 그 사람이 아이들 교육에 관심이 없을 경우이다. 하지만 그런 경우라 하더라도 포기할 필요는 없다. 부모 중 한 명이라도 잘한다면 아이들에게 '부모에게 감사하는 마음' 을 키울 수 있다. 한 사람에게 제대로 감사할 줄 아는 아이는 모든 사람에게 감사할 수 있기 때문이다.

감사란 '어떤 사람에 대한 마음의 자세' 인 동시에 '그 마음을 품는 사람의 삶의 자세' 이다. 그러므로 한 사람에게 진심으로 감사하게 되면 다른 사람들에게도 감사할 수 있는 능력을 가지게 된다. 예를 들면 어머니가 아이들에게 아버지에게만 감사하는 법을 가르쳤다고 하자. 처음에는 아이들이 아버지에게만 감사한다고 해도, 나중에는 그렇게 가르친 어머니에게 더 감사한다. 왜냐하면 어머니의 가르침 덕분에 아이들이 감사의 능력을 가지게 된 결과, 누가 자기를 위해서 좋은 일을 했는가를 정확히 판단할 수 있는 능력을 가졌기 때문이다.

또한 '부모에게 감사하는 사람'은 삶에 만족하는 사람인 동시에 삶을 긍정적으로 보는 사람이다. 삶에 만족하지 못하고 삶을 부정하는 사람은 부모에게 감사할 수 없다. 그리고 '자신의 삶에 만족하고 긍정하는 사람'에겐 묘한 에너지가 있다. 그것은 '어떤 어려운 상황에서도 좌절하지 않고 자신을 지키면서 그 문제를 극복할 수 있는 낙관의 힘'이다. 이런 사람에겐 어려움도 위기가 아니라 새로운 도약을 위한 기회가 된다.

그러므로 부모는 자신을 위해서가 아니라 아이의 장래를 위해서 '부모에게 감사하는 법'을 가르쳐야 한다. 그리고 이를 위해서 주변 관계를 잘 활용할 필요가 있다. 철없는 아이에게 부모의 노고를 직접적으로 가르친다면 부작용이 생길 경우가 많으니, 아이에게 다른 사람의 노고에 감사하게 함으로써 나중에 '부모에게 감사할 줄 아는 자녀'로 키워야 한다. 물론 그렇게 하기 위해서는 부모가 먼저 아이 주변의 사람들에게 감사하는 마음을 가져야 한다. 부모가 감사하는 마음이 없는데 아이들이 그런 부모에게서 감사를 배울 수는 없다. 나중에 아이들이 그런 감사의 마음을 가진다면 자식 농사의 절반은 성공한 것이니, 주변 사람에게 감사하는 수고쯤이야 아무것도 아닐 것이다.

# 높게 날 수 있는 새가 멀리 본다

 ## 영어는 인생의 전략 과목이다

아이가 다른 과목은 못해도 영어는 반드시 잘해야 한다. 아이가 나중에 무엇을 하더라도 항상 영어라는 벽에 부딪칠 것이기 때문이다. 어떤 시험을 보든 영어는 항상 포함되어 있고, 어떤 일을 하든 그 일에 필요한 고급 정보를 얻기 위해서는 영어를 잘해야 한다. 하다못해 영어만 잘해도 이 땅에선 최소한 먹고 사는 일은 걱정할 필요가 없다. 아직도 우리나라에는 영어 잘하는 사람이 많지 않고, 그래서 영어 잘하는 사람이 할 수 있는 일이 적지 않으며, '영어를 더 많이 필요로 하는 세계화'의 진행은 이를 부추길 것이 분명하다.

게다가 영어만 잘 준비해 놓으면 학벌 역전도 가능하다. 집에 경제적 여유가 있는 상태에서 영어만 잘 준비한다면, 아이가 스스로 진짜 공부를 하고 싶어 할 때, 미국 유학을 통해서 더 나은 학벌을 획득할 수 있다. 대학 경쟁력을 제대로 키워내지 못하고 있는 국내 대학과는 달리, 미국 대학은 누구나 인정해 주는 실력의 보증 수표이다. 그러므로 차라리 국내 대학보다는 미국 명문대에서 공부하는 것이 더 나을 수 있다. 물론 이 경우, 국내 학연이 없어서 교수 임용에 어려움을 겪을 수도 있지만, 사회 전반에 실력 중시 풍토가 자리 잡고 있어서 이를 걱정할 필요는 없다. 앞으로는 교수 임용도 실력이 더 중시될 가능성이 높기 때문이다. 설령 그렇지 않다 하더라도 대학이라는 좁은 울타리에서 벗어나 자기 미래를 스스로 개척하는 것이 더 나을 수도 있다.

공부 효과는 학습자의 심리상태에 의해 지대한 영향을 받는다. 즉 '별로 하고 싶지 않을 때 하는 공부'와 '정말 하고 싶을 때 하는 공부'의 효과는 하늘과 땅 차이다. 그러므로 아이가 공부하기 싫어 할 때 억지로 공부를 강요하는 것보다, 아이가 공부하고 싶어 할 때까지 기다렸다가 그때 적극적으로 밀어주는 것이 더 현명하다. 좀 기다려서 아이가 스스로 공부하기를 원할 때 하는 것이 공부의 효과 면에서도 좋고, 아이의 삶과 질 그리고 미래를 위해서도 훨씬 낫다.

그렇다고 그렇게 될 때까지 아이를 방치해야 된다는 이야기는 아니다. 아이가 공부에 흥미를 가질 수 있도록 유도할 필요는 있다. 다만 이 유도가 성공하기 위한 전제 조건으로 불필요한 강요를 통해서 아이의 공부 열정이 식지 않게 해야 한다. 물론 늦게 시작하면 아이에게 불리할 지도 모른다. 그러나 대학입시 때를 놓치면 대학 입학의 기회가 제한되는 과거와 달리, 요즘은 대학 입학의 기회가 모든 연령대에 열려 있는 시대이다. 그리고 조금만 눈을 돌리면 외국 대학에서 공부하여 언제든지 더 나은 실력을 쌓을 수 있다. 이런 점에서 '아이가 공부를 원할 때에 공부할 수 있도록 한다'는 장기적 안목과 여유를 가지고 아이를 긍정적으로 보는 것이, 아이의 학습 동기에 긍정적 영향을 주어서 아이와 부모 모두에게 유익하다.

나중에 공부해서 부족한 학벌을 채울 수 있다면 학교에서 지금 아이들이 공부 못하는 것을 그렇게 걱정할 필요가 없다. 부모에게 경제적 여유만 있다면 언제든지 아이는 그 경제적 여유를 자신의 학력으로 바꿀 수 있기 때문이다. 그런 의미에서 사실 공부를 열심히 해야 하는 아이들은 강남 부유층이 아니라 평범한 서민의 자녀들이다. 그럼에도 불구하고 평범한 집에서는 아이들 공부에 그렇게 큰 신경을 쓰지 못하는 반면, 부유층에서는 너무 지나치게 신경을 써서 아이들 학습 동기를 저하시키고 있다. 한편에서는 돈이 없어서 아이들의 공부 기회가 부당하게 제약을 받고 있는데, 또 다른 한편에서는 돈이 너무 많아서 아이들이 사교육에 지치고 있다.

이러한 맥락에서 본다면, 영어도 굳이 학교 다닐 때 잘할 필요가 없을지도 모른다. 영어가 세계화 시대에 개인 경쟁력의 필수과목이긴 하지만, 꼭 학교 다닐 때 배울 필요는 없기 때문이다. 그러나 이왕 공부해야 될 영어라면 미리 잘해 두어서 나중에 편한 것이 낫다. 늦게 공부하면 공부할수록 영어 실력의 덕을 그만큼 늦게 누릴 뿐만 아니라 영어 공부의 가속도가 붙기 어렵기 때문이다. 학교 다닐 때 열심히 공부해서 생활 속에서 영어를 활용할 수 있을 정도로 기본 실력을 닦아 놓으면, 그 이후엔 삶의 영어화가 가능해서 영어실력이 쉽고 빠르게 향상될 수 있기 때문이다. 그리고 공부 외에 특별히 할 일 없는 청소년기에 학교에서 의무적으로 공부해야 하는 그때, 영어라도 제대로 해 두는 것이 여러 가지 면에서 바람직하다. 아이가 공부에 정말 취미가 없어서 미국 유학을 생각하지 않아도 영어만큼은 학교 다닐 때 잘하도록 해야 한다. 왜냐하면 세계화 덕분에 삶의 공간이 급격하게 통합되고 있어서 영어로 다른 나라 사람들과 교류할 수 있는 능력이 개인 경쟁력의 핵심 요소로 부각되고 있기 때문이다.

영어를 잘해야 세계 곳곳에서 어떤 일들이 일어나고 있는지를 즉시 파악할 수 있고, 자기 생각과 물건을 세계에 팔 수 있으며, 다양한 지역의 사람들과 긴밀한 네트워크를 구축함으로서 인적 자산을 확보할 수 있다. 무엇보다 영어는 언어이기 때문에 가능하면 빨리 습득할수록 좋다. 빨리 습득하면 습득할수록 더 잘할 가능성이 높다. 그러므로 학교 다닐 때 공부는 못해서 설령 대학입시엔 실패하더라도 영어에 실패해서는 안 된다. 다른 과목은 몰라도 영어만큼은 아이 인생의 전략과목이기 때문이다.

 일상생활에서 영어를 생활화하자

학생들을 비롯해서 많은 국민들이 영어를 잘하기 원하고, 이를 위해서는 어떤 비용도 지불할 것을 마다하지 않는다. 그러나 이를 위해 사용되는 영어 공부 방법들이 잘못 되었기 때문에 '많이 공부하지만 잘하지 못하는 것'이 '우리 영어 공부의 현주소'이다.

영어 공부의 목적은 미국인들처럼 말하고, 듣고, 읽고, 쓸 줄 아는 것이다. 즉 외국인과 자연스럽게 의사소통을 할 수 있고, 영어권 대학에서 공부를 하거나 사업을 하거나 생활을 할 수 있게 되는 것이 '영어 공부'의 목적이다.

그런데 우리 영어 공부의 실제 목적은 이와 다르다. 일상생활에서의 영어 사용을 목적으로 하지 않고 각종 시험에서의 높은 성적을 목적으로 하기 때문이다. 그래서 우리는 미국식으로 영어를 생활화하지 못하고 영어를 한국식으로 시험공부를 한다.

'시험을 위한 영어 공부, 즉 일상생활에서 사용하지 않는 한국식 영어'는 죽은 영어이다. 그래서 그렇게 공부하면 영어를 잘하지 못한다. 일상의 삶에서 영어를 사용하지 않기 때문에 공부하는 순간에만 '배운 영어'가 생각나기 때문이다. 그래서 사실은 시험도 잘 보지 못한다. 공부할 때만 기억하는 것으로는 그 많은 영어 표현들을 외울 수 없기 때문이다.

국어는 배우고 나면 일상의 삶에서 사용할 기회가 생긴다. 그리고 일단 몇 번 사용하면 그 내용을 제대로 기억한다. 배운 표현을 말할 때, 우리 머리가 그 내용을 뇌에 각인시키기 때문이다. 국어로 말을 할 때 생각하고, 그 생각을 통해 국어 표현들이 우리 사고의 일부가 되기 때문이다.

그러나 오직 영어만 삶 속에서 사용하지 않기 때문에 공부할 때 외에는 한 번도 생각해 볼 기회가 없고, 그래서 배울 때마다 새롭다. 많이 공부하지만 배운 것을 사용해 볼 기회가 별로 없기 때문이다. 또한 배우지 않는 기간이 오래 되면 '그때까지 배웠던 것'을 많이 잊어버린다. 현재처럼 시험만을 목적으로 영어를 공부하면 시험 공부할 때와 시험 볼 때만 배운 내용을 생각할 수 있기 때문이다. 즉 배운 것을 일상의 삶 가운데서 소화시키지 못하기 때문이다. 바로 이것이 우리나라 사람들이 영어 공부를 많이 하면서도 실제로 영어를 잘하지 못하는 진짜 이유이다.

그러므로 영어를 잘하고 또한 시험도 잘 보기 위해서는 영어를 한국식으로 공부하면 안 되고 미국식으로 영어를 생활화해야 한다. 즉 영어를 모국어처럼 습득해야 한다. 미국 본토 사람이 영어를 배우는 것처럼, 한국식으로 외국어를 공부하는 것이 아니라 삶 가운데서 영어를 사용하며 배워야만 한다.

그런데 영어 말하기와 영어 쓰기는 외국에 나가지 않으면 생활화하기 어려운 영어 영역이다. 그렇기 때문에 한국에서 영어 공부해야 한다면 특별한 경우가 아니라면 영어 읽기와 듣기에 집중할 수밖에 없다. 그래서 어떤 사람들은 '한국에서 영어 공부하기'의 이런 단점을 극복하고자 외국에서 장단기 언어 연수를 하고 오기도 한다. 그러나 이것은 누구나 쉽게 누릴 수 있는 기회가 아니다.

그래도 다행스러운 점이 있다면 '읽기와 듣기만 잘해도 그것만으로도 영어의 생활화가 가능하고, 그래서 이에 도가 트면 쓰기와 말하기를 쉽게 배울 수 있다’ 는 사실이다. 사실 읽기와 쓰기, 말하기와 듣기는, 긴밀하게 연결되어 있어서 어느 하나만 제대로 완성되어도 다른 것들을 쉽게 해 낼 수 있다. 그러나 듣지를 못하는 상태에서 말하기를 잘할 수 없고, 읽지를 못하면서 쓸 수는 없다. 왜냐하면 ‘듣기와 읽기’ 가 ‘말하기와 쓰기’ 에 앞서 이루어지는 것들이기 때문이다. 그러므로 영어를 잘하고자 한다면 듣기와 읽기 중 어느 하나를 먼저 완전히 마스터해야 한다. 그렇게만 하면 나머지 영역은 쉽게 잘하게 될 수 있다.

듣기와 읽기 중, 읽기는 한국에서 주요한 시험 과목으로, 이에 능숙함은 고등교육과 전문직 종사의 유용한 수단이며, 세계화 시대인 현재에는 유용한 정보의 획득과 생산의 도구가 되고 있다. 그렇기 때문에 앞으로 이를 못한다는 것은 개인 경쟁력의 심각한 제한을 의미하는 것으로, 그것이 그 사람에게 미치는 부정적 영향은 매우 크다.

그런데 한국식 영어공부는 ‘영어로 읽기’ 인 Reading을 가리키지 않고 ‘영어를 한국어로 해석하는 독해’ 를 의미한다. 물론 한국인이 영어를 공부하다 보니, 읽은 영어가 한국어로 어떤 뜻인가를 잘 아는 것이 영어 실력으로 생각될 수도 있다. 그러나 독해식 읽기는 영어를 영어로만 읽을 때 우리 머리 안에서 자연스럽게 형성되는 영어식 사고체계의 형성을 방해한다. 영어를 우리말로 해석하지 않고 영어로만 읽을 때, 읽은 영어들은 머리 안에서 그대로 쌓이면서 하나의 덩어리를 형성하고, 이 덩어리가 영어 표현 체계로 자연스럽게 정리되어, 영어로 생각하는 것이 가능하게 된다. 그런데 영어를 한국어로 해석하며 공부하면, 영어와 한국어가 짝을 이루기 때문에 영어와 영어가 어울리지 못하고 그래서 영어식 사고 체계가 머릿속에서 형성되지 못한다. 이런 식으로 장기간 공부하면 영어 독해는 잘해서 영어를 우리말로 해석하는 것은 잘하지만, 영어 사고 체계를 내면화하지 못했기 때문에 영어로 생각하는 것은 하지 못한다. 그래서 영어를 잘 읽지만 영어를 쓰지는 못하는 기형적인 영어 실력을 가지게 된다.

그러나 기존의 한국식 읽기인 영어 독해를 버리고 영어로만 많이 읽어준다면, 그래서 이런 노력이 장기간 쌓여 '영어로 신문을 보거나 책을 읽는 것이 부담스럽지 않은 정도'가 된다면, 그때는 어떤 영어 시험의 리딩 분야에서도 고득점이 가능하다. 그리고 리딩 분야의 영어 실력은 바로 작문 능력으로 이어지고, 듣기와 말하기에도 큰 도움을 주기 때문에, 곧 영어의 다른 영역도 능숙하게 할 수 있다.

'미국인들처럼 영어로 읽기를 생활화하기 위해서는 그럴 수 있는 충분한 실력을 먼저 갖추어야 한다'고 사람들은 생각한다. 그리고 그 실력을 갖추기 위해서 먼저 영어 단어를 많이 외운 후, 독해 연습을 많이 해야 한다고 믿는다. 그렇게 되기 전에는 영어로 읽는 것이 매우 어렵고 그래서 읽을 때마다 '무슨 의미인지를 제대로 알 수 없어서' 고통스럽기 때문이다. 그렇기 때문에 대부분의 한국 사람들은 영어 독해를 많이 공부한 다음에, 영어로 읽는 것에 들어가려고 한다. 그런데 영어로 편하게 읽을 정도의 실력을 갖춘 사람이 소수이기 때문에 영어로 읽는 사람은 그렇게 많지 않다.

그러나 처음에 힘들다고 해서 영어로 읽는 것을 하지 않고 영어 독해를 배운다면 한국식 시험에는 익숙하게 될지 모르지만, 결코 영어를 잘할 수 없다. 그리고 노력한 것에 비하면 영어 시험 결과도 장기적으로 좋지 않다. 그러므로 영어의 왕초보라고 해도 영어 독해를 배운 후에 영어로 읽기를 하지 말고, 비록 처음에는 힘들다고 해도 바로 영어로 읽기를 시작해야 한다. 그것만이 우리와 일본을 제외한 대부분의 나라 사람들이 영어를 공부하는 방식이며, 그 방법 때문에 그들이 우리보다 적게 공부하고 영어를 훨씬 잘한다.

그러면 어떻게 '영어로 읽기'에 접근해야 하는가? 무엇보다 읽어야 될 영어 책을 잘 골라야 한다. 그래야 덜 힘들게 읽을 수 있어서 '이해 안 됨'이 주는 스트레스를 덜 받고, 더 집중해서 읽을 수 있다. '영어로 읽기'를 처음 시작할 때는 이에 익숙하지 않아서 많이 힘들고 어쩌면 힘들기 때문에 적응기간을 제대로 넘기지 못할 수도 있다. 그러므로 가능하면 자신이 잘 알고 있어서 읽을 때 어려움이 없고, 또한 자기가 관심 있는 분야라서 읽을 때 흥미를 느낄 수 있는 책을 선택하면 집중해서 많이 읽는데 도움이 된다.

먼저 자기의 Reading 수준에 맞는 책을 골라 읽어야 한다. 그래야 너무 어렵지 않아서 읽는데 힘들지 않고, 너무 쉽지 않아서 '읽는 수준'이 향상하기 때문이다. 물론 자기 수준보다 좀 어려운 영어를 읽으면 읽을 때 괴롭겠지만 견디고 자주 읽으면 '읽기 능력' 이 탁월하게 향상될 수도 있고, 너무 쉬운 수준을 선택해서 읽으면 이미 알고 있는 표현들에 더 익숙해 질 수도 있다. 그러나 가능하면 자신에게 도전이 될 정도로 어렵고 '큰 어려움 없이' 읽을 수 있을 정도로 쉬운 것이 좋다.

또한 자기의 관심 분야라서 읽을 때 '공부한다' 는 느낌이 들지 않아야 한다. 공부한다는 느낌으로 의무적으로 읽으면서 영어 책을 많이 읽기는 어렵다. 그러나 자기 관심 분야의 영어라면 읽을 때 지루하지도 않고, 더 나아가 책에 깊게 빨려 들어 금방 읽을 수도 있다. 오락 만큼은 아니지만 책에게도 '사람을 한 번 빨아들이면 그 책을 다 읽을 때까지 아무것도 못하게 하는 힘' 이 있다.

'MEMOIRS OF A GEISHA(게이샤의 추억)' 를 오래전에 읽은 적이 있었다. 그런데 그 책의 스토리에 깊게 빠지게 되자, 그 책을 읽는 것 외에는 다른 일을 하기 힘들었다. 그래서 며칠 만에 장문의 소설을 단숨에 읽어버렸다. 그만큼 재미있는 책에는 그 사람을 붙잡는 힘이 있다. 그렇기 때문에 처음에 영어를 읽을 때는 흥미 위주로 읽는 것이 영어 리딩 실력 향상에 도움이 된다.

만화를 읽는 것은 언어를 배우는 좋은 방법 중의 하나이고, 실제로 많은 아이들이 만화를 통해 모국어를 배우고 있다. '만화 읽기' 라하면 흔히 '노는 것' 이라 생각되어 '그것이 어떻게 공부에 도움이 되

나'라는 의문이 들 수도 있다. 그러나 '노는 것'이라는 느낌이 들기 때문에 그것이 공부가 될 수 있다면, 그것은 공부에 큰 도움이 된다. '논다는 기분'으로 별로 힘들이지 않고 쉽게 읽으면서 언어 실력을 쌓을 수 있기 때문이다.

또한 만화에서는 그림의 도움을 통해서 이야기 상황을 파악하기 때문에 사전의 도움을 받지 않아도 거기에 사용된 언어의 뜻을 직감적으로 파악할 수 있다. 그리고 재미있기 때문에 집중해서 많이 읽을 수 있고, 사용된 언어의 수가 적고, 그림이 많기 때문에 쉽게 읽을 수 있다. 게다가 만화의 표현들은 대부분 일상용어가 많기 때문에 만화를 많이 읽으면 그 언어의 중요한 표현들에 익숙해질 수 있다.

처음 '영어로 읽기'를 시작할 때 영어로 만화를 읽으면 쉽게 '영어로 읽는 습관'을 가질 수 있고, 꾸준하게 이 습관을 유지할 수 있다. 그러다가 아이가 영어로 만화 읽기에 흥미를 붙이기라도 한다면 그 때는 영어 공부는 다 끝났다고 보아도 된다. 왜냐하면 만화 재미에 빠져서 책을 읽는다면 영어 만화를 많이 읽을 것이고, 그러다 보면 영어에 익숙해져서 탁월한 '영어로 읽기' 실력을 가질 것이 틀림없기 때문이다.

학창 시절에 굳이 일본어를 배울 필요가 없었음에도 일본어를 매우 잘하는 사람이 가끔 있다. 그 이유는 그들이 그때 일본 만화에 심취했기 때문에, 그래서 일본 만화를 읽기 위해서 스스로 일본어를 공부해 가며 일본 만화를 많이 읽었기 때문이다. 이렇게 누가 도와주지 않아도 자기가 읽고 싶은 것이 있으면 그것을 읽기 위해 새로운 언어를 배우는 것이 바로 인간이다. 이러한 인간의 본성을 잘 활용한다면, 즉 자기에게 어떤 즐거움을 주기 위해서 영어를 공부한다면 영어를 잘하게 되는 것은 결코 어려운 일이 아니다.

비록 영어 만화이지만 만화에 표현된 영어들은 저급한 수준이 아니다. 만화의 사건들이 일상의 삶을 재현한 것이고, 만화에 표현된 영어들도 일상의 표현이기 때문에 영어 만화를 봄으로서 영어 실력을 충분하게 쌓을 수 있다. 또한 영어 만화에는 영어권 사람들이 일상적으로 사용되는 주요 표현들이 많이 나온다. 그러므로 이 표현들만 제대로 읽혀 두어도 웬만한 영어 표현은 다 배울 수 있다. 그렇기 때문에 '영어로 읽기'의 내공이 어느 정도 쌓여, 웬만한 영어는 편하게 읽을 수 있을 때까지 영어 만화를 통해서 '영어로 읽기' 실력을 갖추는 것이 아이들에게나 성인들에게나 모두 도움이 된다.

영어 만화를 꾸준하게 읽으면 독학으로도 '영어로 읽기' 수준이 영어권 사람들과 비슷해질 수 있다. 그러나 특별한 경우가 아니면 혼자 힘으로 이렇게 하기는 힘들다. 왜냐하면 자기가 한 번도 가지 않은 길을 자기 힘만으로 가려고 하는 것은 웬만한 의지력 없이는 어렵기 때문이다. 그리고 의지가 있어서 열심히 하려고 해도 잘못된 방법을 선택한 경우라면 그 의지가 엉뚱한 결과를 초래할 수 있다. 또한 혼자서 '영어 만화 읽기'를 한다면 바쁜 일상의 삶 때문에, 또는 이보다 더 재미있는 게임이나 TV 때문에, 규칙적으로 그렇게 하기 어려울 수도 있다. 그리고 무엇이든 처음이 가장 배우기 어려운데, 특히 '영어 만화 읽기' 는 언어를 배우는 것이기 때문에 처음 배울 때 느끼는 어려움이 가장 클 것이다. 그러므로 스스로 잘해나갈 수 있기 전까지는 영어를 잘 알면서, 어떤 과정을 통해 영어 실력이 성장하는가를 잘 아는 영어 교육 전문가의 도움을 받아야 '영어로 읽기' 를 혼자서도 잘할 수 있는 읽기 실력을 갖출 수 있다.

이때 도움을 주는 사람은 단순히 '가끔 등장하는 어려운 영어 표현' 을 설명해주는 영어 교사가 아니라 학습자가 '영어 만화 읽기' 를 스스로 해 나갈 수 있도록 전문적 도움을 제공하는 '영어 리딩 컨설턴트' 이다. 영어 리딩 컨설턴트가 하는 일은 다음과 같다. 첫째, 영어 만화 읽기 계획을 세우는 것과 실행하는 것을 도와주고 계획의 실행 정도를 평가하여 그 결과를 피드백해 준다. 또한 '영어로 읽기' 초기에 학습자는 '생소한 언어의 벽 때문에 잘해 낼 수 있을까' 라는 두려움을 가지게 되는데, 리딩 컨설턴트는 학습자가 이 두려움을 잘 극복하고 '영어로 읽기' 에 대한 긍정적 신념을 가지고 이에 몰두할 수 있도록 학습자를 도와주는 역할을 해야 한다.

둘째, 학습자에게 꼭 필요한 설명 외에 '읽는 영어에 대한 자세한 해설' 을 제공하지 않음으로 학습자가 스스로의 힘으로 영어 표현을 이해해 나가는 것을 도와준다. 학습자가 스스로 이해하는 과정을 통해서만 영어 표현에 더 익숙해지고 영어적 사고 체계를 더 빨리 확립하기 때문이다. 인간에게는 선천적 언어 능력이 있어서 누가 도와주지 않아도 언어적 표현을 스스로 이해할 수 있는 능력이 있다. 그런데 영어를 읽을 때 과다한 도움을 받으면 그 능력이 활용되지 않는다. 그렇게 되면 그만큼 영어 이해 능력이 키워지지 않는다. 그러므로 리딩 컨설턴트는 학습자가 스스로 이해하는데 필요한 만큼의 도움을 주어서 학습자가 영어 이해 능력을 스스로 키울 수 있도록 도와주어야 한다.

2% 수학적 사고가 명문대 입학의 디딤돌이다

세살 버릇 여든까지 간다. 수학 공부도 마찬가지이다. 초등학교 때 수학 공부하는 습관이 수능 때까지 간다. 그때까지 가서 수학 점수에 치명적인 영향을 준다. 물론 습관이라는 것은 바꿀 수 있다. 그러므로 초등학교 때 잘못된 습관을 너무 심각하게 고민할 필요는 없다. 그러나 바꿀 수 있다고 해서 쉽게 바꿔지는 것이 아니기 때문에 초등학교 때 수학 공부 습관을 가능하면 좋게 길들일 필요가 있다.

특히 초등학교 수학은 중학교와 고등학교 수학 성적의 바탕이 된다. 즉 초등학교 때 기본 실력을 닦아 놓지 않는 아이들은 중학교 수학을 잘 못하고, 당연히 고등학교 수학도 잘 못한다. 수학에서 한번 뒤로 처지면 다시 따라 잡기 어렵기 때문이다. 물론 수학은 중학교와 고등학교 학기 초에 새롭게 기본 개념부터 다시 시작한다. 그러므로 초등학교 때 기본 개념 이해를 놓쳤다고 해서, 중학교 때와 고등학교 때 수학을 못하라는 법은 없다. 그러나 초등학교 때 수학의 기본을 잡아 놓지 않으면 중학교 때 수학을 잘하기 위해서는 남다른 노력을 해야 한다. 그리고 대부분의 아이들이 이 노력을 잘하지 않는다. 그래서 초등학교 때 수학을 못하면 특별한 경우가 아니고는 중학교와 고등학교 때도 수학을 못한다. 그러므로 초등학교 때부터 수학을 제대로 공부해 두는 것이 '대학입시 준비' 라는 관점에서 좋다.

그런데 여기서 오해해서는 안 되는 것이 있다. 초등학교 때 수학을 제대로 공부하는 것이 높은 수학 점수를 의미하지 않는다는 것이다. 초등학교 수학 교과서의 기본적인 내용만 아이가 잘 소화하고 기초적인 문제풀이만 자기 머리를 써서 풀 수 있다면, 그래서 아이의 수학 기초가 잘 닦아졌다면 점수는 높게 나오지 않아도 괜찮다. 가장 중요한 것은 점수가 아니라 '아이가 어떻게 수학 점수를 얻었는가?' 이기 때문이다.

수학 점수가 높게 나온다고 해서 수학을 잘하는 것이 아니다. 요즘은 학원에서 문제풀이를 반복하게 함으로서 아이에게 문제풀이 과정을 외우게 해서, 그 결과로 점수가 높게 나온다. 그래서 아이는 왜 그렇게 풀어야 하는지를 이해하지 못한 채 '단순 반복에 의한 수학 공식 암기' 로 문제를 푼다. 그래서 눈앞의 시험은 잘 보지만, 시험이 끝나면 그 방법을 모두 잊어버린다. 자기 실력으로 문제를 푼 것이 아니기 때문이다. 그 결과 단기적으로 수학 점수는 높게 나오지만, 장기적으로 수학의 기본기는 형성되지 못한다. 그래서 나중에 수능처럼 큰 시험은 잘 보지 못한다.

이런 이유 때문에 예전에는 학원 교육을 덜 받았던 지방 학생들이 수학을 더 잘 했다. 서울 학생들은 학원의 나쁜 영향 때문에 풀이 방법을 암기해서 문제를 풀었기 때문이다. 이에 비해 지방 학생들은 학원의 혜택을 덜 받아서 혼자 문제를 풀었다. 혼자 문제를 풀기 때문에 문제를 풀면서 스스로 자기 실력을 쌓아갔다. 그러나 서울 학생들은 학원에 의지해서 문제를 풀었기 때문에 자기 실력을 쌓지 못하고, 학원이 만들어준 기억력 때문에 점수만 높게 받았다. 그래서 서울 아이들은 초등학교 때는 수학 점수가 잘 나오지만 학년이 올라갈수록 그 점수가 낮았다. 수학 기초를 제대로 쌓지 못한 상태에서 수학 점수만 높게 받았기 때문에 학년이 올라갈수록 수학의 기초는 취약해져서 점수가 낮게 나온 것이다.

수능과 대학별 고사의 수리 영역에서 아이가 높은 성적 받기를 원한다면, 초등학교 때는 수학 점수에 연연하지 말고 수학의 기초를 잘 닦도록 해야 한다. 즉 수학 점수보다도 아이가 그 풀이과정을 얼마나 이해하고 있는지를 잘 체크해야 한다. 공식만 달랑 외워서 문제를 풀지 않게 하고, 수학 책의 내용을 적용하면서 문제를 풀도록 해야 한다. 그렇게 해야만 아이에게 수학의 기초가 쌓이고, 그 방법을 습관으로 삼아야만 수학을 정말 잘할 수 있다.

흔히 어려운 문제를 잘 풀어야 수학을 잘한다고 생각하지만, 절대로 그렇지 않다. 쉬운 문제를 잘 푸는 아이가 수학을 잘한다. 물론 어려운 문제를 푼 후, 어떻게 그 문제를 풀었는지를 '못 푸는 사람'에게 쉽게 설명할 수 있다면 대단한 실력이다.

그러나 어려운 문제를 푸는 아이들은 대부분 공식을 문제에 대입해서 푼다. 그래서 그것은 진짜 실력이 아니다. 어떻게 해서 그 공식이 나왔고, 그 공식이 문제풀이와 어떤 관련이 있는지도 모르는 채, 문제유형을 구별하여 문제유형에 따라 공식을 기계적으로 대입하여 문제를 풀기 때문이다.

수학 강사들이 어려운 문제를 아이들에게 가르치면서 복잡한 공식을 많이 외우게 하는 것은 그렇게 해야 실력 있는 강사로 인정받기 때문이다. 그러나 그것은 수학 강사의 실력을 보일 수 있을지 몰라도 아이의 실력을 올리는 방법은 아니다. 왜냐하면 수학은 기초가 중요한 과목이어서 진짜 실력 있는 선생이라면 아이들 기초를 쌓아주는 것을 먼저 해야 하기 때문이다. 아이가 기본 개념을 잘 이해하여 그 개념을 이용해서 쉬운 문제를 자기 생각으로 풀 수 있다면, 어려운 문제는 그 쉬운 내용을 이용해서 쉽게 풀 수 있다. 그렇지 않고 문제풀이 방법을 기계적으로 대입하여 어려운 문제 푸는 데에만 급급하면, 결코 수학 실력이 늘지 않는다.

교과서 중에서 수학이 가장 논리적인 과목이기 때문에 수학책의 내용과 공식, 문제풀이 방법 등에는 반드시 그럴만한 이유가 있다. 그리고 그 이유를 아는 사람이 수학을 진짜 잘하는 사람이다. 이런 사람은 수능에서든, 대학별 고사에서든 높은 점수를 얻는다. 그런데 이런 사람이 되기 위해서는 초등학교 때부터 수학을 공부할 때 '왜' 라는 질문을 던지는 습관을 가져야 한다. 그 습관이 바로 수학의 기초를 쌓는 고전적이면서도 탁월한 방법이기 때문이다.

나에게는 '수학 공부를 할 때 잘 이해되지 않으면 잘 넘어가지 못하는 이상한 버릇' 이 학창시절에 있었다. 다른 아이들이 문제를 풀때, 나는 교과서를 보면서 공식이 어떻게 나왔는가만 이해하려고 했다. 그러다 보니 실제로 시험범위 안의 교과서 문제도 모두 풀 시간이 없었다. 그러나 나는 항상 그들보다 점수가 좋았다. 개념과 공식이 도출되는 과정만 이해하려고 했고, 고작해야 기본적인 예제만 풀었는데도 열심히 문제를 풀었던 그들보다 내 점수가 좋았다. 그 이유는 간단했다. 난 개념과 공식을 이해했기 때문에 문제풀이가 어떻게 연결되는지를 이해할 수 있었다. 그 결과 어떤 문제가 나와도 자신있게 풀 수 있었다. 그러나 다른 아이들은 개념과 공식 이해를 건너뛰고, 공식으로 문제만 풀었기 때문에 문제 형태가 조금만 바뀌면 문제를 틀렸다.

사실 문제풀이 양만 놓고 보면 난 다른 아이들의 십분의 일도 제대로 풀지 못했다. 그러나 나는 한 문제를 풀더라도 내 방식대로 이해하며 풀었다. 결코 공식을 기계적으로 대입하면서 문제를 풀지 않았다. 만약 공식을 대입해야만 했다면 교과서를 보고 어떻게 그 공식이 나왔는지를 먼저 이해했다. 또한 풀이 방법을 보지 않고 먼저 문제를 풀었다. 그리고 나서 풀이 방법을 보았다. 왜냐하면 시험 볼 때 풀이 방법이 기억나지 않을 경우를 대비해서 공식과 풀이 방법을 의지하지 않고, 나의 힘으로 먼저 문제를 풀었던 것이다. 그러면서 수학적 사고력을 자연스럽게 길렀고, 이것이 내 수학 실력의 뿌리가 되었다.

　나는 수학 시험을 대비해서 기본적인 내용과 쉬운 문제에 집중했다. 그래서 그 내용을 이해했고, 내용 이해를 통해서 문제를 풀었다. 그랬더니 어려운 수학문제도 시험 시간에 내 힘으로 풀 수 있었다. 이처럼 쉬운 것을 제대로 이해하는 것이 수학에서는 중요하다.

　수학에서 쉬운 문제를 잘 푼다는 것은 기본 개념을 철저하게 이해했다는 것이다. 이렇게 이해한 것들은 수학적 사고의 내용이 된다. 그래서 우리 머리에 그 내용만 잘 정리되면 어떤 문제도 풀 수 있다. 그리고 사실 수능과 대학별 고사에 나오는 어려운 문제들은 '책에 나오지 않는 복잡한 공식'을 이용해서 푸는 문제가 아니다. 수학의 기본적 개념과 공식을 제대로 이해한 학생만이 풀 수 있는 것들이어서 '그것을 이해하지 못한 많은 학생들이 풀 수 없는 것'에 불과하다.

　아이가 쉬운 문제를 잘 풀어야 수학을 잘한다. 하지만 부모들은 당장 좋은 성적을 받아야만 아이의 수학 공부에 안심한다. 그러나 학원 선생의 설명을 기억해서 푸는 실력은 아이의 진짜 실력이 아니다. 실제로 초등학교 6학년 2학기 때 학원에서 중1 수학을 배운 후, 바로 풀었던 문제집에서 100점 가까이 맞은 학생이 있었다. 그래서 부모가 중학교 수학 성적에 대해 높은 기대를 가졌었지만, 실제로 중1 중간고사 때, 그가 얻은 수학 점수는 형편없었다. 학원에서 문제 풀 때 얻은 점수는 자기 실력이 아니었던 것이다. 선생님의 설명을 듣고 난 후, 그 설명을 기억한 상태에서 문제를 풀었기 때문에 높은 점수를 얻었을 뿐이었다. 자기 머리로 고민하며 푼 것이 아니었기 때문에 그 점수는 자기 실력이 아니었다.

그러므로 초등학교 때 아이가 수학의 기본을 잡고 수능 때 높게 날기를 원한다면, 초등학교 성적에 연연하지 말고 수학적 사고를 하게 하고, 이를 통해서 수학의 기초를 잡을 수 있도록 도와주어야 한다. 초등학교 수학 성적은 숫자에 불과해서 앞으로의 수학 실력과는 큰 상관이 없다. 쉬운 것에 집중해서 수학적 사고를 연습해야 나중에 어떤 어려운 문제도 풀 수 있는 실력을 갖게 되기 때문이다.

아이들이 수학을 못하는 이유 중의 하나는 수학을 잘하기 위해서는 그때까지 배운 내용을 모두 기억해야 하기 때문이다. 가령 국사라면 조선시대를 배울 때, 고려시대를 잘 몰라도 조선시대 공부에 전혀 방해가 되지 않는다. 그러나 수학은 수와 연산을 잘 모르면 방정식을 배우기 어렵다. '수와 연산'과 방정식이 다른 것이지만 방정식을 다룰 때 '그 전에 배운 수와 연산의 내용'도 함께 다루어지기 때문이다. 즉 수와 연산이 방정식의 기초가 되기 때문에 수와 연산을 잘 모르고서는 방정식을 잘하기 어렵다.

그러므로 수학을 잘하기 위해서는 어떤 한 단원만 잘해서는 안 되고, 그때까지 배운 단원의 기본적 내용과 공식을 잘 이해하고 있어야 한다. 그래서 그때까지 진행되었던 수학 공부의 내용들을 나름대로 머리에 정리해 두어야 한다. 그렇게 정리된 것들이 다음 단원을 공부할 때, 사전에 알고 있어야 할 배경 지식이기 때문이다. 이것은 중학교 수학과 고등학교 수학에서도 마찬가지이다. 아니 학년이 올라갈수록 이런 현상은 더 심하게 나타난다. 그러므로 수학을 공부할 때는 철저한 복습을 통해 배웠던 것을 잘 정리하고, 다음 단원으로 넘어가는 습관을 들여야 한다.

수학은 모든 단원이 긴밀하게 연결되어 있기 때문에 어느 한 단원만 잘한다고 해서 수학 점수가 잘 나오지 않는다. 모든 단원을 고루고루 잘 알아야 문제 풀 때 실력을 발휘할 수 있다. 적지 않는 수학 문제가 한 단원의 내용만 물어보는 것이 아니라, 여러 단원의 내용을 함께 물어보기 때문이다.

그러므로 만약 수학을 가르친다면, 먼저 수학 교과서 전체를 읽히면서 교과서의 기본적 내용을 아이가 이해했는지를 확인하면서 필요한 부분을 설명해야 한다. 그렇게 교과서를 가벼운 내용의 이해만으로 한 번 끝내게 한 후에, 조금 난이도를 높여서 예제만 풀어보게 하여 아이가 교과서 공부를 또 한 번 끝내게 한다. 그 다음 교과서의 문제, 그리고 마지막으로 연습문제와 단원 종합문제를 처음부터 끝까지 풀어보게 한다.

그런 다음에 문제집을 풀어보게 하는데 이것도 마찬가지다. 처음에는 쉬운 문제만 풀면서 문제집을 한 번 끝내고, 그 다음 어려운 문제만 풀면서 문제집을 한 번 더 끝낸다. 즉 책이든 문제집이든 단원의 일부만을 풀게 하면서 모든 단원을 빠르게 끝내 준다. 그러면서 아이가 교과서 전체를 개관할 수 있도록 해야 한다. 그래야만 교과서 전체의 이해 속에서 각 단원을 제대로 공부할 수 있다.

그런데 대부분의 아이들은 이와 정반대로의 방법으로 공부한다. 지금 공부하고 있는 단원, 시험에 나오는 단원만 공부한다. 그렇기 때문에 시험범위는 아니지만 그 단원과 연관되어 있기 때문에 사실상 시험범위인 단원을 무시하게 된다. 그러다가 시험에서 다른 단원의 내용을 보게 되면 당황하여 좋은 성적을 얻지 못한다. 단원 단원을 제대로 이해하는 것도 중요하지만, 교과서 전체 또는 그때까지 배운 내용을 모두 이해하는 것이 수학 시험에서는 더욱더 중요하기 때문이다. 즉 교과서 전체의 흐름을 파악하기 위해서 아이는 각 단원의 기본적 내용을 제대로 이해할 필요가 있다.

물론 '현재 배우고 있는 단원' 또는 '시험 범위인 단원' 을 집중해서 공부할 필요는 있다. 그래야만 학교 수업도 잘 따라가고, 성적도 잘 받아서 공부의 성과도 있기 때문이다. 그리고 수학 실력이 뛰어난 아이들은 앞의 방법을 쓰지 않더라도 배운 것을 잘 정리하기 때문에 굳이 그럴 필요는 없다. 만약 수학 점수가 나쁘게 나와서 특단의 조치가 필요하다면, 또는 다음 학기의 수학 공부를 미리 준비하고 싶다면, 위의 방법을 사용하면 큰 도움이 될 것이다. 그리고 이때 가능하면 남의 도움을 받지 않고 차분하게 아이가 그 내용을 스스로 정리하면서 문제를 풀면 좋다. 그러나 만약 부모나 수학 선생이 이를 도와준다면 아이의 정리를 도와준다는 입장에서 가능하면 아이가 하는 것을 지켜보며 조언하는 것이 좋다.

또한 수학 공부는 교과서 중심으로 해야 한다. 교과서에 기본 내용 정리도 잘 되어 있고, 문제풀이의 예도 이해하기 쉽게 정리되어 있기 때문이다. 무엇보다 시험 출제는 교과서 중심으로 항상 진행된다. 흔히 아이들은 시험을 잘 보기 위해서 교과서 바깥의 어려운 문제를 풀려고 하는데, 교과서의 쉬운 문제만 잘 다룰 줄 알면 시험에서 어떤 문제가 나와도 풀 수 있다. 그러므로 교과서 중심으로 공부하면서 만약 시간이 남으면 문제집 한 권 정도를 더 풀어보는 것도 좋다.

수학에서 중요한 것은 어려운 문제를 푸는 것도 아니고 많은 문제를 푸는 것도 아니다. 한 문제를 풀더라도 제대로 푸는 것이 가장 중요하다. 왜 그렇게 되었는가를 이해하면서, 즉 그 풀이과정을 남에게 설명할 수 있을 정도로 확실하게 이해하면서, 한 문제라도 제대로 푸는 것이 수학 실력에 보탬이 된다. 어설프게 많은 문제를 푸는 것도, 복잡한 공식으로 어려운 문제를 푸는 것도, 수학 실력에는 도움이 되지 않는다. 그런 것들은 아이들에게 이해되지 않을 것이고, 이해되지 않으면 아이들의 수학적 사고의 내용이 되지 못할 것이기 때문이다.

수학 공부를 할 때, 오직 아이가 이해한 것들만 아이의 머리에 남아서 아이의 수학적 사고를 형성한다. 그러므로 많이 푸는 게 중요한 것이 아니라 조금 풀더라도 머리에 무엇인가를 남기는 게 중요하다.

'길고 얇게 푸는 강남 수학'이 겉으로 보기에는 강해 보인다. 그러나 수학적 사고를 할 수 있는 소수의 아이들만 제외하고, 다른 아이들은 그 방법을 통해서 수학의 기초를 쌓을 수 없다. 오래 풀지만 얇게 풀기 때문에 아이의 생각에 아무 흔적도 남기지 못하기 때문이다.

이에 비해 '짧고 굵게 푸는 시골 수학' 이 겉으로 보기에는 형편없어 보이지만, 사실은 매우 강하다. 문제를 많이 풀지 않지만 한 문제를 풀더라도 고민하며 풀고, 제대로 이해하며 풀기 때문에' 풀면서 생각했던 것들이 수학적 사고의 내용으로 아이 머리에 남기 때문이다. 그래서 오래 기억되고 넓게 응용된다.

큰 나무 아래에서는 크게 자랄 수 없다. 큰 나무의 영향 때문에 자기 힘을 키울 수 없기 때문이다. 강남 아이들도 마찬가지이다. 집에 돈이 많아서 탁월한 교사 밑에서 수학을 배우지만 아이들은 수학을 잘 못한다. 왜냐하면 그 교사들이 아이들 대신 수학적 사고를 해주고, 아이들은 교사들의 생각에 의지해서 수학 시험을 치르기 때문이다. 즉 자기 힘으로 수학 교과서를 공부하고 문제를 풀면서, 그 결과 수학적 사고력을 키운 것이 아니기 때문에 강남 아이들은 돈을 쓰면서도 수학을 잘 못한다.

그러나 시골 아이들은 들판의 잡초처럼 자기 힘으로 잘 자란다. 돈이 없어서 과외를 받을 수 없지만 그래서 수학을 잘한다. 수학 문제를 자기 힘으로 풀 수밖에 없어서 수학적 사고력을 스스로 키우기 때문이다.

다른 과목은 몰라도 수학만큼은 문제를 풀면서 아이가 생각하는 것만큼 실력이 늘어난다. 그러므로 초등학교 수학 공부를 통해서 아이의 미래를 준비하고 싶다면, 많이 풀고 어려운 것을 푸는 헛된 욕심

을 버리고 한 문제라도 제대로 풀며 이해하게 하는 데에 수학 공부의
초점을 맞추어야 한다. 그러면서 아이의 수학적 사고력을 키워야 한
다. 그것만이 중학교와 고등학교 수학 공부의 기반이 될 것이다.

- 가장 난폭한 망아지들이 가장 좋은 말들이 된다. _테미스토클레스
- 가장 효과적인 교육 방법은 아이가 아름다운 것들 가운데에서 놀게 하는 것이다. _플라톤
- 교육받은 백성은 통치하기가 쉽다. _프레데릭 대왕
- 공립학교 교육은 통치의 첫째 목표가 되어야만 한다. _나폴레옹
- 교육과 정신의 관계는 조각과 대리석 덩어리의 관계와 같다. _제임스 애디슨
- 교육 발전의 가장 효과적인 방법은 매질하는 모든 교사들이 손이 아니라 머리로 교육하는 법을 배우는 것이다. _엘렌 케이
- 교육에서 가장 어려운 점은 아이디어에서 경험을 얻는 것이다. _산타야나
- 교육은 노년기를 위한 가장 좋은 대비책이다. _아리스토텔레스
- 교육은 배운 것을 다 잊은 뒤에도 남는 것을 말한다. _B. F. 스키너
- 교육은 보물이며, 교양은 결코 사라지지 않는다. _페트로니우스
- 교육은 번영할 때는 장신구이며, 역경의 시기에는 피난처이다. _아리스토텔레스
- 교육은 사람들에게서 빼앗아 갈 수 없는 재산이다. _에픽테투스
- 교육은 사람을 만든다. _제임스 코던
- 교육은 우리 자신의 무지를 점차 발견하는 것이다. _윌 듀런트
- 교육은 젊은이들에게는 통제력, 노인들에게는 위안, 가난한 사람들에게는 재산, 부자들에게는 장신구이다. _디오게네스
- 교육은 적은 비용으로 국가를 방어하는 방법이다. _버크
- 교육은 정신력을 길러준다. _호라티우스

- 교육은 중요성에 따라 순서대로 열거한 성적, 졸업장, 직장, 돈 등의 '제품'이 아니라 끝이 없는 하나의 '과정'이다. _벨 카우프만

- 교육은 책을 읽을 수는 있지만 가치 있는 책을 구별하지 못하는 사람들을 많이 만들어 냈다. _조지 매콜리 트리블리언

- 교육을 받은 백성은 인도하기는 쉽지만 강제로 몰아가기는 어렵고, 통치하기는 쉽지만 노예로 만들 수는 없다. _브로우엄 경

- 교육을 받은 사람들만이 자유롭다. _에픽테투스

- 교육의 가장 고귀한 결과는 관용이다. _헬렌 켈러

- 교육의 목적은 인격의 형성이다. _허버트 스펜서

- 교육의 목적은 지식의 발전과 진리의 전파다. _존 F. 케네디

- 교육의 비결은 학생들을 존중하는 데 있다. _에머슨

- 교육이란 화를 내거나 자신감을 잃지 않은 채 거의 모든 말을 다 들어줄 수 있는 능력이다. _로버트 프로스트

- 교육이 비싼 것이라고 여긴다면 무지 속에서 살아보라. _데레크 보크

- 교육이 사상의 자유와 지성에 대해 주요 장애물이 되었다는 것은 역설적 사실이다. _러셀

- 내가 인생에서 거둔 성공은 어머니에게서 받은 도덕적, 지적, 육체적 교육의 덕분이다. _워싱턴

- 독학은 그 제자가 선천적인 교육자인 경우에 좋은 것이다. _존 C. 셰드

- 독학은 대부분이 독서를 통한 교육이다. _벤저민 C. 리밍

- 돈과 교육은 대량학살처럼 갑자기 해치는 것은 아니지만 길게 보면 한층 더 치명적이다. _마크 트웨인

- 모든 나라의 운명은 젊은이들의 교육에 달려 있다. _아리스토텔레스

- 본성의 힘은 교육의 힘보다 항상 크다. _볼테르

- 무식한 자들만이 교육을 무시한다. _P. 시루스

- 부모는 자녀들을 선생에게 보내지만 그 아이들이 선생을 교육한다. _에머슨

- 사회는 왜 모든 어른들의 교육에 대해서가 아니라 오직 아이들의 교육에 대해서만 책임을 느껴야 하는가? _에리히 프롬

- 아이들에게 '정직의 실천 능력' 을 길러주는 것이 교육의 시작이다. _존 러스킨

- 어느 나라든 그 기초는 젊은이들의 교육이다. _디오게네스

- 여행은 어릴 때는 교육의 일부이고, 어른이 되어서는 경험의 일부이다. 여행할 나라의 말을 모르는 사람은 여행갈 것이 아니라 학교에 먼저 가라. _베이컨

- 역사는 교육과 파멸 사이의 더욱 치열한 경쟁이 되고 있다. _H. G. 웰스

- 오랫동안 숟가락으로 먹여주면 숟가락의 형태만 가르칠 뿐이다. _E. M. 포스터

- 우리가 추구하는 교육 목표는 첫째 종교적, 도덕적 원칙들이고, 둘째 신사적 행동이며, 셋째 지적 능력이다. _토머스 아널드

- 우리를 신뢰하는 사람들만이 우리를 교육한다. _조지 엘리엇

- 이 나라의 운명은 백성들의 교육에 달려 있다. _디즈레일리

- 인간 본성에 관한 지식은 정치교육의 시작이자 끝이다. _헨리 애덤스

- 자기가 모르는 것을 찾아낼 줄 아는 사람은 교육을 받은 사람이다. _조지 심멜

- 자연주의 교육의 최고 교과서는 '로빈슨 크루소' 다. _루소

- 자유와 정의 다음으로 중요한 것은 국민교육이다. 국민교육 없이는 자유와 정의도 유지될 수 없다. _제임스 A. 가필드

- 정직과 미덕의 샘과 뿌리는 훌륭한 교육에 있다. _플루타르코스

- 지나치게 많거나 적은 교육은 정신의 발전을 막는다. _파스칼

- 지능지수 I.Q.의 창안은 교육에서 창의력을 몹시 억압했다. _조엘 힐데브란드

- 참된 교육의 목적은 올바른 사람이 되게 하는 것만이 아니라, 모든 힘을 다해 정의를 추구하게 만드는 것이다. _존 러스킨

- 혼자 힘으로 현명해질 수 있는 사람은 없다. _플라우투스

'또 다른 김연아' 로 빛날 대한민국을 꿈꾸며

부모라면 누구나 자녀의 삶이 찬란하게 빛나기를 원한다. 피겨 여왕 김연아나 천재 소년 송유근처럼 남다른 재능으로 많은 사람들의 주목을 받고 더 나아가 대중의 사랑을 받는 스타가 되기를 바란다. 그래서 자녀들의 재능 계발을 위해서라면 무엇이든 아끼지 않는다. 가정의 기둥뿌리를 뽑아서 아이가 영재가 될 수만 있다면 그래서 그 인생이 화려해질 수만 있다면 그깟 기둥뿌리 하나가 아니라 두세 개도 뽑을 수 있는 것이 바로 대한민국 엄마들이다.

그러나 엄마들의 노력에 대한 아이들의 반응은 매우 실망스럽다. 물론 아이들이 어렸을 때는 엄마가 잘 관리해주면 원하는 대로 잘 따라온다. 그러다가 언제부턴가 엄마의 관리에 저항하는 자녀들이 하나둘 생겨난다. 그래서 엄마들은 속상하다. '옛날엔 안 그랬는데, 애가 요즘 왜 그러나?' 자신의 마음을 몰라주는 아이들이 야속할 때가 한두 번이 아니다. 분명 김연아 선수처럼 엄마가 신경 써서 잘 되는 아이들도 있다. 그런데 왜 '내 아이만 엄마 말을 듣지 않은 것일까?' '김연아 선수 엄마랑 나는 무엇이 달라서 내 아이를 멋지게 키울 수 없는 것일까?'

부모들은 자녀가 성공하면 그들의 삶이 편한 줄 안다. 그러나 성공해본 사람들의 생각은 다르다. 아니 최소한 성공한 사람들의 옆에서 그들의 삶을 지켜본 어떤 사람의 생각은 다르다. 필자의 친구 중에 '서울대 법대를 졸업한 후 로펌에서 억대 연봉을 받는 변호사'의 동생이 있는데, 언젠가 그가 자신의 형이 불쌍하다고 말한 적이 있었다. 잘 쉬지 못하고 항상 일만 하는 것처럼 보였기 때문이다. 요즘 같이 취업하기 어려운 때에 그게 무슨 말이냐고 생각할 수 있지만, 그 형의 하루 일과를 보면, 동생의 말이 이해될 수 있다. 성공은 해서 명예와 돈은 얻었지만, 그 돈으로 자신의 삶을 즐기기는커녕 쉴 여유도 없이 회사 일에 끊임없이 시달리고 있기 때문이다. 사실 성공한 사람들의 삶은 어떤 면에서 정말 고달프다. 성공하는 과정도 힘들고 성공한 후에 그 자리를 유지하기 위해서도 정말 많은 노력을 해야 한다. 우리가 김연아에게 박수를 보내고 그녀의 성취에 감탄하는 가장 큰 이유는 그녀의 피나는 노력 때문이다. 자신의 분야에서 탁월한 재능을 키워 대한민국을 빛나게 하기 위해 정말로 열심히 연습했고, 또한 그 재능을 더 빛나게 하기 위해 지금도 노력하고 있기 때문이다.

이렇게 지독하게 고생하지만 이들은 불행하지 않다. 아니 오히려 행복하다. 고생한 만큼의 대가를 충분하게 누리고 있기 때문이다. 무엇보다 이들이 행복한 이유는 자신의 일을 정말로 좋아하기 때문이다. 그래서 다른 사람들이 보기에 정말로 힘들어 보이는 상황에서도 이들은 웃는다. 남들 눈에는 고생하는 것처럼 보이지만, 그 일을 하는 것이 그들에겐 정말 즐겁기 때문이다. 비록 고생하지만, 자신의 고생을 통해 많은 사람들에게 인정받는 삶을 살고 있기 때문에, 그 고생이 그들에겐 전혀 힘들지 않다.

영재란 어떤 일에 대한 무모한 열정이다. 그 일을 너무나 좋아하기 때문에 오랜 시간 동안 그것을 할 수 있는 아이들. 이들에게 재능은 너무나 자연스러운 것이다. 그러나 이 열정은 아이 스스로 찾을 수밖에 없다. 여기에 바로 오늘날 조기교육의 함정이 있다. 부모가 노력해서 아이에게 어느 정도의 재능을 줄 수는 있지만 거기까지다. 아이가 정말로 그 일을 좋아하지 않는다면 결코 그것은 탁월한 재능으로 발전할 수 없을 뿐만 아니라 비록 운이 좋아 그렇게 된다고 해도 그 재능은 아이에게 축복이 아닌 저주가 될 수 있다.

성공한 엄마와 실패한 엄마의 차이는 '누가 선택하느냐'에 있다. 아이가 선택하면, 무엇을 하든 아이의 미래는 빛날 수 있다. 반대로 엄마가 선택하면, 아이는 불행해진다. 누구나 자신의 삶을 자기 의지대로 살고 싶은 욕구가 있는데, 그 욕구가 엄마에 의해 방해받고 있기 때문이다. 아이에겐 부모에게 인정받고 싶은 욕구와 또한 부모를 떠나 자기만의 삶을 추구하고 싶은 욕구가 있다. 어릴 때는 앞의 욕구가 강하고 커 갈수록 뒤의 욕구가 더 강해진다. 바로 이 두 욕구를 조화롭게 충족시켜 주는 데에 성공한 엄마의 비밀이 있다. 아이가 정말로 무언가를 잘하기를 원한다면 무엇보다 먼저 아이가 그것을 좋아할 수 있도록 만들어야 한다. 그러기 위해서 그것을 하게 할 때 항상 아이의 입장에서 생각해야 한다. 엄마의 욕심으로 무리하게 끌고 가다가 아이를 지치게 하지 말아야 한다. 지친 상태에서 어떤 일을 계속하게 하는 것은 아이를 혹사시키는 것이고 이런 혹사가 몇 번 지속되면 아이는 그 일에 대해 흥미를 잃게 될 것이기 때문이다. 그때부터 엄마와 아이의 갈등은 시작되고 그 갈등의 끝에는 아이의 불행이 기다리고 있다.

아무리 아이가 원하는 일을 하게 하더라도 그것을 아이가 원하는 방식으로 하게 하는 것도 중요하다. 그래야만 아이 스스로 그 일에 대한 흥미를 강화시킬 수 있기 때문이다. 물론 아이가 어릴 때는 스스로 선택할 수 없기 때문에 부모가 도와주어야 한다. 많은 것을 시켜보고 그 중에서 아이가 제일 좋아하는 것으로 선택하게 해야 한다. 아이는 자신이 선택한 것을 나중에 바꿀 수도 있다. 살다보면 아이의 관심사와 흥미가 바뀔 수 있기 때문이다. 이때도 아이의 의견이 존중되어야 한다. 그래야만 아이가 평생 즐겁게 할 수 있는 일을 발견할 수 있기 때문이다. 그리고 그래야만 아이가 그 일에 미쳐서 그 분야에서 최고의 재능을 발휘할 수 있기 때문이다.

잠언에 '네가 자기 사업에 근실한 사람을 보았느냐 이러한 사람은 왕 앞에 설 것이요 천한 자 앞에 서지 아니하리라' 는 말씀(22장 29절)이 있다. 무슨 일을 하든 최선을 다하면 그 분야의 최고가 되고 그러면 왕 앞에 설 수 있을 정도로 성공적인 인생을 산다는 뜻이다. 이 말씀에 이스라엘 영재교육의 비결이 있다. 아이에게 무엇을 하라고 부모가 강요하지 않고 무엇을 하든 최선을 다하라고 가르치는 것. 그 결과 아이가 자신만의 독특한 재능을 발견하고 자신만의 열정으로 노력하여 자신의 분야에서 최고가 되는 것. 그것만큼 좋은 교육은 아이에게 없기 때문이다.

김연아 선수가 피겨스케이팅을 처음 시작했을 때, 오늘날처럼 뜨거운 반응이 있었을 것이라고는 아무도 생각하지 못했을 것이다. 그러나 그녀는 열심히 했고, 자신의 성공을 통해서 우리나라에서 피겨스케이팅 열풍을 불러 일으켰다. 아이들이 관심을 가지는 다른 일들도 마찬가지다. 지금 사람들의 관심이 없지만 아이가 어른이 되면 그 분야가 뜰 수도 있다. 사실 오늘날에는 무슨 일을 하느냐가 중요하지 않고 그 분야에서 얼마나 노력하느냐가 더 중요하며 앞으로는 더욱더 그럴 것이다. 그 일만 하면 자동적으로 성공할 수 있는 일들이 점점 사라져서 미래에는 거의 없을 지도 모른다. 그러므로 자녀들이 미래에 행복하고 가치 있는 삶을 살기를 원한다면 무엇보다 그들의 의사가 존중되어야 한다. 아이들 안에는 많은 잠재력이 있는데 그 잠재력은 그들만이 끌어낼 수 있기 때문이다.

마지막으로 이 책과 '이 책의 중국어 번역본'의 원고료 전액을 박중수 장학재단의 설립과 운영에 사용하고자 합니다. 물론 장학재단의 설립에는 큰돈이 들기 때문에 이 책만으로는 어려울 것입니다. 그래서 저자가 앞으로 쓸 책 중 일부를 이 목적으로 사용할 것입니다만, 그래도 장학재단의 설립은 쉽지 않을 것이라고 생각합니다. 최악의 경우 장학재단이 설립되지 않을 수도 있지만, 그렇다 해도 이 책의 원고료 중 세금과 십일조를 제외한 전액을 장학기금으로 사용할 것입니다. 비록 작은 액수의 원고료라고 해도 매년 1명을 선정하여 장학금을 지급하고, 여건이 허락한다면 계속해서 그 수혜자를 늘려갈 생각입니다. 장학재단의 설립 취지는, 제 아버지의 사랑과 희생에 감사하기 위해서입니다. 제 이름으로서가 아니라 아버지의 아들로 불리고 싶은, 제 소박한 바람 때문입니다. 제가 현재 누리고 있는 많은 것들이 아버지께로부터 왔다는 사실에 감사하며, 그 사랑에 부끄럽지 않는 삶을 살겠다는 제 자신의 결단입니다. 그 구체적인 계획이나 방법은 제 미니 홈페이지(www.cyworld.com/yzine)에 게시할 것입니다. 많은 관심 부탁드립니다.